职业教育课程改革创新教材（电子商务专业）

电子商务客户服务

方荣华　王　勤　主　编
凌雪莹　谢芝兰　副主编

电子工业出版社
Publishing House of Electronics Industry
北京·BEIJING

内 容 简 介

本书充分体现任务引领、实践导向的课程设计思想，突出职业教育"学以致用、做学合一"的鲜明特色，以创业为驱动，以实战为磨砺，实现中职电子商务专业学生"做""学""创"合一，真正培养学生岗位综合职业能力，奠定良好的创业基础。本书主要内容包括：项目 1，走进电子商务客服；项目 2，电子商务客服的沟通技巧；项目 3，网店客户分析；项目 4，售前客服技巧；项目 5，售中客服技巧；项目 6，售后客服技巧；项目 7，电子商务客户风险防范；项目 8，电子商务客服职业倦怠调整；项目 9，电子商务客服工作手册的编制。

本书适用于电子商务专业的学生作为教材使用，也可作为相关电子商务客户服务人员的培训用书。

未经许可，不得以任何方式复制或抄袭本书之部分或全部内容。
版权所有，侵权必究。

图书在版编目（CIP）数据

电子商务客户服务 / 方荣华，王勤主编 . —北京：电子工业出版社，2016.1
职业教育课程改革创新教材
ISBN 978-7-121-26848-9

Ⅰ . ①电… Ⅱ . ①方… ②王… Ⅲ . ①电子商务—商业服务—中等专业学校—教材 Ⅳ . ①F713.36

中国版本图书馆 CIP 数据核字（2015）第 177259 号

策划编辑：关雅莉
责任编辑：郝黎明
印　　刷：三河市鑫金马印装有限公司
装　　订：三河市鑫金马印装有限公司
出版发行：电子工业出版社
　　　　　北京市海淀区万寿路 173 信箱　邮编　100036
开　　本：787×1 092　1/16　印张：16.5　字数：422.4 千字
版　　次：2016 年 1 月第 1 版
印　　次：2021 年 1 月第 11 次印刷
定　　价：35.00 元

凡所购买电子工业出版社图书有缺损问题，请向购买书店调换。若书店售缺，请与本社发行部联系，联系及邮购电话：(010) 88254888，88258888。
质量投诉请发邮件至 zlts@phei.com.cn，盗版侵权举报请发邮件至 dbqq@phei.com.cn。
本书咨询联系方式：(010) 88254617，luomn@phei.com.cn。

前言

信息技术的迅猛发展,让电子商务商务成为我国新经济的中坚力量,加快电子商务的发展,是企业降低成本、提高效率、拓展市场和创新经营模式的有效手段。电子商务的快速发展对中职学校的电子商务专业建设带来了巨大的挑战,为了让中职学生有更多的专业选择权和课程学习的选择权,让学生的教学环境更好的对接职业岗位环境,本书充分体现任务引领、实践导向的课程设计思想,突出职业教育"学以致用、做学合一"的鲜明特色,本着"以生为本、激发兴趣、重在实践"的主旨,将技能操作、活动组织、案例剖析等内容作为教学任务,建立全新的电子商务实战教学模式,以满足学生和社会需求为目标的编写指导思想。以创业为驱动,以实战为磨砺,实现中职电子商务专业学生"做""学""创"合一,真正培养学生岗位综合职业能力,奠定良好的创业基础。在编写中力求突出以下特色:

1. 以实用为核心,以实战为基础。全书以客服岗位的工作内容为主线,以培养学生电子商务客户服务的核心技能为重点,以项目为引领,以任务为驱动,以活动为载体,结合电子商务职业领域分布、岗位工作任务和职业能力要求,降低理论难度和知识要求,以够用、适用、实用为度,力求做到学以致用。

2. 对传统教学模式中电子和商务类课程相互割裂的教学内容进行取舍、优化整合和学科综合,即:参照岗位工作体系,转换典型工作任务,开发教学项目,以教学项目为载体进行跨学科多元化综合,进行理实一体化教学设计,完成职业体系向知识体系的转化,实现知识技能的同步提升,领好对接岗位需求。

3. 打破原来"重理论、轻实践"的学科知识体系课程,需要适应行业变化,贴近实际应用,以"必须够用"为原则,突出核心能力培养,遵循职业能力发展,以"宽基础、活模块"为原则重新构建互为依托、前后衔接的中职电子商务的全新课程体系。

4. 体现前瞻性和开放性。全书以浙江省电子商务课程改革和示范校重点专业建设的调研数据为依托,以行业协会、网商企业的实践操作为样本,在教材编写过程中,兼顾电子商务专业的新知识、新理念、新技术、新工具、新模式、新流程,创新教学内容,采用任务实践的编写体系,满足开放性教学和本土化教学的需要,满足不同层次的学生学习的需要。

PREFACE

5. 遵循行动导向的教学理念，以"问题引入"提升学生学习兴趣，激发学生主动探究学习内容；"做中学"让学生良好对接岗位工作任务，灵活实现学习任务和工作内容的转化；"必备知识"以满足够用和自身发展的需要，紧扣行业新动向和新趋势；"案例分析""读一读""做一做""想一想"能增加学习过程的趣味性，突出岗位实践能力的培养；而"拓展学习"只是满足不同层次学生的教学要求，有利于实现因材施教。

本教材适应的教学对象为：电子商务专业中职学生、各级培训机构的初中级培训学员及电子商务企业员工的内部培训。共有9个教学项目，参考学时为72学时。具体见下表：

项目序号	项目名称	参考学时
项目1	走进电子商务客服	8
项目2	电子商务客服的沟通技巧	6
项目3	网店客户分析	6
项目4	售前客服技巧	8
项目5	售中客服技巧	6
项目6	售后客服技巧	6
项目7	电子商务客户风险防范	6
项目8	电子商务客服职业倦怠调整	6
项目9	电子商务客服工作手册的编制	6
综合考评		4
机动		10
合计		72

本书由方荣华、王勤担任主编，凌雪莹和谢芝兰担任副主编。参与编写的人员还有：李美、陈利君、叶峰萍、范青红、梁铖、周俊雯。同时教材编写过程，参阅了大量其他专家和学者的相关书籍，以及大量的网络资料，在此对相应作者一并表示感谢。

由于电子商务的快速发展，编者的水平和时间有限，书中难免有不足及错漏之处，衷心希望使用本书的师生和其他读者能针对教材问题提出批评、建议和意见，以进一步完善教材，也可以将反馈信息以电子邮件方式发送 zjlyfrh@163.com。

编者
2015 年 12 月

目 录

项目 1　走进电子商务客户服务 ·· 1

任务 1.1　认识电子商务客户服务的含义与类型 ································ 1
活动 1.1.1　理解电子商务客服的含义 ·· 2
活动 1.1.2　区分电子商务客服的类型 ·· 5
活动 1.1.3　技能训练：千牛平台的安装使用 ·································· 12

任务 1.2　关注电子商务客服的素质要求 ·· 14
活动 1.2.1　探寻电子商务客服的素质要求 ···································· 14
活动 1.2.2　感受电子商务客服的知识要求 ···································· 17
活动 1.2.3　感受电子商务客服的技能要求 ···································· 21
活动 1.2.4　技能训练：网购流程体验 ·· 22

任务 1.3　认知电子商务客服岗位 ·· 24
活动 1.3.1　分析电子商务客服流程及部门职责 ································ 24
活动 1.3.2　明确电子商务客服岗位要求 ······································ 28
活动 1.3.3　技能训练：撰写电子商务客服职业生涯规划书 ······················ 32

项目小结 ·· 33

项目 2　电子商务客服的沟通技巧 ·· 34

任务 2.1　了解客服沟通技巧的组成 ·· 34
活动 2.1.1　熟悉接待沟通的专业知识 ·· 35
活动 2.1.2　掌握电子商务客服的专业用语和礼仪 ······························ 36
活动 2.1.3　技能训练：收集和解读常用的电子商务客服用语 ···················· 42

任务 2.2　体验千牛的使用效应 ·· 44
活动 2.2.1　熟悉千牛的设置技巧 ·· 44
活动 2.2.2　千牛快捷短语的设置和使用 ······································ 51
活动 2.2.3　技能训练：千牛的操作体验 ······································ 57

项目小结 ·· 59

项目 3　网店客户分析 ·· 60

任务 3.1　分析网店客户类型 ·· 60
活动 3.1.1　了解不同的网店客户分类方法 ···································· 61

CONTENTS

   活动 3.1.2 熟悉不同类型客户的采用策略 ································ 65
   活动 3.1.3 技能训练：网店目标客户的需求分析 ······················ 67
  任务 3.2 熟悉网店买家的购物心理 ·· 67
   活动 3.2.1 洞悉网店买家的购物心理特征 ································ 68
   活动 3.2.2 消除网店买家不安心理的策略 ································ 72
  任务 3.3 熟悉网店客户的管理 ·· 75
   活动 3.3.1 搜寻网店潜在目标客户 ·· 75
   活动 3.3.2 管理网店现实客户 ·· 79
   活动 3.3.3 技能训练：网店客户的挖掘和关怀 ························ 85
  项目小结 ··· 85

项目 4　售前客服技巧 ·· 86

  任务 4.1 学习商品软文的写作 ·· 86
   活动 4.1.1 了解商品的属性 ·· 87
   活动 4.1.2 熟悉商品软文的要素 ·· 91
   活动 4.1.3 技能训练：女装的软文写作 ································ 102
  任务 4.2 掌握商品上架的控制流程 ·· 103
   活动 4.2.1 了解商品下架时间与排名的影响 ························ 103
   活动 4.2.2 熟悉不同类别商品选购的时间 ···························· 107
   活动 4.2.3 技能训练：合理设置女装的下架时间 ················ 109
  任务 4.3 学会商品关键词的遴选 ·· 110
   活动 4.3.1 了解商品关键词的作用 ·· 111
   活动 4.3.2 熟悉商品关键词的搜寻 ·· 113
   活动 4.3.3 技能训练：羊绒服装的关键词遴选 ···················· 120
  项目小结 ··· 121

项目 5　售中客服技巧 ·· 122

  任务 5.1 学会网络购物者的信息接收 ······································ 122
   活动 5.1.1 熟悉购物者信息接收后的应答技巧 ···················· 123
   活动 5.1.2 掌握价格应对策略 ·· 124
   活动 5.1.3 技能训练：应答快捷语的设置 ···························· 126
  任务 5.2 熟悉商品款项的处理 ·· 129
   活动 5.2.1 了解商品销售款项的处理 ···································· 130
   活动 5.2.2 掌握商品销售的改价技巧 ···································· 132
   活动 5.2.3 技能训练：商品运费的修改 ································ 135

  任务 5.3 掌握商品的备货发货 138
    活动 5.3.1 了解商品库存状况 139
    活动 5.3.2 熟悉商品的发货流程 140
    活动 5.3.3 技能训练：网店交易纠纷处理 143
  项目小结 144

项目 6 售后客服技巧 145

  任务 6.1 学会售后产品的退换货处理 145
    活动 6.1.1 了解商品的退换货流程 146
    活动 6.1.2 熟悉商品退换货的价差处理 151
    活动 6.1.3 技能训练：女装的退换货处理 154
  任务 6.2 学会正确处理客户投诉 155
    活动 6.2.1 了解投诉的原因 156
    活动 6.2.2 熟悉客户投诉处理的技巧 159
    活动 6.2.3 打造优质售后服务 165
    活动 6.2.4 技能训练：客户投诉的危机处理 167
  项目小结 169

项目 7 电子商务客户风险防范 170

  任务 7.1 分析电子商务客服的交易风险 171
    活动 7.1.1 识别电子商务售中客服的交易风险 171
    活动 7.1.2 掌握电子商务售后客服的交易风险 178
    活动 7.1.3 技能训练：客户的退款处理 183
  任务 7.2 实现电子商务客服安全交易保障 185
    活动 7.2.1 了解电子商务交易安全技术 185
    活动 7.2.2 构建电子商务交易网络安全系统 190
    活动 7.2.3 技能训练：数字证书的安装和使用 195
  任务 7.3 熟悉电子商务法律法规 196
    活动 7.3.1 了解电子商务立法现状 197
    活动 7.3.2 学习网络零售平台规则 199
    活动 7.3.3 技能训练：客服交易风险的防范 203
  项目小结 206

项目 8 电子商务客服职业倦怠调整 207

  任务 8.1 了解电子商务客服的压力 208
    活动 8.1.1 分析电子商务客服压力的来源 208

CONTENTS

    活动 8.1.2 熟悉电子商务客服的情绪周期 ·················· 213

    活动 8.1.3 技能训练：压力的自我舒缓与调适 ·················· 215

  任务 8.2 了解职业倦怠 ·················· 220

    活动 8.2.1 把握客服人员职业倦怠的外在表象 ·················· 221

    活动 8.2.2 了解电子商务客服职业倦怠的危害 ·················· 224

    活动 8.2.3 熟悉电子商务客服职业倦怠的类别 ·················· 225

    活动 8.2.4 技能训练：有效消除职业倦怠的方法 ·················· 226

  项目小结 ·················· 229

项目 9 电子商务客服工作手册的编制 ·················· 230

  任务 9.1 了解电子商务客服工作手册编制的具体内涵 ·················· 230

    活动 9.1.1 熟悉电子商务客服工作手册的主要内容 ·················· 230

    活动 9.1.2 熟悉电子商务客服的行为规范 ·················· 234

    活动 9.1.3 技能训练：编制电子商务客服工作手册 ·················· 240

  任务 9.2 掌握电子商务客服的销售、售后处理流程 ·················· 240

    活动 9.2.1 熟悉电子商务客服基本流程 ·················· 241

    活动 9.2.2 熟悉电子商务销售流程 ·················· 247

    活动 9.2.3 技能训练：编写客服基本流程图 ·················· 250

  项目小结 ·················· 252

参考文献 ·················· 253

项目 1
走进电子商务客户服务

学习目标

通过学习本项目,你应该能够:
(1) 理解电子商务客户服务的含义;
(2) 掌握电子商务客户服务的流程;
(3) 能区分电子商务客户服务的类型;
(4) 了解电子商务客户服务的素质要求、知识与技能要求;
(5) 能使用电子商务客户服务的常用交流工具;
(6) 掌握电子商务客户服务的岗位要求,具有初步的职业生涯规划。

网络的普及、网民数量的急剧增加,使得网络购物快速增长,为迎合不断增长的网民购物的实际需求,网店也不断增多,以此为基础的电子商务行业快速发展,由此衍生出一个相应的职业岗位群——电子商务客户服务。作为电子商务行业三大岗位群之一的电子商务客户服务岗位群,将会对你的职业生涯产生巨大影响,快速发展的电子商务行业将带给这一职业岗位井喷式的人才需求。本项目主要完成 3 个任务:认识电子商务客户服务的含义与类型;关注电子商务客服的素质要求;认知电子商务客服岗位。

任务 1.1 认识电子商务客户服务的含义与类型

问题引入

对网购非常有兴趣的张明,在读初中时就经常购买自己需要的产品,或为人代购。对此,在人生第一次的重大选择中,他无须其他人的劝导,毅然选择了中职学校就读电子商务专业,打字速度超快的他天生就具有优良客服的潜质。那到底什么是电子商务客户服务呢?与其他服务人员又有何区别?

_____
_____
_____

你知道么？

在淘宝网，每一秒钟卖出 332 件化妆品，每一分钟卖出 4537 件家电，每一小时卖出 433 万件衣服，每天超过 1 亿人购物。截至 2013 年年底，中国电子商务市场交易规模达 10.2 万亿元，同比增长 29.9%。其中，B2B（Business to Business，企业对企业）电子商务市场交易额达 8.2 万亿元，同比增长 31.2%。网络零售市场交易规模达 18851 亿元，同比增长 42.8%。截至 2013 年 12 月，实际运营的个人网店数量为 1122 万家，电子商务服务企业直接从业人员超过 235 万人。目前由电子商务间接带动的就业人数已超过 1680 万人。这其中最大的服务群体就是电子商务客户服务。

活动 1.1.1　理解电子商务客服的含义

做中学

● 请在你的家人、朋友和同学中做个小调查，了解他们是否经常网购，网购的网络平台选择什么。请将调查结果填入表 1-1 中。

表 1-1　网购基本情况调查汇总

年龄段	调查人群		是否网购		B2C 平台				C2C 平台			
	男	女	经常	偶尔	天猫	京东	苏宁易购	其他	淘宝	拍拍	易趣	其他
50 岁以上												
35～50 岁												
18～35 岁												
12～18 岁												
说明	网购的沟通方式：电话：　　　旺旺：　　　QQ：　　　其他：												

● 请你依据表 1-1，设计一份网购基本情况调查表。结合教材中的必备知识理解电子商务客户服务的含义。

必备知识

1. 电子商务客户服务的含义

任何能提高客户满意度的内容都属于客户服务，电子商务客户服务（以下简称电子商务客服）是指在开设网店这种新型商业活动中，充分利用各种通信工具，并以网上即时通信工具（如阿里旺旺）为主的，为客户提供相关服务的人员。

电子商务客服是承载着客户投诉、订单业务受理（新增、补单、调换货、撤单等）、通过各种沟通渠道获取参与客户调查、与客户直接联系的一线业务受理人员。

这种服务形式对网络有较高的依赖性，所提供的服务一般包括客户答疑、促成订单、店铺推广、完成销售、售后服务等几个大的方面。

2. 电子商务客服的目标

那么在电子商务中，客服的目标是什么？让来的人都买、让买的人买更多。

也就是我们平常所说的转化率和客单价，提升转化率和提升客单价就是客服的目标。

销售转换率=销售数量/客户询问量。

客单价=所有成交额/销售单数。

3. 电子商务客服的意义

1）塑造公司形象

网络购物，客户只是依据图片和文字描述进行购买，缺乏对实际情况的了解，容易产生距离感和怀疑感。客服的一个笑脸（阿里旺旺表情符号）或者一声亲切的问候，都能让客户真实地感觉到他是在跟一个善解人意的人沟通，有助于客户放弃戒备的心理，树立公司良好形象。

2）提高成交率

客服在线能够随时回复客户的疑问，可以让客户及时了解需要的内容，确认商品是否与事实相符，打消客户的顾虑，从而立即促成交易。

客服面对犹豫不决的客户，良好的专业知识和销售技巧，可以帮助客户选择合适的商品，促成客户的购买行为，从而提高成交率。

没有付款的客户，在线客服要及时跟进，通过向客户询问汇款方式等督促客户及时付款。通过客服良好的引导与服务，客户可以顺利地完成订单。电子商务客服的意义就是可以提高订单的成交率。

3）提高客户回头率

当客户在客服的良好服务下，完成一次良好的交易后，客户不仅了解了商家的服务态度，也对商家的商品、物流等有了切身的体会。当客户需要再次购买同样的商品时，就会倾向于选择他所熟悉和了解的商家，从而提高了客户重购率。

4）更好的用户体验

电子商务客服有个很重要的角色就是可以成为用户在网上购物过程中的保险丝，用户线上购物出现疑惑和问题的时候，客服的存在给用户更好的整体体验。

如果把电子商务客服仅仅定位于和客户的网上交流，那么我们说这仅仅是服务客户的第一步。一个有着专业知识和良好沟通技巧的客服，可以给客户提供更多的购物建议，更完善地解答客户的疑问，更快速地对客户售后问题给予反馈，从而更好地服务于客户。只有更好地服务于客户，才能获得更多的机会。

【案例 1-1】

Dell 公司成功的秘诀

Dell 公司看到了互联网的优势并在业界同行意识到这一点以前就开始研究如何利用互联网。早在 1996 年 7 月，Dell 公司的客户就能够通过公司的站点直接配置和订购计算机。Dell 公司凭借这种创新的根据订单进行生产并直销的营销模式，使得传统渠道中常见的代理商和零售商的高额价格差将会消失，同时 Dell 公司的库存成本大大降低，与其依靠传统方式进行销售的主要竞争对手相比，Dell 公司的计算机占有 10%～15%的价格优势。Dell 公司的网上直销站点还提供技术支持与订购信息，包括直接从站点下载软件。Dell 公司为中国大陆小型企业提供的定制服务，客户只需要点击就可以购买想要商品，同时还可以直接在网站获得技术支持与服务。为方便客户在网上购买，Dell 公司将客户分成大型企业

（1500人以上）、中型客户（500~1499人）和小型企业（499人以下），以及一般的消费者。

在提供给客户的主页上，客户可以根据自己需要选择Dell公司提供的各种台式机、笔记本式计算机、工作站和服务器，Dell公司提供这些商品是专门针对小型企业进行设计和定做的。客户购买时，可以查看网站中对各种型号计算机的详细介绍和提供的有关技术资料，客户不出门就可以对计算机的性能进行深入了解。为更好满足不同市场需要，在网上直销时专门针对不同区域市场推行特定网上直销方式，如专门针对中国大陆市场客户提供直销服务时，网站设计时用中文而且考虑到中国人的习惯，允许通过电话联系订货，可见互联网作为新的信息沟通渠道和媒体，它改变了传统营销的手段和方式，而且在互联网上开展网络营销所具有的价格竞争优势，将推动网络营销开创划时代的革命性的营销新纪元。

案例思考：

Dell公司现已发展成为全球第二大计算机供应商，它成功的原因是什么？成功背后显示出电子商务客服的重要性和必要性。

4. 电子商务客服与传统客服的区别

传统的客服中心主要是被动式的服务，通过呼叫中心、语音服务、传真和信函联系客户。传统式的热线电话客服平台，不但成本巨大，而且并不能满足网络时代客户服务多样化的需求。

互联网与其他媒体截然不同之处在于网络的"互动性"。电子商务客服互动式的服务不但使渠道多样化，而且拥有强大的客户处理能力。主要工具包括电子邮件、网络论坛BBS（Bulletin Board System，电子公告牌系统）、网络电话、即时交流和常见问题解答（Frequently Asked Questions，FAQ）等，是一个输入输出双向的互动式服务渠道。企业可以把售前、售中、售后等客户服务等搬到网上，不但可以用来加强与客户之间的联系，及时满足客户需求，同时还可以收集客户信息，从而提升企业的竞争力。

> **议一议** 电子商务客服与传统客服是对立的还是相互借助弥补的？目前最流行的O2O（Online to Offline，线上到线下）模式对电子商务客服的要求是什么？

✕ 拓展学习

- 登录百度（www.baidu.com），输入关键词"兼职客服与专业客服的区别"进行搜索，填写表1-2。

表1-2 兼职客服与专业客服的区别

比较项目	兼职客服	专业客服
能力经验		
人员管理		
商品知识		
服务费用		

- 小组讨论：你了解的电子商务客服的含义还有吗？推选代表课内进行交流。

项目 1　　走进电子商务客户服务

活动 1.1.2　区分电子商务客服的类型

做中学

查找相应的信息，结合教材中的必备知识了解电子商务客服的类型。
- 登录百度，输入关键词"苏宁"，了解企业的历史和发展情况。
- 登录苏宁公司网站首页（http：//www.suning.cn/），了解公司的市场经营状况和竞争，登录苏宁官方商城（http：//www.suning.com/），了解其网上销售状况。
- 利用课余时间或节假日，调查本地的苏宁实体店铺，了解其经营的主要商品、价格。
- 根据以上调查所收集到的资料，各小组讨论分析苏宁公司商品特点和不同网店的经营特色，苏宁线上线下的销售模式转换对客服的要求改变，把搜集的数据整理好，推选代表课内交流。

必备知识

1. 影响购买行为的主要因素

商品+使用经历+客户印象，这三者构成了影响客户购买行为的主要因素。在任何与客户的互动中，客户服务人员面临的挑战是尽可能为客户创造最多的价值。三者之中，客户印象是最为主观的。客户印象形成于客户对商品的认知和以往使用经历的总结，但在交易沟通中可以被客服影响。在与客户的互动中，客户服务人员面临的挑战是尽可能为客户创造最多的价值，目的是给客户留下一个持续、正面的印象。

2. 客户离开的原因

调查报告显示客户离开的原因基本上是他们得不到他们想要的；这又往往与价格没有太大的关系。

45%的客户离开是因为"很差的服务"。

20%的客户离开是因为没有人去关心他们。（以上就有65%的客户离开的因为客服做得不好，而不是价格。）

15%的客户离开是因为他们发现了更便宜的价格。

15%的客户离开是因为他们发现了更好的商品。

5%的客户离开是其他原因。

3. 电子商务客服的类型

一个完整的销售流程应当至少包括售前服务、售中服务和售后服务3个部分。售前、售中、售后这3个过程，其实有人为的因素在里面；真正的销售过程是这3个阶段的不断交互过程。以"售前"的执着发掘客户新的及可能的需求，以"售中"的认真服务和仔细交流，实现与客户共同进步，相互依存，以"售后"的责任感，解决客户的所有后顾之忧。

1）售前客服

售前服务（Pre Sale Service）是企业在客户未接触商品之前所开展的一系列刺激客户购买欲望的服务工作，主要提供信息、市场调查预测、商品定制、加工整理、提供咨询等。

（1）售前客服的要求：①细心和强烈的责任感；②善于言谈和表达自己，有亲和力，观察能力强，敏感度高；③熟悉店铺商品的各项属性；④主动性强，主动推荐，挖掘客户需求；⑤熟悉目标消费者的购买时间段，并能合理设置商品下架时间；⑥能熟悉店铺商品关键词的遴选及使用，并能及时更换调整；⑦较好的文字功底，能针对店铺商品撰写合适的软文。

（2）售前客服的职能：售前客服是店铺的形象，是吸引客户进入店铺、促成交易的第一要素，首要的工作就是要做好消费者购物的引导工作，做到"不放过每个进店的客户"，并且尽可能提高客户进店购物的客单价，提高全店的转化率。

2）售中客服

售中服务（Sale Service）是指在商品销售过程中为客户提供的服务。为客户介绍、展示商品，详细说明商品的使用方法，耐心地帮助客户挑选商品，解答客户提出的问题等。售中服务与客户的实际购买行动相伴随，是促进商品成交的核心环节。

（1）售中客服的每日工作流程：①进入后台，查看前一日的所有订单，是否有异常的订单（含申请退款的订单）；②查看工作台的留言，客户留言的问题要及时解决，不管对方是否在线，一定要及时回复，以便客户上线后可以看到；③售后问题做好简单记录，并发给售后服务做好存档记录，以便后期查询；④客户拍下之后，12小时之内没有付款的，应该及时和客户联系，适当地催单。

（2）快速回复：面对客户的询问，要尽快回复客户，所以快速回复一定是满意的服务的第一步。客服可以在桌面上放一个小音箱，音量调大，这样即便偶尔离开计算机，也能在第一时间听到阿里旺旺的提示音，从而在第一时间做出反应。

（3）语言得体：语言得体就是让客户看到你跳动的语言后感到舒服、舒心。在与客户的沟通中一定要用"您"，而且一定不能用"亲"作为开头语。客户看到你的一个"您"字，一种发自心底的舒服和被尊重感已经油然而生了，当一个人感觉到被别人尊重的时候，他也一定会有意识去尊重对方。和客户交谈的第一步不允许用"亲"这个淘宝用语，因为相对比较保守和传统的人未必都能接受这个称呼。当然，我们可以在交谈中自然从"您"过渡到"亲"，有意识地拉近距离。

（4）态度积极：每个人的一举一动都是情感的产物，你的消极态度客户能够感受到，你的积极态度客户同样能够感受到。而我们每个人都是乐于和积极乐观开心的人交往的。对每一个客户都是笑脸相迎，笑语解答会感染客户。所以，当客服在回复客户询问的时候，如果他是积极的态度，面带微笑地回复，客户是可以感受到的。

（5）回答专业：只有专业的人才能做好销售工作，如果客户询问一个问题，你说不知道，又询问一个问题，你说不清楚，那么你肯定是留不住客户的。熟悉店铺每款商品的特性，不同客户对商品的适应性不同，作为客户，他可能除了自己手中的商品之外，并不熟知其他类似商品，但作为售中客服，则必须熟知这些知识，才能给客户以专业的意见和建议。

（6）善于引导：每一个客户进入你的店铺，往往只是因为他看到了你的某一款商品，客户有了购买意向，这时客服一定要了解客户的潜在需求，对客户加以引导，从而提高单客购买金额，提高成交率。也就是要做好关联销售推荐。

> **想一想** 分组讨论，一个客户购买一个iPhone4手机外壳，这个客户的关联需求还有什么？如果你是店铺客服，你会怎么做？

【案例 1-2】

传统早餐店的启示

一家早餐店在销售豆浆时,店员总是会询问客户"(先生/小姐),要不要加蛋",结果是一半左右的客户同意加一个蛋。而隔壁还有一家早餐店,他们的店员在出售豆浆时总是询问客户"(先生/小姐),加一个蛋还是加两个蛋",大半的客户回答是"加一个蛋",也有少部分爱好吃蛋的客户回答"加两个蛋",只有极少数的客户回答"不要加蛋"。同样是询问,结果却大不相同。这就是引导销售的结果,我们总在选取工具做关联营销,其实,站在销售第一线的客服才是最好的关联营销推手。

3)售后客服

售后服务(After Sale Service)是企业对客户在购买商品后提供多种形式的服务的总称,其目的在于提高客户满意度,建立客户忠诚。凡与所销售商品有连带关系,并且有益于购买者特征的服务,主要包括商品配送、商品退换、维修、接受投诉等具体事物,并告知客户保养、使用技术等方面的服务。

(1)电子商务售后服务的特点。

① 不可感知性(Intangibility)。

电子商务模式下的售后服务是具体为"表现"而非实物,是某种形式的"客户体验"。所以必须有效地让客户感受到,通过售后服务咨询、商品注意细节、商品故障维修咨询等把服务的质量"有形"地提供给客户。

② 移动性(Mobility)。

互联网应用的局限之一就是缺乏移动性。目前绝大多数的客户必须使用计算机才能通过互联网进行网上交易。但是,相应的售后服务必须提供到在不同地理位置上的客户身上,服务才算完成。

③ 灵活性(Flexibility)。

电子服务被西方学者比喻为"积木式"的功能设计。这个比喻恰当地体现了电子服务的灵活性——大规模地定制。为客户量身打造个性化商品与服务是一种以客户为中心的管理方法,也是电子商务成功必须采取的经营方式。根据客户的要求适时提供或者改变服务的内容和方式,是提高客户满意度的有效方式。

电子商务模式下的售后服务还具有和传统售后服务相同的特点,如不可分离性(Inseparability)、差异性(Heterogeneity)、不可贮存性(Perishability)等。

(2)电子商务售后服务的原则。

① 礼尚往来的原则。

人们的潜意识中,最有威力、影响力的就是一种礼尚往来原则。别人对我们所做的事情使得我们也很想替对方做点事。礼尚往来原则也可以称为互惠原则,我们在和客户达成交易的关系时,可以在适当的时机,赠送客户一些有纪念性的小礼品,让客户觉得你很重视他。当你需要信息时,客户也会告诉你商品的使用效果等相关信息,甚至把你竞争对手的一些信息告诉给你。所以你帮客户的忙、对客户做出让步,会让客户感觉自己也应该替你做些事情，增加与客户的关系，会带来连续的消费行为。

【案例1-3】

礼尚往来原则的理解

当你到水果摊买水果时，看到很好吃的橘子或苹果，这时卖水果的老板会剥一个橘子，或者是切一片苹果让你品尝。你因为尝了他的水果，就会购买他的水果。你到百货公司购物时，有些促销员会请你品尝一杯牛奶，你会觉得很不错，就会购买一大瓶牛奶，这就是礼尚往来原则。你对我好，我也要对你更好，这是一种社会与文化的规范，当别人给予我们帮助时，我们就希望也能予以回报。

想一想 分组讨论，结合自己店铺的实际情况，我们能为客户做些什么事情？能赠予客户什么样的小礼品？

② 承诺与惯性原则。

在心理学上，影响人们动机与说服力的一个最重要的因素叫作承诺与惯性原则。它是指人们对过去做过的事情有一种强烈连贯性的需求，希望维持一切旧有的形式，使用承诺来扩充观念。客户有一种什么样的习惯，或者说他有什么样旧的做法、做事的方法或处理事物的一些态度，你要掌握这种惯性的原则。这个承诺与惯性的原则就是我们如何更进一步地与客户相处，以及找到客户内心一种需要层次的提升。

③ 社会认同原则。

威力无穷的潜意识影响称为社会认同原则，也叫从众心理。购买商品和服务的人数能极大地影响客户的购买决策，让更多的人来购买就是客服的首要任务。如果你与客户的关系处理得很好，这时公司又开发了一个新的商品，当你到客户那里时，也可以用这种方法告诉客户，"你看我们的商品还没有上市就已经有很多客户向我们订了单子，你看这是某某报纸对我们这个商品的报道，社会对我们的评价都不错……"当他看到这样的一个东西或者一个信息时，他会觉得，"嗯，不错，人家都买了，我也应该买"，这就叫作社会认同原则。

④ 同类认同。

同类消费群体对商品的使用，容易让客户接受，这就叫社会认同。所以客服在与客户交流沟通的过程中要确认客户的群体特性，在客户咨询时推荐给同类消费群体。

⑤ 使用者的证言。

这也是促使客户购买商品的一种因素，利用曾经买过我们的商品的人，或使用我们商品的人，用他们的一些见证，告诉我们的客户，这也是影响客户购买决定的一种方法。所以客户的评价能影响商品的销售。

⑥ 名人效应。

名人都会拥有很多"粉丝"，他的举止行为会影响或者干预"粉丝"的购买行为，让名人来代言商品，能加快商品销售的速度，更快把商品推向市场，去激发客户采取购买行动。

⑦ 客户关怀。

客户介绍的潜在客户比全新的客户更为有利，它的成功概率是全新客户的15倍。一个

项目 1　　走进电子商务客户服务

优秀的客服人员，会很在意培养他的忠实客户，从而利用忠实客户带来大批的新客户，就是人们在运用客户关怀。

今天的售后服务并不是客户已经买了你的商品，你去给他做服务，而是在建立一种和谐的人际关系上的。客户还没有购买你的商品之前，你可以使用这些原则，促进客户更相信你的商品，更相信你。而购买过商品的人，你也要让他更进一步地与你维持一种更信赖的关系。

【案例 1-4】

售后处理不当造成的差评

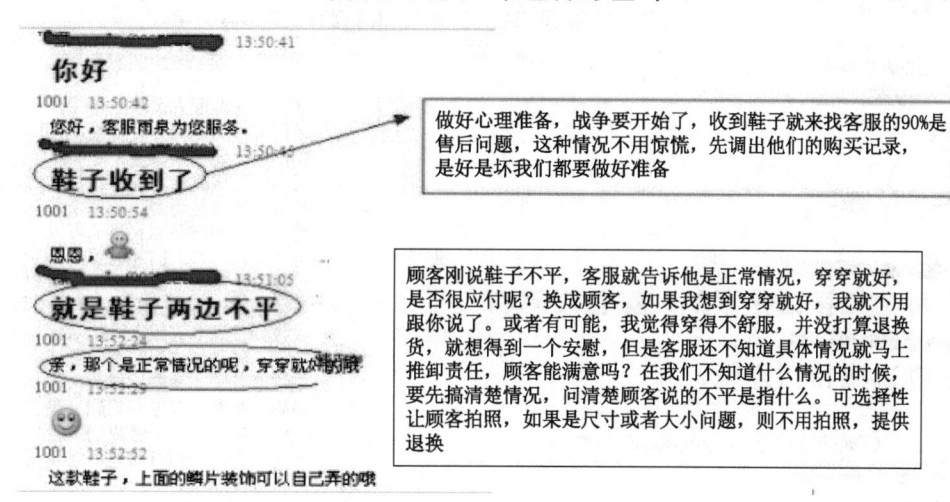

你好　13:50:41
您好，客服雨泉为您服务。　13:50:42
鞋子收到了　13:50:54

> 做好心理准备，战争要开始了，收到鞋子就来找客服的90%是售后问题，这种情况不用惊慌，先调出他们的购买记录，是好是坏我们都要做好准备

恩恩，　13:51:05
就是鞋子两边不平　13:52:24
亲，那个是正常情况的呢，穿穿就好的　13:52:29
这款鞋子，上面的鳞片装饰可以自己弄的哦　13:52:52

> 顾客刚说鞋子不平，客服就告诉他是正常情况，穿穿就好，是否很应付呢？换成顾客，如果我想到穿穿就好了，我就不用跟你说了。或者有可能，我觉得穿得不舒服，并没打算退换货，就想得到一个安慰，但是客服还不知道具体情况就马上推卸责任，顾客能满意吗？在我们不知道什么情况的时候，要先搞清楚情况，问清楚顾客说的不平是指什么。可选择性让顾客拍照，如果是尺寸或者大小问题，则不用拍照，提供退换

> **想一想**　当我们还不了解问题的时候，自作聪明的客服自认为是上面鳞片的问题，这说明什么？那样的回答能说服客户吗？

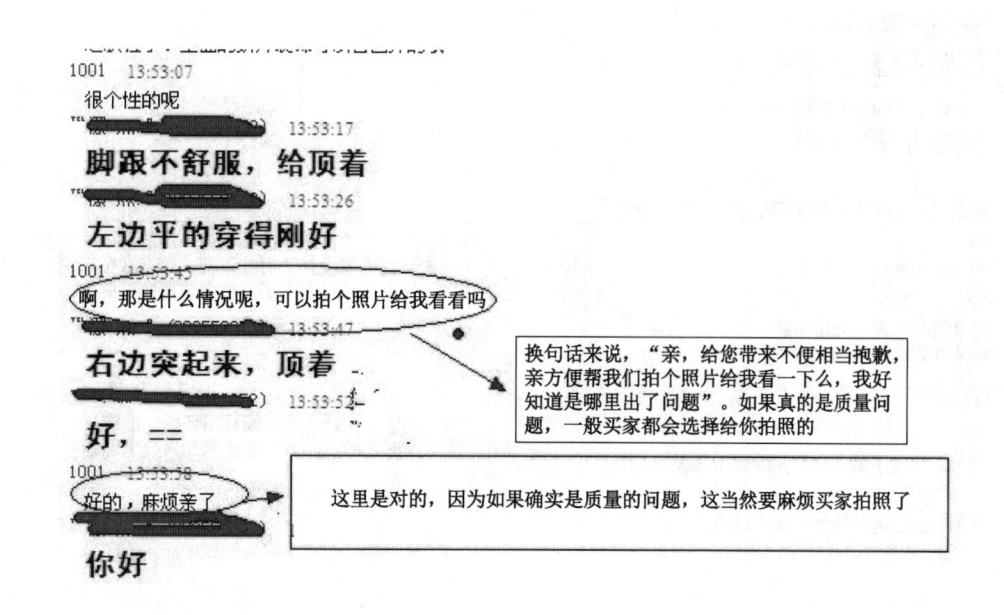

1001　13:53:07
很个性的呢
脚跟不舒服，给顶着　13:53:17
左边平的穿得刚好　13:53:26
1001　13:53:45
啊，那是什么情况呢，可以拍个照片给我看看吗
右边突起来，顶着　13:53:47
好，==　13:53:53

> 换句话来说，"亲，给您带来不便相当抱歉，亲方便帮我们拍个照片给我看一下么，我好知道是哪里出了问题"。如果真的是质量问题，一般买家都会选择给你拍照的

1001　13:53:58
好的，麻烦亲了

> 这里是对的，因为如果确实是质量的问题，这当然要麻烦买家拍照了

你好

009

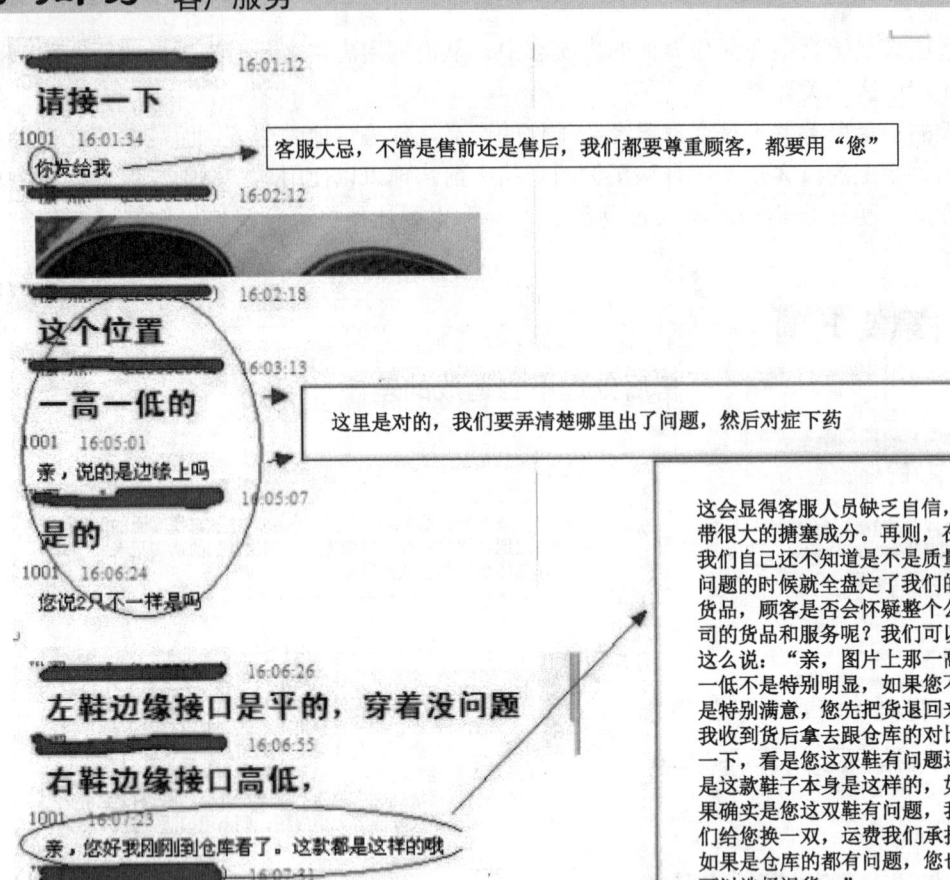

电子商务 客户服务

聊天记录：

16:01:12 请接一下
1001 16:01:34 你发给我
16:02:12 [图片]
16:02:18 这个位置
16:03:13 一高一低的
1001 16:05:01 亲，说的是边缘上吗
16:05:07 是的
1001 16:06:24 您说2只不一样是吗
16:06:26 左鞋边缘接口是平的，穿着没问题
16:06:55 右鞋边缘接口高低，
1001 16:07:23 亲，您好我刚刚到仓库看了。这款都是这样的哦
16:07:31 不会吧
1001 16:07:40 是的呢

16:07:44 高低鞋怎么穿呢
16:07:48 能申请退款吗
1001 16:08:05 就是这样设计的，脚要穿在这个边缘里面的
1001 16:08:36 "高低鞋怎么穿呢"？
1001 16:08:49 边缘就是会高一点出来的
16:09:03 左边的怎么不会高一点出来呢
1001 16:10:06 因为这款鞋子就是这样设计脚在里面的
1001 16:10:32 不影响我们再次销售都是可以退换货的

批注：

- 客服大忌，不管是售前还是售后，我们都要尊重顾客，都要用"您"

- 这里是对的，我们要弄清楚哪里出了问题，然后对症下药

- 这会显得客服人员缺乏自信，带很大的搪塞成分。再则，在我们自己还不知道是不是质量问题的时候就全盘定了我们的货品，顾客是否会怀疑整个公司的货品和服务呢？我们可以这么说："亲，图片上那一高一低不是特别明显，如果您不是特别满意，您先把货退回来，我收到货后拿去跟仓库的对比一下，看是您这双鞋有问题还是这款鞋子本身是这样的，如果确实是您这双鞋有问题，我们给您换一双，运费我们承担，如果是仓库的都有问题，您也可以选择退货。"

- 千万不要回避顾客所提到的问题，搞不清楚顾客的问题、需要什么样的解决方式，我们就没办法对症下药，那么我们所说的话都会显很苍白，连自己都说服不了，如何说服顾客呢？

- 顾客已经开始有情绪了，因为他已经开始怀疑你的产品、你的服务，甚至你的人品了，如果继续推托只会引起顾客的反感憎恶

项目 1　　走进电子商务客户服务

客户对话记录：

> 但你要两边一样的才能说服客户
> 16:11:37
> 两边根本就不一样，如何说服客户呢
> 16:11:52
> 不要跟我说，这样的设计是时尚吧？

批注： 自己要有判断意识，这个时候顾客这么说是合情合理的

> 1001　16:11:55
> 亲，我理解您。
> 1001　16:12:09
> 这个是有一点差别
> 1001　16:12:33
> 会有一点相差的呢

批注： 既然理解了，就要采取行动，如果换句话说，"亲，这个我能理解。那您看这样，如果您觉得这个是质量问题，您先发回来我们看一下，我收到货拿去跟仓库的对比一下，如果确实一高一低很明显的话，我们给您换一双，运费我们来承担"。这时候顾客就会觉得有道理。不管怎么样，先让顾客把货退回来，货到了我们才好解决

> 那现在要怎么解决呢
> 1001　16:12:57
> 不影响我们再次销售都是可以退换货的
> 16:13:16
> **我想找一双可以吗？**

批注： 顾客刚开始只是想说要换一双，如果真的是质量问题，该是我们承担的，我们一定要主动承担

> 1001　16:13:25
> 亲，可以的
> 16:13:34
> 那运费怎么算？
> 1001　16:13:44
> 但我刚刚到仓库看了，都会稍微一点差别的呢
> 16:13:57
> **粉红色的也是这样**

批注： 顾客只是奇怪，想知道粉色的是不是也是这样，如果不是，那他可以勉强换粉色的，而不是一定要换黄色的

> 1001　16:14:01
> 其实这里并不影响美观和穿的
> 1001　16:14:04
> 亲，是的呢

批注： 是不影响美观和穿着，但是影响脚感哦，如果你花钱买一双有质量问题的鞋子，你会满意吗？不要过于应付买家

> 16:14:21
> **美观是没无所谓，主要是我穿着不舒服，两边都不一样**

批注： 说到这个，如果我是客人，我也会生气的

> 1001　16:14:27
> 1001　16:14:37
> 这个穿久了就会一样的呢

批注： 还是那句话，先说服自己，你真的觉得久了会一样？连你自己都不知道她到底是什么问题的呢

> 1001　16:14:43
> 恩恩，明白
> 16:14:58
> **换一双的话运费怎么算呢**
> 1001　16:15:02
> 但是都是会凸起来的边缘

批注： 换同一个颜色同一个号码，理所当然，我们来出运费。更何况买家已经买了运费险，本来就不需要考虑这个问题，结果客服不知道，弄巧成拙

> 16:15:31
> **尽量帮我找一双平一点的吧**
> 16:15:54
> **能将就我就将就，可就是穿着不舒服**
> 1001　16:16:38
> 恩恩
> 16:17:33
> 您那边发出来的运费你那边承担，我们承担发出去的运费

批注： 没必要的语言，容易让顾客反感，给予差评

> 1001　16:18:32
> 就是说您把鞋子给我们发回来，我们帮您换一双

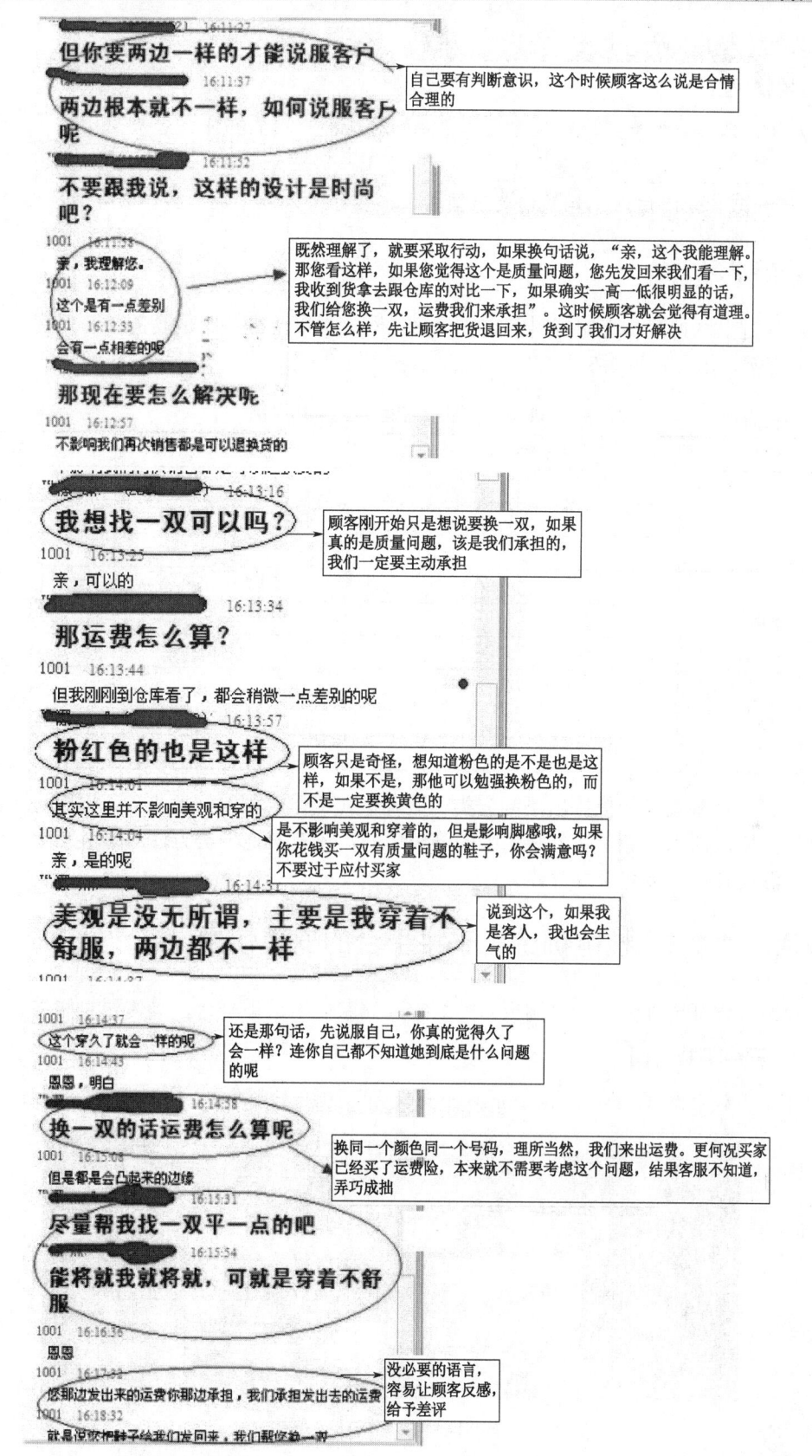

011

结果迎来了差评,让售后小弟一阵痛哭。

案例思考:

为什么客户会给予差评?从客服与客户的对话中,我们有什么启示?

试一试 分组讨论,如果你是店铺客服,你会怎么做?说明具体的对话及理由。

拓展学习

● 通过上网搜索、查阅资料等方式,每位同学收集至少 3 个成功的售前、售中、售后客服的案例,填写在表 1-3 中。

表 1-3 电子商务客服的成功案例

分类	案例名称	案例来源	启示
售前			
售中			
售后			

● 讨论:根据案例提炼出不同分类客服人员在工作过程的注意事项,同时进行客服工作过程的模拟训练。除了必备知识中的分类之外,还有其他分类方法吗?各小组汇总学习结果,派代表在班级交流发言。

活动 1.1.3 技能训练:千牛平台的安装使用

小组合作开展训练,针对淘宝新的规定,商家使用千牛平台,具体要求如下。

1. 千牛下载官网

千牛下载官网(http://work.taobao.com/)界面如图 1-1 所示。

图 1-1 千牛下载官网界面

> **议一议** 千牛有两个版本,一个是移动版的(包括 iPhone 版和 Android 版等),另外一个是 PC 版的,根据自己店铺的实际需要,下载相应版本,两个版本的设置和使用方法大同小异。

2. 使用方法

(1)登录界面:登录的账号、密码是申请的阿里旺旺账号和密码,登录界面如图 1-2 所示。

图 1-2 登录界面

(2)功能解说。

右侧是_____。

左侧是_____。

插件市场有_____。

能添加的数据是_____。

子账号权限设置_____。

功能归纳为 4 句话:_____
_____。

> **议一议** 选择细分市场时除了考虑以上因素之外,你觉得还有哪些因素?

3. 使用的注意事项

注意事项是_____
_____
_____。

教师点评

任务 1.2 关注电子商务客服的素质要求

📖 问题引入

相对于传统客户服务，电子商务客服更具有实时性、方便性和高效性，电子商务的巨大发展趋势也越来越被中小企业看好，在这样的背景下，电子商务客服的重要性就尤为重要。张明对这一岗位群人员的素质要求还不是很明确，你觉得应该如何做呢？

_____
_____
_____

👥 你知道么？

你知道客服沟通的"七步诗"吗？第一步招呼，"及时答复，礼貌热情"；第二步询问，"热心引导，认真倾听"；第三步推荐，"体现专业，精确推荐"；第四步议价，"以退为进，促成交易"；第五步核实，"及时核实，买家确认"；第六步道别，"热情道谢，欢迎再来"；第七步跟进，"视为成交，及时沟通"。做好"七步诗"能使我们的交易和再购率得以提升，但是也需要客服具有良好的素质和高超的技能。运用幽默的话语，阿里旺旺的动态表情可以增添不少交谈的气氛，能够让买家知道客服的热情和亲切，增添对卖家的好感，这对交易成功的帮助有所提高；通过引导的方式，搜索买家更多的信息；根据收集到的买家信息，推荐给买家最合适的而不是最贵的，让买家感受更加热心和专心；规范、公平、明码标价，坚持原则不议价的情况下，适当优惠或小礼品以满足个别买家追求更加优惠的心理；及时跟客户核实地址、电话等个人信息是否准确，另外特别关注个性化留言，做好备忘录，有效避免错发、漏发等情况；客服的诚恳热情，能提高客户再次购买的概率。

活动 1.2.1 探寻电子商务客服的素质要求

🔍 做中学

● 小组合作，在百度或搜狗等搜索引擎使用"电子商务客服"、"客服"、"网店客服"等关键词搜索，进行资料查找，注意搜索百度百科、专家名人说法，把不同的搜索结果填入表1-4中。

表1-4 搜索结果比较

定义来源	定义	你的理解
百度百科		
专家名人		
知名企业		

项目 1　走进电子商务客户服务

● 讨论：在不同的定义下对客服的素质要求是否有差异？除了采用搜索引擎收集他人定义外，结合教材必备知识，你认为还有其他素质要求吗？

必备知识

一个合格的电子商务客服，应该具备一些基本的素质，如心理素质、品格素质、技能素质及其他综合素质等，具体如下。

1. 心理素质

电子商务客服应具备良好的心理素质，因为在客户服务的过程中，承受着各种压力、挫折，没有良好的心理素质是不行的，具体如下。

（1）"处变不惊"的应变力。
（2）挫折打击的承受能力。
（3）情绪的自我掌控及调节能力。
（4）满负荷情感付出的支持能力。
（5）积极进取、永不言败的良好心态。

【案例 1-5】

突发事件解决

一个客户在我们店铺购买 3 个保温杯后没有及时付款（图 1-3），我们的客服善意提醒他及时付款，以方便我们按时发货，他却发来一个国旗的图案说我们的店铺有问题。

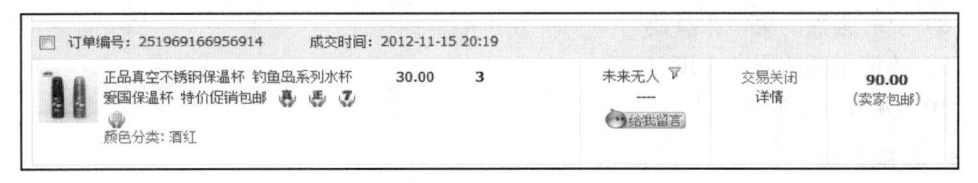

图 1-3　订单信息

客户（2012-11-16 17:25:50）：那你等着政府的人来找你哈。
商家（2012-11-16 17:26:03）：您说这个是我们发的？
客户（2012-11-16 17:26:11）：对的。
商家（2012-11-16 17:26:16）：什么时候？
商家（2012-11-16 17:26:21）：我们怎么发？
客户（2012-11-16 17:26:30）：你管什么时候发的。
商家（2012-11-16 17:28:39）：这样的东西也不是我们能发的，对吧？
客户（2012-11-16 17:30:22）：慢慢等吧，政府的人会来找你们老板拉去坐几天的。
客户（2012-11-16 17:30:33）：没事的啊。
商家（2012-11-16 17:31:15）：如果您对我们公司、对我们商品有任何意见，欢迎指教。
客户（2012-11-16 17:31:31）：第十九条　在公众场合故意以焚烧、毁损、涂划、玷污、践踏等方式侮辱中华人民共和国国旗的，依法追究刑事责任；情节较轻的，参照治安管理处罚条例的处罚规定，由公安机关处以十五日以下拘留。
商家（2012-11-16 17:31:32）：但您刚才说的，我们没有做过的事情，我们不会承担。

客户（2012-11-16 17:31:38）：你等着吧。
客户（2012-11-16 17:31:51）：但是你国旗的事真的吧。
商家（2012-11-16 17:32:37）：我们店铺只销售保温杯，您可以仔细看看。
客户（2012-11-16 17:32:49）：知道的。
客户（2012-11-16 17:33:03）：好的，下了。
商家（2012-11-16 17:33:37）：您还付款购买吗？

案例思考：

这样的突发事件尽管不多见，但我们还是有可能遇上的，只要我们没有做过的、问心无愧的事情，不需要惊慌，要有"处变不惊"的应变力，但还要注意不能过激，否则会带来很多麻烦。如果你遇到了突发事件，你会怎么做？

2．品格素质

（1）忍耐与宽容。
（2）热爱企业、热爱岗位。
（3）要有谦和的态度。
（4）不轻易承诺。
（5）谦虚是做好电子商务客服工作的要素之一。
（6）拥有博爱之心，真诚对待每一个人。
（7）要勇于承担责任。
（8）要有强烈的集体荣誉感。
（9）热情主动的服务态度。
（10）要有良好的自控力。

3．技能素质

（1）良好的文字语言表达能力。
（2）高超的语言沟通技巧和谈判技巧。
（3）丰富的行业知识及经验。
（4）熟练的专业技能。
（5）敏锐的观察力和洞察力。
（6）良好的人际关系沟通能力。
（7）专业的客户服务电话接听技巧。
（8）良好的倾听能力。

> **读一读**
>
> 2014年7月21日，中国互联网络信息中心在京发布第34次《中国互联网络发展状况统计报告》（以下简称《报告》）。《报告》显示，截至2014年6月，我国网络购物用户规模达到3.32亿人，较2013年年底增加了2962万人，半年度增长率为9.8%。与2013年12月相比，我国网民使用网络购物的比例从48.9%提升至52.5%。与此同时，手机购物在移动商务市场发展迅速，用户规模达到2.05亿人，半年度增长率为42%，是网络购物市场整体用户规模增长速度的4.3倍，手机购物的使用比例由28.9%提升至38.9%。我

项目 1　　走进电子商务客户服务

国团购用户规模达到 1.48 亿人，较 2013 年年底增加了 760 万人，半年度增长率为 5.4%。与 2013 年 12 月相比，我国网民使用团购的比例从 22.8%提升至 23.5%。相比整体团购市场，手机团购发展更为迅速。手机团购用户规模达到 1.02 亿人，半年度增长率为 25.5%，手机团购的使用比例由 16.3%提升至 19.4%。

4．综合素质

（1）要具有"客户至上"的服务观念。
（2）要具有工作的独立处理能力。
（3）要有对各种问题的分析解决能力。
（4）要有人际关系的协调能力。

议一议　从上面的数据中你发现了什么问题？快速增长的电子商务对客服的需求又有什么值得关注的地方？你觉得电子商务客服的前景如何？

拓展学习

小组合作学习，掌握网络商务信息的方法。

● 登录百度、一搜（www.1sou.com）、搜狗（www.sogou.com）、中国搜索（www.zhongsou.com）、3721 搜索（www.3721.net）、网易搜索（www.163.com）、雅虎中国（www.yahoo.com.cn）等搜索引擎，搜索"电子商务客服"词条，分析各搜索引擎网站的搜索结果有何区别。

● 利用以上搜索引擎中的一种，查找相关客服成功或者失败的案例，对照其客服素质要求，分析原因，小组交流后推荐代表在课内进行交流。

成功案例描述_____

_____

_____。

原因：_____。

失败案例描述_____

_____

_____。

原因：_____。

本小组推荐的代表：_____。

活动 1.2.2　感受电子商务客服的知识要求

做中学

● 结合自己店铺的商品实际状况，利用搜索引擎（如百度、搜狗等）查找相应商品的属性，了解商品的知识和相关商品知识，小组同学之间进行相互交流，完善商品知识的准备。

销售商品＿＿＿＿＿＿＿＿＿＿＿＿＿＿＿＿＿＿＿＿＿＿＿＿＿＿＿＿＿＿＿＿＿；

主要材料＿＿＿＿＿＿＿＿＿＿＿＿＿＿＿＿＿＿＿＿＿＿＿＿＿＿＿＿＿＿＿＿＿；

商品所在类目＿＿＿＿＿＿＿＿＿＿＿＿＿＿＿＿＿＿＿＿＿＿＿＿＿＿＿＿＿＿＿；

主要材料特点＿＿＿＿＿＿＿＿＿＿＿＿＿＿＿＿＿＿＿＿＿＿＿＿＿＿＿＿＿＿＿；

相关商品知识＿＿＿＿＿＿＿＿＿＿＿＿＿＿＿＿＿＿＿＿＿＿＿＿＿＿＿＿＿＿＿。

● 结合教材中的必备知识，设计一份本网店的商品备忘录，要求如下：商品属性、材料特点、商品结构、关联商品属性、主要竞争对手商品特点。

必备知识

1. 商品知识

1）商品的专业知识

客服应当对商品的种类、材质、尺寸、用途、注意事项等都有一定的了解，最好还应当了解行业的有关知识。同时对商品的使用方法、洗涤方法、修理方法等也要有一个基础的了解。

2）商品的关联知识

不同的商品可能会适合部分人群，如化妆品，有一个皮肤性质的问题，不同的皮肤性质在选择化妆品上会有很大的差别；又如内衣，不同的年龄、不同的生活习惯都会有不同的需要；再如玩具，有些玩具不适合太小的婴儿，有些玩具不适合太大的儿童等。这些情况都需要我们有基本的了解。

此外，对同类的其他商品也要有基本的了解，这样客户在询问不同类商品差异的时候，我们就可以更好地回复和解答。

3）专业术语

专业术语的使用能加快与客户的沟通交流，让客户真正感受你的建议对他具有极大的帮助，能尽快促成交易，让客户信服。

【案例1-6】

小家具客服的木质知识

1. 杉木介绍

杉木是针叶林，叶子成扁型。

结疤：结疤是证明木头是不是实木的重要标志，没有疤的肯定不是实木。

一般结疤分为死结和活结，因为杉木的长高，每隔一定的高度，就会长出一团的枝，向外扩展，分枝的根部就是疤，随着树的生长，这个疤就被包住。到砍伐的那天，有的分枝是活的，有的死了，活的被锯掉之后，形成的疤叫活结，死结的颜色和木头差不多，不会脱落，一般一根木条上面有几个疤，客户是有规定的，不要没疤的，很多商家就故意做结疤，以便懂行的人知道他的木头是实木。死的树枝被锯掉，形成的疤叫死结，容易脱落，高档家具是不允许有的。

变形：主要看木头的纹理，如果纹理是弯的，那这个木头就很容易弯，这与它生长的方式有关，如果纹理是直的，那变形幅度就非常小。

任何木头都会变形，但是经过严格的处理之后，变形幅度就会非常小，可以达到国家标准。

一般家具在加工前，木料都要经过如下的处理，防止日后变形、生虫等：烘干→回潮→定性。

经过烘干后，木头的水分减少，纤维基本都会死，这时候木头非常脆弱，很容易断，所以要进行回潮，使适量的水分进入木头，再去定型（时间大概为一个月）。

常年陈放的杉木，因为它里面的纤维已坏死，所以一般吸水率不是很高，不会变形的。可是现在有时候要急着赶货，所以定型的时间就没有按标准进行，或者有的烘干不彻底，就直接加工，所以出现很多变形、发霉的木头。

硬度：硬度和木头的分子密度有关系，硬度强的一般都不容易变形，因为它的密度大，水分很难进去；可是分子密度比较小的，如杉木，水分就很容易进去，变形就在所难免了，所以有人把杉木叫作软木。

2. 松木的特点

色泽天然，保持了松木的天然本色，纹理清晰美观；造型朴实大方，线条饱满流畅，尽显良好质感；实用性强、经久耐用；弹性和透气性强，保温性能好且保养简单。

松木家具的选材为松木属针叶林种，树木基本上没有经过人工修剪，留有自然生长的痕迹，在制成家具后，充分展现出材料的真实、憨重及自然美感。为了体现松木家具的天然、质朴，商品的表面涂层选用了亚光硝基漆处理或植物油浸泡、蜂蜡涂装两种方法。这两种涂装方式都保持了木材纹理的清晰自然，线条流畅，渗透着大自然明朗清新的气息。松木家具在突出自然、稳实、粗犷风格的同时，融合了现代家具的制造工艺。不仅工艺精良，而且从原料到配件，无不追求自然的品位。虽然松木家具完全采用实木制作，但其板式拆装设计，使得家具的运输、销售、安装都十分便利。

松木家具大致可分为两大类。传统松木家具，材料选用纯净松木，设计上突出自然，造型古朴敦厚，线条明了，其朴实含蓄而严谨的风格，在新潮迭起的时代不失古雅风范；现代松木家具则是松木和布艺、松木和金属等多种组配，在色彩组合上，也保持木材本色，突出家具的现代气息，使美感与功能兼备，实用得体，更能营造现代家居中的一份轻松惬意。松木家具无论是传统还是现代，都是追求一种纯真、质朴、简洁、实用的风格。

2. 网站交易规则

1）一般交易规则

网店客服应该把自己放在一个商家的角度来了解网店的交易规则，更好地把握自己的交易尺度。有时，客户可能是第一次在网上交易，不知道该如何进行，这时，我们除了要指导客户去查看网店的交易规则，在一些细节上还需要一步步地指导客户如何操作。

此外，我们还要学会查看交易详情，了解如何付款、修改价格、关闭交易、申请退款等。

2）支付宝等支付网关的流程和规则

了解支付宝及其他网关交易的原则和时间规则，可以指导客户通过支付网关完成交易，查看和更改目前的交易状况等。

3. 物流及付款知识

1）如何付款

现在网上交易一般通过支付宝和银行付款方式来完成。

银行付款一般建议同银行转账，可以网上银行付款、柜台汇款，工行同城可以通过 ATM 机完成汇款。告知客户汇款方式时，应详细说明是哪种银行卡（或存折）、银行卡（或存折）的号码、户主的姓名。

客服应该建议客户尽量采用支付宝等网关付款方式完成交易，如果客户因为各种原因拒绝使用支付宝交易，我们需要判断客户确实是不方便还是有其他的考虑，如果客户有其他的考虑，应该尽可能打消客户的顾虑，促成支付宝完成交易；如果客户确实不方便，我们应该向客户了解他所熟悉的银行，然后提供给相应准确的银行账户，并提醒客户付款后及时通知。

2）物流知识

（1）了解不同的物流及其运作方式。

① 邮寄：邮寄分为平邮（国内普通包裹）、快邮（国内快递包裹）和 EMS。

② 快递：快递分为航空快递包裹和汽运快递包裹。

③ 货运：货运分汽运和铁路运输等。

④ 最好还应了解国际邮包（包括空运、空运水陆路、水路）。

（2）了解不同物流的其他重要信息。

① 了解不同物流方式的价格：如何计价，以及报价的还价空间还有多大等问题。

② 了解不同物流方式的速度。

③ 了解不同物流方式的联系方式：在手边准备一份各个物流公司的电话，同时了解如何查询各个物流方式的网点情况。

④ 了解不同物流方式应如何办理查询。

⑤ 了解不同物流方式的包裹撤回、地址更改、状态查询、保价、问题件退回、代收货款、索赔的处理等。

⑥ 常用网址和信息的掌握：快递公司联系方式、邮政编码、邮费查询、汇款方式、批发方式等。

> **想一想** 电子商务客服应具备的知识还有哪些？你能把那些知识归并整理吗？针对自己的店铺，你认为还应该增加什么知识？

✱ 拓展学习

● 请利用互联网查找化妆品、保温杯、服装这三类商品的专业知识，把结果填写在表 1-5 中。

表 1-5　不同类目商品的专业知识

类目	商品名称	专业知识
化妆品		
保温杯		
服装		

● 利用搜索引擎或者店铺与快递公司的合约，列出常用物流快递的费用，把结果填写在表 1-6 中。

表 1-6　不同物流公司的快递费用

快递公司	首重费用	续重费用	计算方式
顺丰			
天天			
韵达			
邮政			
……			

活动 1.2.3　感受电子商务客服的技能要求

做中学

● 针对自己店铺的实际商品编写一份营销软文，小组进行交流，以最佳的软文进行课内展示。

● 针对自己店铺的实际商品编写一个故事，让富有故事的商品去打动潜在消费者，从而达成销售的目标。

● 结合教材中的必备知识，结合自己店铺的实际商品编写一份显示网店 LOGO、颜色搭配得当、文字描述简洁明了、突出重点、行文排版合理、使用商品图片、客户关怀的页面。

必备知识

营销类网店客服应具备一些诸如文字表达、资料收集、动手、代码了解、网页制作、参与交流、思考总结、适应变化、终身学习、深入了解网民、建立品牌、耐心、敏感、细致、踏实坚韧等众多的基本能力，具体如下。

1．文字表达能力

把问题说清楚，这是作为电子商务客服的基本能力，对商品描述、商品说明、商品背后的故事、商品的功能属性、客户关怀等要表达清楚。

2．资料收集能力

收集资料主要有两个方面的价值：一是保存重要的历史资料；二是尽量做到某个重要领域资料的齐全。如果能在自己的工作相关领域收集大量有价值的资料，那么对于自己卓有成效地工作将是一笔巨大的财富。

3．自己动手能力

需要自己动手、亲自参与网店营销过程中的各个方面。很多时候，一些问题不是自己动手是很难有深刻体会的，有些问题也只有自己动手去操作才能发现，并且找到解决的办法。网店营销学习过程中自己动手的地方越多，对网店营销的理解就会越深刻。

4．参与交流能力

从本质上来说，网店营销的最主要任务是利用互联网的手段促成营销信息的有效传播，而交流本身是一种有效的信息传播方式，互联网上提供了很多交流的机会，如论坛、博客、专栏文章、邮件列表等都需要直接参与。

5. 思考总结能力

网店营销现在还没有形成非常完善的理论和方法体系，同时也不可能保持现有理论和方法的长期不变，目前一个很现实的问题是，网店营销的理论与实践还没有有效结合起来，已经形成基本理论的方面也并未在实践中发挥应有的指导作用。因此，在网店营销实际工作中，很多时候需要依靠自己对实践中发现问题的思考和总结。

6. 适应变化能力

适应变化的能力，也可以称为不断学习的能力。由于互联网环境和技术的发展变化很快，如果几个月不上网，可能就已经不会上网了。对我们的网店营销学习和应用尤其如此。一本书从写出来到到达读者手中已经过去两年了，然后从学习到毕业后的实际应用可能又需要两年甚至更长的时间，因此一些具体的应用手段会发生很大变化，但网店营销的一般思想并不会随着环境的变化而发生根本的变化。

7. 终身学习能力

没有一个行业比电子商务发展得更快，技术、模式、用户、观念天天在变，要保持终身学习心态。

同时还需要具有深入了解网民能力、建立品牌能力、耐心能力、敏感、细致能力、踏实坚韧能力。

> **想一想** 以上所说的各种能力，对电子商务客服来说，哪些是必需的？对照自己，你是否适合从事电子商务客服工作？如果不具备条件，你该怎么做？

拓展学习

- 请利用互联网查找客户差评的处理能力。
- 请利用互联网查找评价解释和修改评价的能力。

活动 1.2.4 技能训练：网购流程体验

亲身体验网上购物，小组合作开展训练，具体要求如下。

1. 选择购物平台

在阿里巴巴旗下的淘宝、天猫、特色中国，或者京东、亚马逊等网络购物平台中，确定两家购物网店，由组长确定组员分工，小组中每个成员要选择不同的网店进行访问体验，填写表 1-7，主要关注客服服务情况，汇总后对各网店进行对比分析。

表 1-7 购物平台分析

网店名称	体验结果
电子商务模式	
销售商品类目	
支付方式	

续表

网店名称	体验结果
物流配送	
客户沟通方式	
售后服务	
安全保障	

> **议一议** 你会在哪个网站或网店购买商品？从商品种类、质量保障、价格、销量、支付方式、物流配送及售后服务等方面说明你的考虑因素。

本小组确定购买的商品是_____。
选择的购物网店是_____。
选择该网店的理由是_____
_____。

2. 做好网购前的准备

各小组在选定的购物网店学习网上购物的操作步骤，了解网购中常见的问题，从客户的角度来看待客服的知识、技能要求。

> **想一想** 作为消费者在网上购物时，你会担心哪些问题？应该怎么做才能有效地避免这些问题的发生？消费者担心的问题，从客服的角度看应该怎么解决？

你在网购前需要做好的准备工作有_____
_____。

3. 网上购物操作

在选定的购物网店上选购商品，分别练习立即购物和购物车购物，请将从登录网店到下订单、撤销订单、更换商品下订单的操作步骤记录下来，并对购物流程进行截图，完成网上购物体验报告。

> **议一议** 在网上购物的各个环节中，卖方的业务活动有哪些？作为客服，你觉得你购物的网店客服是否优秀？

4. 交流网上购物体会

各小组成员进行交流，谈谈自己的网上购物体会，并选派代表在班级交流。
（1）与实体商店购物相比，网上购物的体验客服该做的是_____
_____
_____。
（2）网上支付与物流配送在电子商务中的作用是_____
_____
_____。

> 教师点评

任务 1.3　认知电子商务客服岗位

问题引入

张明觉得一个电子商务企业发展到一定程度，客服人员增加，就需要进行规范化的管理，对客服部门的工作流程和部门岗位职责就必须细分，这样才能保证企业的健康发展，那么，电子商务客服的流程和岗位职责到底是哪些？具体的要求又如何？

_____
_____
_____

你知道么？

截至 2014 年 6 月，我国网络购物用户规模达到 3.32 亿人，我国使用网上支付的用户规模达到 2.92 亿人，与此同时，手机支付增长迅速，手机购物在移动商务市场发展迅速，用户规模达到 2.05 亿人。每天超过 1 亿人选择网上购物，网络应用市场快速发展，在这样巨大的市场诱惑下，实现传统企业的转型，采用"电商换市"来确保企业在新一轮经济发展中的地位，企业需要大量的电子商务专才，这其中电子商务客服的需求必然巨大，熟悉电子商务客服流程的应用性人才需求，为中职电子商务客服人才的培养开辟了巨大空间。

活动 1.3.1　分析电子商务客服流程及部门职责

做中学

- 利用网络查找售前、售中和售后客服的工作流程。
  售前客服工作流程_____。
  售中客服工作流程_____。
  售后客服工作流程_____。
- 利用搜索引擎查找电子商务客服的岗位职责。
- 结合自己的店铺实际存在的问题，给出电子商务客服的问题所在和解决方法，填写表 1-8。

表 1-8　店铺问题和解决方法

序号	店铺状况	可能存在的问题	所在客服岗位	解决方法
1	流量不足			
2	转化率低			
3	重购率低			
……	……			

- 小组讨论：针对实际店铺存在的不同状况，给出有效的解决方法，结合教材中的必备知识解决实际问题。

必备知识

电子商务企业可以结合自身网店的特点，编制适合自身商品销售，以及售后服务的流程表，让客服按流程办事，可以避免客服有时候不知道"如何是好"，可以提高客服的工作效率，减少客服在工作中的错误的产生；一般应包含以下几个方面。

1. 网店客服工作的基本流程

（1）回复留言。

（2）给客户发送成交信。

（3）拍下商品后3天内未选择交易，发送交易提醒信。

（4）拍下商品后7天内未选择交易，发送交易警告信。

（5）发送警告信后7天，申请退回交易成交费。

（6）客户重复拍下商品的处理。

（7）缺货的在线商品处理。

（8）修改在线商品。

（9）信用评价。

（10）常规应用软件的使用。

2. 销售流程

1）售前准备

（1）提供商品搜索和比较服务。

网络店铺有一千多万家，而且每天都有新的在线商店加入，在每一家商店，特别是大型零售商店中又有许多种类繁杂的商品。消费者在电子商务中遇到的一个主要问题就是如何找到特定的商品。

为了方便客户购物，网上商店应提供搜索服务，使客户可以快捷地找到想要得到的东西。另外，在网上购物不像在传统商店那样可以直观地了解商品，所以网上商店还应提供一些有关商品的信息，以便客户做出决策。

（2）为客户提供个性化的服务。

网上商店应根据上网客户的不同身份、爱好和需求，将每一位客户视为特殊的一员对待，自动提供不同的商品信息和服务，方便客户购买商品，让客户有宾至如归的感觉。

例如，客户一进入网上商店，电子商务中的跟踪技术就可以跟踪客户，客户对每个类目物品的点击，最后购买什么，在购买之前看过什么，哪一类是详细看过的，哪一类是简单浏览的，客户在这个站点行动的轨迹全部有详细的纪录。根据客户的行为，可为客户提供不同的服务信息。

（3）建立客户档案，对老客户进行消费诱导服务。

当客户在网上商店注册时，会填写自己的基本资料，这时网上商店应把客户的资料保存在档案库中，当客户再次光顾时，也要把他浏览或购买的信息存入档案库，并以此为依据有针对性地开发或刺激其潜在的需求，不断开拓市场。

2）售中服务

（1）招呼——及时答复，礼貌热情。

当客户来咨询时，先问候一句"您好，欢迎光临"诚心致意，让客户产生亲切的感觉。

不能只单独回一个字"在",给客户冷漠的感觉,也不能客户问一句,你答一句,这时候有可能会跑单。可以运用幽默的话语,阿里旺旺的动态表情也可以增添交谈的气氛,能够让客户知道我们客服的热情和亲切,增添对卖家的好感,有助于提高交易成功率。在客户来咨询的第一时间,要快速回复客户,因为客户买东西往往会货比三家,可能同时会跟几家联系,这时谁第一时间回复,谁就占了先机。

（2）询问——热心引导,认真倾听。

通过引导的方式,搜索客户更多的信息。当客户还没有目的性,不知道自己需要买哪款时,要有目的地向客户推荐。如果询问的商品刚好没货了,不要直接回复没有,可以这样回答:真是不好意思,这款卖完了,有刚到的其他新款,给您看一下吧。即使没有也让客户看看店里其他的商品。

（3）推荐——体现专业,精确推荐。

根据收集到的客户信息,推荐给客户最合适的而不是最贵的,让客户感受更加热心和专心。用心为客户挑选商品,不要让客户觉得你是为了商业的利益。

（4）议价——以退为进,促成交易。

在规范、公平、明码标价、坚持原则不议价的情况下,适当给予优惠或小礼品以满足个别客户追求更加优惠的心理。如果客户说贵,这时可以顺着客户的意思,承认自己的商品的确是贵,但是要委婉地告诉客户要全方位比较,一分钱一分货,还要看商品的材质、工艺、包装、售后等。当话语很长时,不要一次性打很多,因为客户等久了可能就没有耐心了,可以一行为一段,接着发出去,这样就不会让客户等太久了。

（5）核实——及时核实,客户确认。

客户拍下商品后,我们应该及时跟客户核实地址、电话等个人信息是否准确,另外特别关注个性化留言,做好备忘录,有效避免错发、漏发等情况,尽可能控制售后不必要的麻烦和纠纷。

（6）道别——热情道谢,欢迎再来。

无论成交与否,都要表现出大方热情,特别是因为议价没有成交的,要明白商家不议价的经营模式。因为商家的诚恳热情,引来回头客的概率也相当高。在成交的情况下,可以这样回答客户:您好,谢谢您选购我们的商品！请您等待收货,欢迎再次光临,祝您生活愉快！

（7）跟进——视为成交,及时沟通。

订单问题：针对拍下来未付款的交易及时跟进,在适当的时间和客户及时沟通核实,了解未付款的原因,及时备货,以便促成交易达成。

物流问题：首先及时查看订单物流有没有疑难件,及时跟进查询,发现要第一时间通知客户说明情况,避免售后因物流产生的纠纷。如果接到客户反馈物流停止更新,要记录ID进行跟踪处理,做到对客户负责,即使遇到不可避免的物流问题,客户感受到我们用心为他处理,有时可以化解很多纠纷。

3）售后服务

（1）向客户提供持续的支持服务。

企业可通过在线技术交流、在线技术支持、常见问题解答、资料图书馆、实时通信及在线续订等服务,帮助消费者在购买后更好地使用商品。

（2）开展客户追踪服务。

在越来越激烈的市场竞争中，企业应对所有的客户提供追踪服务，而不再仅仅限定在某一时间区间。在电子商务环境下，企业通过客户建档，利用网络的强大优势，对客户的售后服务应该是终生的。良好的售后服务永远是留住客户的最好方法。

在电子商务环境下，对客户的服务不再是当客户提出某种要求时的被动反应，而是企业积极地为客户着想，这样才能使客户真正体会到"上帝的感觉"。当然，企业在具体提供服务时可根据服务的种类将服务区分为有偿服务和免费服务。

（3）良好的退换货服务。

由于在线购物时，客户不能真实、直观地了解商品，难免会出现一些差错。作为企业应提供良好的退货服务，这样可以增加客户在线购买此商品的信心。

例如，亚马逊网上商店，客户在拿到订货的 30 天内，可以将完好无损的书和未开封的 CD 退回，亚马逊将按原价退款。如果是亚马逊的操作失误而导致的退货，亚马逊的退款将包括运费。

（4）处理中差评的流程。

① 给客户打电话或者阿里旺旺留言前的准备工作。

了解中差评的内容，购买款式，当时的聊天记录，分析大致原因。弄清楚是质量问题，还是客服的服务态度问题，或是物流的原因。针对中差评，首先要抱着积极的态度和客户沟通。另外，对自己现有的售后处理方式要了解，在后面的聊天过程中才能有效地沟通和解决。

② 给客户打电话或者阿里旺旺聊天的开场白。

您好，我是××店铺的售后专员，我叫××，我想给您回访，您看现在方便接听电话吗？或者使用阿里旺旺聊天方便吗？做这个目的很简单，我们要征求客户的意见，如果不方便就确认在客户方便的时间再打电话，给客户留下好印象，这和第一次见面是一样的道理。如果客户有时间接这通电话，那么要先做回访，包包使用得如何、朋友反馈包包搭配起来怎么样等这些话题都是要聊的，而且要一一记录下来，这样对下面问题的处理就有的放矢了。

③ 电话或者阿里旺旺中引入正题。

是这样子的，您在我们家购买了包包，已经给我们确定收货了，但是您给了我们一个中差评，您说（评价内容说一遍）。

这个时候要特别认真倾听，并做好记录，看看问题究竟出在哪里。不知道您是哪里不满意呢？（倾听客户说话，需要不时和客户确定，让客户说完，再进行解释。）

中差评的修改方法：修改的方法是进入"我的淘宝"→"信用管理"→"评价管理"→"给他人的评价"，然后找到这个交易，单击"我要修改"按钮，然后进行修改就可以了。

> **议一议** 中差评的解释：目前中差评是 3 天生效，1 个月就无法修改，在最后一天需要进行评价解释。客服为什么要关注这些中差评？

3. 电子商务客服的职责

（1）网店日常销售工作，为客户导购、解答问题。

(2)负责解答客户咨询,促使买卖的成交。
(3)接单、打单、查单等处理订单及客户的售后服务。
(4)网店销售数据和资料整理。
(5)与客户在线交流,了解客户需求,妥善处理客户投诉,保证客户满意。
(6)日常促销活动维护、平台网站(淘宝等)页面维护。
(7)解决客人的疑问(关于商品、快递、售后、价格、活动、支付方式等疑问)、处理交易纠纷、售后服务,以及订单出现异常或者无货等情况时与客户进行沟通协调。
(8)了解客户的实际需求:明示需求还是暗示需求。
(9)了解客户是否满意。
(10)了解客户的期望值。(我们的服务是否超过客户的期望。)
(11)跟进回访,服务升级。(如何提升个性服务,下一步的服务可做哪些改进。)

> **想一想** 客户的期望值与客服的商品介绍有何关联?客服该如何客观做好商品的推荐?

拓展学习

● 从网上查询并比较不同行业的典型企业的商品推荐说明与客户期望值的关系,填写在表 1-9 中。

表 1-9 典型电子商务企业客户期望值和企业商品推荐表

类别	典型企业	客户期望值	企业商品推荐
服装行业			
保健品行业			
小家具行业			
手机行业			
化妆品行业			
食品行业			

● 讨论:你对这些典型企业的商品推荐认同吗?是否还能更完善?如果你作为该企业的员工,如何挖掘客户的期望值?

活动 1.3.2 明确电子商务客服岗位要求

做中学

● 登录百度,输入关键词"客服岗位要求"进行搜索,记录搜索结果,小组交流。
● 登录百度,查找因售中客服语言沟通问题导致客户流失的案例,小组交流讨论问题所在的原因,结合必备知识再次确认电子商务客服的岗位要求,推荐代表课内交流。

项目 1　走进电子商务客户服务

必备知识

网络购物因为看不到实物，所以给人的感觉就比较虚幻，为了促成交易，客服必将扮演重要的角色，因此客服岗位要求规范客服的沟通交谈技巧，促成订单实现。

1．态度方面

（1）树立端正、积极的态度。

当售出的商品出现问题时，不管是客户的原因还是快递公司的问题，都应该及时解决，不能回避、推脱。积极主动与客户进行沟通，尽快了解情况，尽量让客户觉得他是受尊重、受重视的，并尽快提出解决办法。除了与客户之间的金钱交易之外，还应该让客户感受购物的满足和乐趣。

（2）要有足够的耐心与热情。

我们常常会遇到一些客户，喜欢打破砂锅问到底。这个时候就需要我们有足够的耐心和热情，细心地回复，会让客户产生信任感，即使对方不买也要说声"欢迎下次光临"，呈现客服人员的良好素质；砍价是客户的天性，经常可见，在彼此能够接受的范围内适当让步，即使回绝也应该是婉转的，可以引导客户换个角度来看这件商品，让他感觉有足够的性价比。总之要让客户感觉你是热情真诚的。

2．表情方面

微笑是对客户最好的欢迎，微笑是生命的一种呈现，也是工作成功的象征。所以与客户交流时，即使是一声轻轻的问候也要送上一个真诚的微笑，虽然双方是看不见的，但是你的微笑可以通过言语感受得到。此外，多用些阿里旺旺表情，也能收到很好的效果。无论阿里旺旺的哪一种表情都会将自己的情感信号传达给对方。表情符号的使用会让你冰冷的文字绽放出迷人的微笑。

3．礼貌方面

一句"欢迎光临"，一句"谢谢惠顾"，短短的几个字，会产生意想不到的效果。礼貌待客，让客户真正感受到"上帝"的尊重，减弱或消除客户心理抵抗力。

沟通过程的关键不是你说的话，而是你如何说话。让我们来比照下面的不同说法，来感受不同的效果："您"和"MM 您"比较，前者正规客气，后者比较亲切。"不行"和"真的不好意思哦"；"嗯"和"好的没问题"，都是前者生硬，后者比较有人情味。"不接受见面交易"和"不好意思我平时很忙，可能没有时间和你见面交易，请你理解哦"，相信大家都会感觉后一种语气更能让人接受。

4．语言文字方面

（1）少用"我"字，多使用"您"或者"咱们"这样的字眼：让客户感觉我们是在为他思考，尽力帮他。

（2）常用规范用语。

① "请"是一个非常重要的礼貌用语。"欢迎光临"、"认识您很高兴"、"希望在这里能找到您满意的 DD"、"您好"、"请问"、"麻烦"、"请稍等"、"不好意思"、"非常抱歉"、"多谢支持"……

② 在客户服务的语言表达中，应尽量避免使用负面语言。

(3) 客户服务语言中不应有负面语言。

什么是负面语言？例如，我不能、我不会、我不愿意、我不可以等，这些都叫负面语言。

当你说"我不能"的时候，客户的注意力就不会集中在你所能给予的事情上，他会集中在"为什么不能"、"凭什么不能"上。正确方法："看看我们能够帮你做什么。"

你说"我不会做"，客户会产生负面感觉，认为你在抵抗；而我们希望客户的注意力集中在你讲的话上，而不是注意力的转移。正确方法："我们能为你做的是……"

当你说"不"时，与客户的沟通会马上处于一种消极气氛中。正确方法：告诉客户你能做什么，并且非常愿意帮助他们。

让客户接受你的建议，应该告诉他理由；不能满足客户的要求时，要告诉他原因。

5．阿里旺旺方面

(1) 阿里旺旺沟通的语气和阿里旺旺表情的活用。

在阿里旺旺上和客户对话，应该尽量使用活泼生动的语气，不要让客户感觉被疏忽了。如果实在很忙，不妨客气地告诉客户"对不起，我现在比较忙，我可能会回复得慢一点，请理解"。尽量使用完整客气的语句来表达，如告诉客户不讲价，应该礼貌而客气地表达这个意思"对不起，我们店商品不讲价"，并且解释原因。

如果我们遇到没有合适语言来回复客户留言的时候，与其用"呵呵"、"哈哈"等语气词，不如使用阿里旺旺表情。一个生动的表情能让客户直接体会到你的心情。

(2) 阿里旺旺使用技巧。

我们可以通过设置快捷短语来实现忙乱时候的快速回复。例如，欢迎词、不讲价的解释、"请稍等"等，以及日常回复中客户问得比较多的问题，都可以设置为快捷短语，从而节约大量的时间，达到事半功倍的效果。

通过阿里旺旺的状态设置，可以给店铺做宣传，如在状态设置中写一些优惠措施、节假日提醒、推荐商品，等等。

如果暂时不在座位上，可以设置"自动回复"，在自动回复中加上一些自己的话语，不至于让客户觉得自己被冷落了。

6．针对性方面

任何一种沟通技巧，都不是对所有客户一概而论的，针对不同的客户应该采用不同的沟通技巧。

(1) 客户对商品了解程度不同，沟通方式也有所不同。

① 对商品缺乏认识，不了解：这类客户对商品知识缺乏，对客服依赖性强。对于这样的客户需要我们细心地解答，多从他的角度考虑去给他推荐，并且告诉他推荐的理由。对于这样的客户，你的解释越细致他就会越信赖你。

② 对商品一知半解：这类客户对商品比较主观，易冲动，不太容易信赖。面对这样的客户，就要控制情绪，有理有节耐心地回答，向他表示你丰富的专业知识，让他认识到自己的不足，从而增加对你的信赖。

③ 对商品非常了解：这类客户知识面广，自信心强，问题往往都能问到点子上。面对这样的客户，要表示出你对他专业知识的欣赏，用虚心的态度和他探讨专业的知识，给他来自内行的推荐，告诉他"这个才是最好的，您一看就知道了"，让他感觉到自己真的被当

成了内行的朋友，而且你尊重他的知识，你给他的推荐肯定是最衷心的、最好的。

（2）对价格要求不同的客户，沟通方式也有所不同。

① 大方的客户，不讨价还价：对待这样的客户要表达你的感谢，并且主动告诉他我们的优惠措施，会赠送什么样的小礼物，让客户感觉物超所值。

② 试探性讨价还价的客户：对待这样的客户既要坚定地告诉他不能还价，同时也要态度和缓地告诉他我们的价格是物有所值的，同时感谢他的理解与合作。

③ 天性讨价还价的客户：对于这样的客户，除了要坚定重申我们的原则外，要有理有节地拒绝他的要求，不要被他各种威胁和祈求动摇。适当的时候建议他再看看其他同类便宜的商品。

（3）对商品要求不同的客户，沟通方式也有所不同。

① 购买过类似的商品的客户，对购买商品的质量会有清楚的认识，性价比很清晰，需要我们客观推荐，如实描述。

② 将信将疑的客户会问：图片和商品是一样的吗？对于这样的客户要耐心给他们解释，在肯定我们是实物拍摄的同时，要提醒他难免会有色差等，让他有一定的思想准备，不至于把商品想象得过于完美。

③ 挑剔的客户会反复问：有没有瑕疵？有没有色差？有问题怎么办？怎么找你们等。对这样完美主义的客户，要实事求是地介绍商品，把一些可能存在的问题都介绍给他，告诉他没有东西是十全十美的。

> **想一想** 在客户购买商品的不同时段，客服应该采用什么样的方法来尽可能实现成功交易？如何与客户进行良好沟通来实现忠实客户的培养？

拓展学习

● 利用网络或者其他资料查找客服岗位要求还有哪些方面。搜集整理，小组讨论，推荐代表课内交流。

● 相应的案例 3 个，并将案例给予我们的启示整理进行课堂交流。

案例 1：_____，来源：_____，
启示：_____
_____
_____。

案例 2：_____，来源：_____，
启示：_____
_____
_____。

案例 3：_____，来源：_____，
启示：_____
_____
_____。

> **教师点评**
>
>

活动1.3.3　技能训练：撰写电子商务客服职业生涯规划书

认知电子商务客服职业，根据个人发展的实际要求，制定个人在今后3~5年的职业生涯规划，具体要求如下。

1. 自我分析

在教师的指导下，从个人基本情况、职业价值观、职业兴趣、职业能力、性格特征、优缺点等方面进行自我分析。

2. 职业分析

通过开展调查、查阅资料、向教师请教，对电子商务专业的市场前景、就业状况有明确认识，填写表1-10。

表1-10　电子商务职业分析表

行业分析		
专业认识		
职业认识	初次就业岗位	
	知识要求	
	能力要求	
	综合素质要求	
	资格证书要求	
	职业发展前景	

3. 环境分析

分析家庭环境、学校环境、社会环境和职业环境等对未来从事电子商务职业的影响。

4. 目标与计划

提出切实可行的个人目标（短期目标、中期目标和远期目标），就如何实现目标明确具体的保证措施和努力方向。

5. 制定规划

汇总上述内容，撰写个人职业生涯规划书，并以简报或展板的形式在班级展示交流。

> **教师点评**
>
>

项目小结

通过本项目的学习，我们认识到电子商务客服是指在开设网店这种新型商业活动中，充分利用各种通信工具，并以网上即时通信工具（如阿里旺旺）为主的，为客户提供相关服务的人员。电子商务客服是承载着客户投诉、订单业务受理（新增、补单、调换货、撤单等）、通过各种沟通渠道获取参与客户调查、与客户直接联系的一线业务受理人员。电子商务客服所提供的服务一般包括客户答疑、促成订单、店铺推广、完成销售、售后服务等几个大的方面，即要做好4件事情：塑造公司形象、提高成交率、提高客户回头率、更好的用户体验。好的客服是企业成功的关键。从经济学角度来说，现代市场竞争需要的不再是一味地打"价格战"，"服务战"占了越来越大的比例。而所有这一切都是要由我们的客服人员来完成的。企业也好，网店也罢，提高客服的服务水平尤为重要，迫在眉睫。售前客服、售中客服和售后客服，是一个不可分割的整体，是永远的互动过程。对电子商务客服来说，对其职业素质、知识、技能都有其独特的要求，同时要熟悉电子商务客服的岗位要求和部门职责，了解电子商务客服的流程，熟悉相应交易规则，在帮助客户的同时取得交易的成功，也就是说，让更多的人来买，让买的人买更多，这就是电子商务客服的本质。在明确电子商务客服岗位需求的基础上，做好个人的职业规划。

项目 2 电子商务客服的沟通技巧

学习目标

通过学习本项目,你应该能够:
(1) 理解电子商务客服沟通技巧的含义;
(2) 掌握电子商务客服沟通技巧的组成;
(3) 熟悉客服接待沟通的专业知识;
(4) 掌握电子商务客服的专业用语与礼仪;
(5) 熟悉千牛的设置技巧。

随着网络购物的兴起,网店经营的日益火爆,一个全新的职业——网店客服悄然兴起了。网店客服沟通技巧你知道多少呢?售前需要沟通,售后还要跟踪,纠纷更要沟通。客服沟通无处不在,技巧决定交易成败。作为客服,首先我们要让客户方便快速地体验我们所给予的服务,在购物的过程中一定要让客户感到愉快,良好的客户沟通可以改善用户体验,提高潜在客户的购买率,还可以极大地促进客户的重购行为,甚至成为你的推广者。本项目主要完成两个任务:了解客服沟通技巧的组成;体验千牛的使用效应。结合实例讲述网店客服的沟通技巧,让你的交易成在沟通。

任务 2.1 了解客服沟通技巧的组成

问题引入

有网购经历的张明,深知电子商务客服的重要性,但是对于客服如何有效与客户进行沟通,引导客户愉快购物,他还缺乏全面的认知。他想成为优秀的客服,但是他对沟通技巧很茫然,客服沟通该做什么?哪些是客服的专业用语和礼仪?常见的沟通工具——千牛,如何进行良好设置?他都需要学习。

项目 2　　电子商务客服的沟通技巧

你知道么？

销售的困境本是沟通的困境，销售的难题也是沟通的难题。要想走出销售困境，首先要突破沟通瓶颈。你知道客户服务的 58 个禁忌吗？所有的禁忌其实就是缺乏沟通，缺乏用心的交流，客服沟通其实贵在"用心"，只要"用心"体会客户感受、"用心"查找工作过失、"用心"解决客户问题、"用心"拉近客户距离，一切服务问题便"烟消云散"了。你也便成为一个优秀的客服。

销售大师原一平曾经说过："影响销售成交与否的最关键因素是销售员的沟通能力。"事实也正是如此，套用一句 NBA 广告词来表达就是："无沟通，不销售！"

活动 2.1.1　熟悉接待沟通的专业知识

做中学

● 查找相应的信息，结合教材中的必备知识了解接待沟通的素质要求。
（1）登录百度，输入关键词"客户服务的 58 个禁忌"，了解相关内容。
（2）对照客户服务的 58 个禁忌，查看自己具有多少禁忌，小组间进行交流沟通，列出共性的禁忌，将结果填入表 2-1 中。

表 2-1　客服禁忌汇总

禁忌类别	具有的	如何改进
专业素质禁忌		
心理承受禁忌		
客户投诉抱怨		
客服处理禁忌		
客户刁难处理		
服务技巧禁忌		
客户沟通禁忌		
说服客户禁忌		

● 请你依据表 2-1，设计一份接待沟通基本情况调查表。结合教材中的必备知识理解接待沟通的素质要求。

必备知识

同活动 1.3.2 明确电子商务客服岗位要求中的必备知识。

【案例 2-1】

从一个故事看沟通的重要性

麦克走进餐馆，点了一份汤，服务员马上给他端了上来。服务员刚走开，麦克就嚷嚷起来："对不起，这汤我没法喝。"服务员重新给他上了一个汤，他还是说："对不起，这汤我没法喝。"服务员只好叫来经理。经理毕恭毕敬地朝麦克点点头，说："先生，这道菜是本店最拿手的，深受顾客欢迎，难道您……""我是说，调羹在哪里呢？"

案例思考：

有错就改，当然是件好事。但我们常常改掉正确的，留下错误的，结果是错上加错。这就是问题的症结所在，缺乏沟通。那么什么是有效的沟通？

拓展学习

- 登录百度，输入关键词"客服沟通技巧"进行搜索，填写表2-2。

表2-2 客服沟通技巧项目比较

比较项目	你查到的	你的理解
坚守诚信		
留有余地		
倾听意见		
准确推荐		
坦诚介绍		
换位思考		
尊重对方		
坚持原则		
检讨自己		
表示感谢		

- 小组讨论：你了解的电子商务客户客服沟通还有哪些？推选代表课内进行交流。

活动2.1.2 掌握电子商务客服的专业用语和礼仪

做中学

查找相应的信息，结合教材中的必备知识了解电子商务客服的专业用语和礼仪。

- 登录百度，输入关键词"电子商务客服专业用语"。
- 登录百度，输入关键词"电子商务客服礼仪"。
- 根据以上调查所收集到的资料，各小组讨论分析，把搜集的数据整理好，推选代表课内交流。
- 进行表2-3中客服语言的选择，说明理由，同时理解网络语言与书面语言的区别运用。

表2-3 客服语言比较

客服语言比较	你的选择	你的理解
"您"和"MM您"		
"不行"和"真的不好意思哦"		
"嗯"和"好的没问题"		
"不接受见面交易"和"不好意思我平时很忙，可能没有时间和你见面交易，请你理解哦"		

项目 2　　电子商务客服的沟通技巧

必备知识

1. 客服用语及礼仪的基本准则

态度：要求礼貌，但不能过于亲密。

方法：在服务过程中应尽量为客户着想。

称呼：对客户称呼使用"您"。

规定：无法满足顾客的要求，第一句话需要回答，"非常抱歉……"

2. 欢迎语

当接收到顾客发送的第一个消息时，首先要做到的是快速反应，不能让顾客的等待时间超过 10 秒，欢迎语包含自我介绍+笑脸表情。具体格式如下：

（1）您好，我是×号客服。很高兴为您服务，有什么可以为您效劳的？+笑脸表情

（2）您好，我是×号客服。很高兴为您服务，您刚才说的商品有货。现在满××元包快递，满××元有其他的优惠活动。+笑脸表情

（3）您好，我是×号客服，很高兴为您服务。请问有什么需要，我能为您效劳。+笑脸表情

（4）您好，我是×号客服。很高兴为您服务。我需要为您看下库存单，麻烦您稍等。+笑脸表情

（5）您好，需要和您先说明的是我们公司对价格有比较严格的规定，所有优惠基本是目前的活动优惠，感谢您的理解和支持。+笑脸表情

（6）您好，欢迎光临××旗舰店，客服×号竭诚为您服务。+笑脸表情

3. 对话用语

对话用语要与客户建立真诚的沟通，对话环节是顾客对我们产品了解的一个过程，客服首先要对公司产品有一个深入了解，站在一个"大师"级别的高度，解答顾客对产品的疑问，可以适当引用一些专业性术语、权威性数字。但在介绍产品的时候，要采用让顾客便于理解的话语。关键还是自身在于对产品的了解。同时要插入表情。

（1）亲爱的买家，您说的我的确无法办到。希望我下次能帮到您。

（2）好吧，如果您相信我个人的意见，我推荐几款，纯粹是个人意见啊，呵呵……

（3）哦，您的眼光真不错，我个人也很喜欢您选的这款。（害羞表情）

（4）价格上的区别主要是鞋的样式、工艺、新老款的区别，这些价格上都是有差异的。比如说，有的新款要贵一点，有的是磨砂皮的板鞋，是新款的，就比较贵，但是鞋子的质量比较好，这些都是影响价格的。

（5）我们家宝贝的价格是这样的，有的普通的可能会便宜一点，有的看起来差不多但价格上要差很多，主要是材料和做工的不同，贵的成本很高但质量是很过硬的。同时高档商品的包装也和低档的包装有很大感官区别。

如这样的对话：

客户：请问你家这个是正品吗？

客服：亲，××天猫旗舰店品牌直销哦，旗舰店是需要公司营业执照、注册商标、税务登记证、产品质检报告等手续证明才能开张的。所以这个问题您大可放心，不仅确保正品，而且确保实惠。

试一试 分组讨论，客户对产品、对品牌、对售后、对质量、对客服都会有不同的要求，如果你是店铺客服，你会怎么做？你是否有更好的应答语言来满足客户的需求？

4. 议价对话用语

议价是最普遍的对话内容，是当前客服工作中最常见、最头疼的问题，作为买家，在网购过程中，讨价还价已经成为大多数人的习惯。有效的对答能降低沟通成本。议价过程的核心思想：告知其商品的价格是无法优惠的，产品质量是有保证的，结合顾客反映，适当给予一些赠品或者运费优惠的方式，达成交易。

（1）您好，我最大的折扣权利是×××元以上打××折扣，要不我给您打个××折扣吧，谢谢您的理解。（此不作为代理折扣条款，仍按协议代理价格。）

（2）呵呵，您真的让我很为难，我请示下组长，看能不能给您××折扣，不过估计有点难，您稍等……

（3）您说的情况需要请示我们经理了，请您稍等。

（4）非常抱歉您说的折扣真的很难申请到，要不您看×××元可以吗？我可以再问下，否则我真的不好办。

（5）我服了您了，呵呵，这是我进公司以来见到的最低折扣。感谢您购买我们的商品。好的，领导哭着点头同意了（吐舌头图片）。

（6）红包是在我们互相好评内 24 小时内送出的，不能当次同时使用的。淘宝的规定红包下次使用的时候只能用于一个商品的支付，多不退少要补，有效时间是 30 天，这些淘宝规则需要您注意哟（爱心图片）。

各类不同状况的议价对话：

① 活动期间可以便宜点吗？

客服：亲，抱歉啊。我们是不议价的哦。现在是活动期间，您拍下的价格已经非常优惠了。

② 买得多有优惠吗？

客服：亲，我们的活动是××，而且都是包邮的哦。价格上请您放心，我们线上线下都是统一定价的，这个××活动是我们线上独享的活动，线下是没有这个优惠活动的，所以您已经享受最大的实惠啦！

③ 买了还会再来，能优惠吗？

客服：亲，买过且交易成功后您就是××旗舰店尊贵的会员了，再次来购买，亲就可以享受会员价格购买了。

④ 优惠后再还价。

客服：亲，已经给您优惠价格了哦。这个价格是××旗舰店老顾客的价格待遇呢，一般人都是原价购买的哦，是看亲中意××产品，又跟我聊得挺投机的，特意向领导为您申请的价格，希望亲能理解。

⑤ 别家的比你们便宜。

客服：亲，我们产品都是线上线下价格统一的，质量是有保证的。别家产品不是很清楚呢，我们是××旗舰店天猫品牌直销，天猫正品保证哦！

⑥ 多次议价的顾客。

客服：我只是一个小小的客服，没有权限修改价格的，这样吧，我去帮您向我们主管申请一下,看看能不能拿到折扣,不过这样的机会是很难的,我尽量帮您申请吧。麻烦您稍等我 2 分钟。等待 2~3 分钟后再回复顾客下述语句。

客服:亲,主管说因为天猫价格修改不了,不过我给您争取到了精美礼品一份。这个礼物质量很好的,您看这样好吗?

【案例 2-2】

多次议价的启示

(G 是顾客,K 是客服)

G:你好,这款产品多少钱?价格可不可以少点啊?

K:亲,很抱歉哦,商城没有办法修改价格的。

G:第一次买你们这个品牌的产品,价格少点的话,以后肯定会经常来购买你家的呀!

K:亲,您在购买产品时,价钱确实是考虑的方面,但产品的质量和售后服务才是考量产品好坏的重要因素!我们是××天猫上的官方旗舰店,产品及质量都是有官方保障的哦。

G:但是我觉得你们的价格有点偏高啊,要是能少点就好。

K:亲,这个价格真的没办法少哦,商城是不支持修改价格的,真的没办法。

G:那算了,我再逛逛别家的吧。

K:您能确定这次需要多少呢?

G:暂时先买 2 罐。要是喜欢就继续跟你家合作呀。

K:那您稍等下,我向主管为您申请下优惠价格,不一定能成功哦,我尽量为您申请吧。您稍等我一下。

K:亲,主管说因为天猫价格修改不了,可以给您赠送精美礼品一份。这个礼物质量很好的,您看这样好吗?

G:那不为难你了,我这次买了之后再买应该会有优惠吧?

K:嗯,是的。买过且交易成功后您就是××旗舰店尊贵的会员了,再次来购买,亲就可以享受会员价格了。

案例思考:

天猫商城的价格为什么不能单独给客户修改?会员价格与普通客户的价格为什么可以不同?如何设置会员?

5. 支付的对话用语

客户付完款以后的迅速回答,能够给客户专业的信赖感。

(1)新手买家,在支付操作过程中遇到一些问题,无法及时达成支付,这时,你需要主动联系顾客,以关心的口吻,了解顾客碰到的问题,给予指导,直到顾客完成付款。

如迟迟未见买家付款,可以这样说:"亲,您好,是支付上遇到问题了吗?有不清楚的地方,可以告诉我,或许我能帮到您。+表情笑脸。"

(2)需要优惠运费的订单,在跟买家达成一致后,需要等买家拍下订单,然后修改价格,买家再进行支付。

可以这样跟买家说:"您好,您拍下来后,先不要进入支付页面,我修改好运费后,您再支付。"

(3) 顾客完成支付后，你可以说："亲，已经看到您支付成功了，我们会及时为您发货，感谢您购买我们的商品，有任何问题，可以随时联系我们，我是客服×号。"

6. 物流的对话用语

大多数客户购买商品的时候纠结快递时间，统一回答就可以解决客户的重复提问。在网购过程中，物流是很重要的一个环节，牵动着买卖双方的心。

（1）售前。

客服：我们默认快递是××快递。江浙沪皖一般××天左右到货的，其他地区××天左右到货的。

（2）售后。

客服：稍等，您退换货的单号是××××，已经显示在派送的路途中了，这两天亲注意查收哦。

7. 欢送+好评的对话用语

当完成交易时，要有对应的欢送语，并引导顾客对我们做出好评。沟通过程中，尽量避免使用否定词，如不能、没有、不可之类。

（1）未达成订单欢送语。

客服：亲，非常感谢您的光临，很遗憾没能跟您完成这次交易，希望您可以收藏本店店铺××旗舰店，以后本店不定期地会有促销活动哦，欢迎随时关注我们，再次感谢您的光临！

（2）达成订单欢送语。

客服：谢谢您对本店的支持，希望您对我们的服务满意，欢迎您下次惠顾。亲可以收藏我们店铺，欢迎亲下次再来！

客服：感谢您的惠顾，期待您的再次光临，收到货满意请给予我们5分，我们珍惜每一位买家对我们评价，如果对我们的商品或服务不满意，可以随时和我们联系，我们会服务到您满意为止！+笑脸。

客服：您好，感谢您的惠顾，您对客服×号的服务是否满意，如果满意，请您给予我们满分，××（店名）有您更精彩！+笑脸。

8. 售后对话用语

售后处理流程：安抚→查明原因→表明立场→全力解决→真诚道歉→感谢理解。

（1）您好，是有什么问题让您不满意了吗？如果是我们或快递公司的原因给您造成的不便，我们很抱歉给您添麻烦了，我们公司现在实行无条件退换商品，请您放心，我们一定会给您一个满意的答复。

（2）请您放心，我们公司会给您一个满意的解决方式，但需要您配合的是：

① 发送受损商品的电子照片给我们。

您可以用数码相机拍摄电子图片，并发送邮件到：×××，如果您的手机拍摄像素能够看到瑕疵或受损情况，可以将手机拍摄的图片发送彩信到：×××。

② 我们会征求您的意见，一般有3种解决办法。

一是您认为瑕疵影响不大可以接受，你同意按原价五折的价格留下本商品，我们把剩余款直接汇款到您的支付宝账户（但需要您为这个商品做好评）。

二是您认为瑕疵不可以接受，我们会重新为您发货，根据照片情况我们通知您是否将不满意商品退回。

三是您认为瑕疵不可以接受，需要我们退款，根据照片情况我们通知您是否将不满意商品退回。

（3）这个事情给您添麻烦了，请接受我们的歉意（微笑图片）。

（4）购买是一个快乐的过程，您的满意是我们最大的动力，是我们应该做的，感谢您的理解和支持（吐舌头照片）。

【案例 2-3】

售后处理的对话

●情景对话一（G 是顾客，K 是客服）

G：有人在吗？

K：您好，我是客服 8 号，很高兴为您服务，有什么我可以效劳的。+笑脸表情。

G：这都多少天了，我的东西还没收到，你们怎么搞的！

K：十分抱歉，耽误您的时间了，稍等一下我查查物流信息。

（这时候，淘宝客服沟通技巧中客服应该核查买家订单，查询物流信息，不能让顾客等待时间过长。）

G：速度！

K：您好，刚查了物流信息，货已经到您当地了，可能是……还没有给您派送。（回复文字过多时，可以分段发给顾客，避免让顾客等待时间过长。）

K：实在抱歉，由于快递的问题，耽误您时间了。这样，我们现在联系快递公司，问问具体情况，然后回复您，争取尽快给您送到。

G：尽快吧……

K：嗯，感谢您的理解，十分抱歉，给您添麻烦了。

●情景对话二（G 是顾客，K 是客服）

G：你们的东西太差了！

K：您好，我是客服 8 号，很高兴为您服务，有什么我可以效劳的？+笑脸表情

G：东西收到了，质量太差了！退款吧。

K：您好，不好意思，给您添麻烦了，您能跟我说说具体是什么情况吗？

G：箱子没法用，壳子都碎了，这样的东西你们也往外发。退款吧！

K：您好，十分抱歉，您看您方便拍张图片传给我们吗？您放心，如果确实是我们的货物有质量问题，无条件给您退货退款。

G：你等会，我下班回去拍照发给你。

K：好的，我们会尽快帮您处理好的，耽误您的时间了。

案例思考：

分组讨论，结合自己店铺的实际情况，你是否遇到类似的事情？你是怎么处理的？ 你了解网购商品的退换货原则吗？

拓展学习

● 通过上网搜索、查阅资料、走访网店等方式，每位同学收集至少 3 个不同类别的对话案例，填写在表 2-4 中。

表 2-4 不同类别对话的启示

分类	案例名称	案例来源	启示
欢迎语			
对话用语			
议价用语			
支付用语			
物流用语			
欢送+好评			
售后用语			

● 讨论：各小组汇总学习结果，派代表在班级交流发言。

活动 2.1.3 技能训练：收集和解读常用的电子商务客服用语

小组合作开展训练，针对客服的岗位职能，收集和解读常用的电子商务客服用语，具体要求如下。

1．收集常用的电子商务客服用语

按照以下分类进行收集。

(1)感同身受：＿＿＿＿＿＿＿＿＿＿＿＿＿＿＿＿＿＿＿＿＿＿＿＿＿＿＿＿＿＿＿＿＿＿

＿＿

＿＿＿。

项目 2　　电子商务客服的沟通技巧

（2）重视客户：_____
_____
_____。

（3）"我"代替"您"：_____
_____
_____。

（4）换位思考：_____
_____
_____。

（5）拒绝艺术：_____
_____
_____。

（6）缩短通话：_____
_____
_____。

（7）记录内容：_____
_____
_____。

（8）欢送好评：_____
_____
_____。

（9）其他：_____
_____
_____。

> **议一议**　将收集到的客服短语整理归类和解读，同时进行日常训练，根据自己店铺的实际需要，进行短语的使用。

2. 使用解读核对

（1）购物体验对方客服短语：_____
_____
_____。

（2）走访网店客服使用的短语：_____
_____
_____。

（3）自身店铺使用的客服短语：_____
_____
_____。

> **议一议** 电子商务客服专业用语对店铺转化率和购买力有什么帮助？电子商务客服专业用语对店铺形象推广是否有作用？你是否考虑对店铺客服进行专业培训？

3. 使用的注意事项

注意事项是＿＿＿＿＿＿＿＿＿＿＿＿＿＿＿＿＿＿＿＿＿＿＿＿＿＿＿＿＿＿

＿＿＿＿＿＿＿＿＿＿＿＿＿＿＿＿＿＿＿＿＿＿＿＿＿＿＿＿＿＿＿＿＿＿＿

＿＿＿＿＿＿＿＿＿＿＿＿＿＿＿＿＿＿＿＿＿＿＿＿＿＿＿＿＿＿＿＿＿＿。

教师点评

任务 2.2　体验千牛的使用效应

问题引入

电子商务行业具有的特殊性，要求客服人员能熟悉网络沟通交流工具的使用，如淘宝卖家的千牛工作平台，但我们在购物体验的时候使用的是阿里旺旺，那么两者之间的区别又在哪里？千牛工作平台有哪些功能可以更好地满足我们的需要？张明对这一平台的功能不是很了解，你觉得他应该如何做呢？

你知道么？

2013 年 1 月，阿里巴巴商家业务事业部推出卖家移动工作平台——千牛。2013 年 2 月，开始进行用户迁移，主要进行平台切换和升级工作。2013 年 5 月，千牛卖家装机过 80 万家，日活跃过 50 万家。2013 年 6 月，阿里巴巴集团正式为淘宝、天猫、1688 的商家提供手机和 PC 端一站式解决方案——千牛。千牛（移动版）已覆盖 iOS、Android、阿里操作系统等平台。2013 年 9 月，千牛的移动端用户量达到 300 万个，日登录活跃用户数已过百万。2013 年 12 月千牛 PC 版迎来第 100 万个用户，千牛移动版的卖家用户突破了 300 万家。

活动 2.2.1　熟悉千牛的设置技巧

做中学

● 小组合作，在百度或搜狗等搜索引擎使用"千牛工作平台"、"阿里旺旺卖家版"等

项目 2 　　　　　　　　　　　　　　　　　　　　　　　　电子商务客服的沟通技巧

关键词搜索，进行资料查找，注意将两个不同的卖家软件具有的功能填入表 2-5 中。同时了解两者的区别和千牛对卖家的帮助提升表现在哪里。

表 2-5　搜索结果比较表

项目	主要功能	拓展功能
千牛		
阿里旺旺		
两者的区别		

● 讨论：目前采用千牛工作平台后，卖家能获得的最大的帮助是否有提升？除了 PC 端的功能不同外，在移动端具有哪些新的功能？结合教材必备知识，你认为千牛工作平台还应该具有哪些更方便用户的功能？

必备知识

电子商务客服面临网络的消费群体，在沟通的过程中，必然需要交流沟通的工具，目前比较常用的有阿里旺旺和 QQ 等即时聊天工具。作为卖家，除了需要沟通工具以外，更需要对店铺进行管理，所以千牛更合适卖家，那么千牛具有哪些功能，如何进行设置，是一个客服需要掌握的必备知识。千牛的功能大概可以归纳为"更好的搜索和推荐"、"更多订单的显示"、"更方便客服工作"、"更便捷的插件中心"。千牛的登录界面图 2-1 所示。

图 2-1　千牛的登录界面

1. 核心模块

千牛是阿里巴巴集团于 2013 年 6 月 24 日推出的专为淘宝、天猫、1688 商家提供服务的卖家移动工作平台。千牛是从阿里旺旺卖家版的基础上升级而来的，拥有四大核心模块：卖家工作台、阿里旺旺卖家版、消息中心、插件中心，同时还添加了"淘宝智能机器人"智能客服系统，提升了卖家在服务过程中的工作效率，并有效降低了店铺的运营成本。

（1）卖家工作台。

支持子账号登录，为卖家提供店铺关键信息提醒，以及商品、交易、数据等常用操作的快捷入口，使用时更方便快捷。

（2）阿里旺旺卖家版。

支持手机和计算机的同时登录，卖家可随时看到商品订单情况，以及后台推送的最新消息。另外，千牛移动版具备添加好友、查看买家个人主页的功能，方便买卖双方的沟通交流，有利于促进交易的达成。

（3）消息中心。

实现第一时间将商品消息、订单消息、退款消息、官方公告等推送到卖家移动端上，避免卖家错过关键的信息。

（4）插件中心。

卖家可根据店铺的实际运营情况，选择合适的商品管理、交易管理、数据统计等常用插件，应用起来更合理。

2．登录状态的设置

千牛的登录界面有两个模式：一个是工作台模式，一个是旺旺模式，如图2-2和图2-3所示。

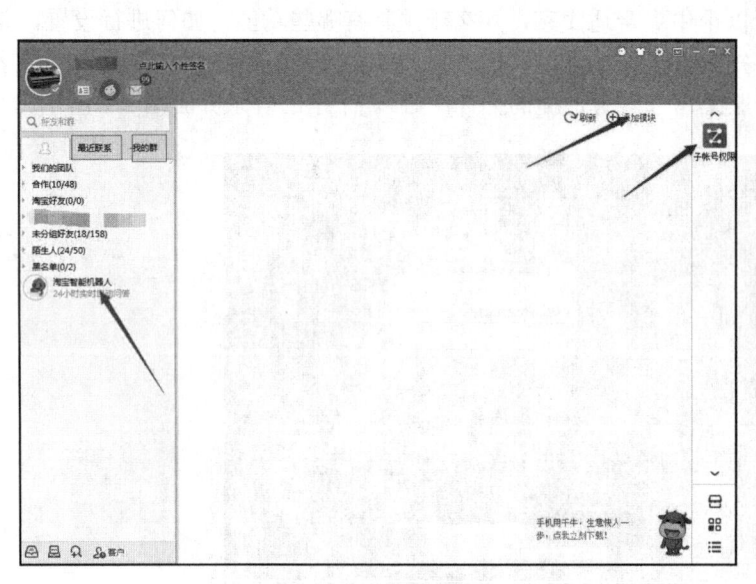

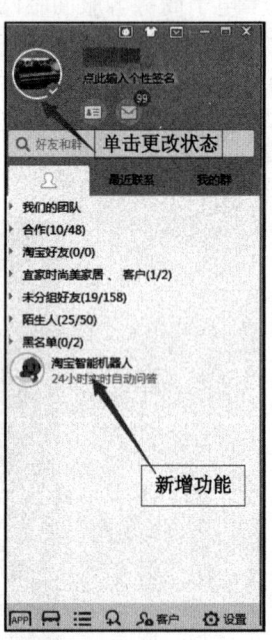

图2-2　工作台模式　　　　　　图2-3　旺旺模式

两个工作台可以互相切换，单击阿里旺旺图标可以进行旺旺模式和工作台模式的切换，如图2-4所示。

3．智能机器人的使用

对于某些客户的问题，有些客服不能及时满足地答复，可以把客户的问题提交智能机器人，方便地得到回复的答案，这样能快速回复客户。只是目前机器人的回复有一定的限制。机器人的使用如图2-5所示。

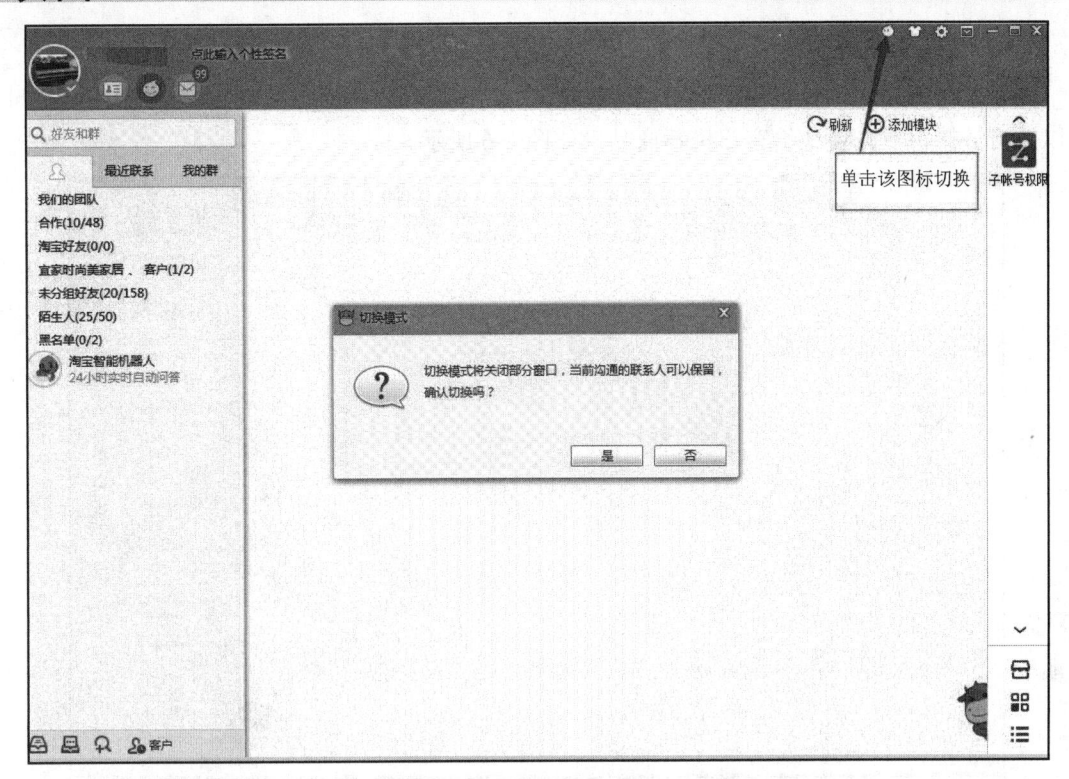

图 2-4　模式的切换

图 2-5　机器人的使用

4. 搜索功能项

有了搜索功能，再也不用到页面去搜索产品了，直接在阿里旺旺的右侧搜索产品就可以发送链接，更方便地给客户推荐商品，如图2-6所示。

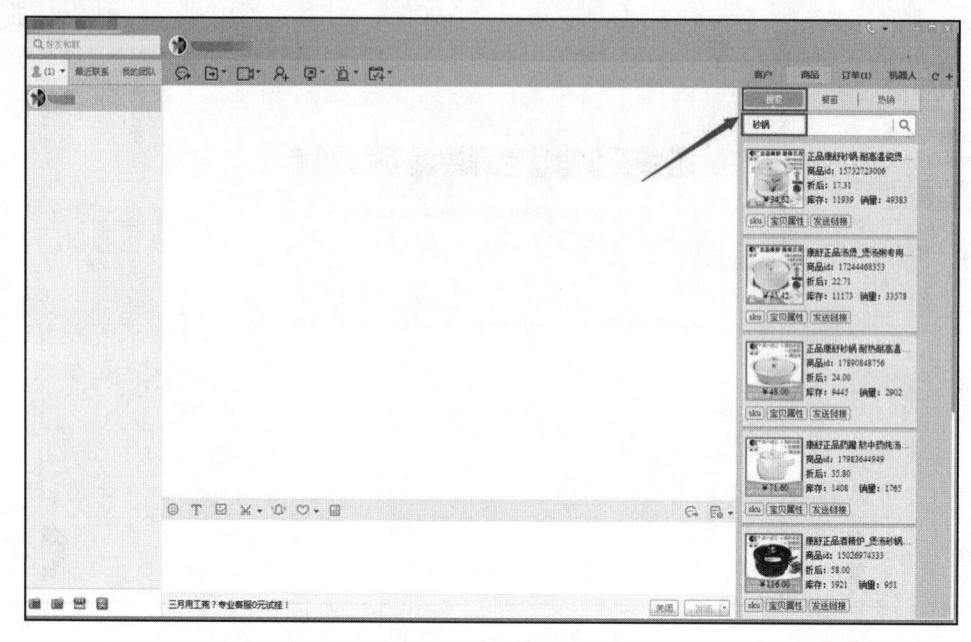

图2-6 搜索功能

5. 预防差评，区分好友与黑名单

很多卖家曾经被差评师深深地伤害过，千牛有了买家好评率后，卖家可以有效地防止差评师。好评率高的买家加好友，差评率高的买家拉入黑名单，而这样的功能在聊天窗口的菜单栏上，更方便操作，如图2-7所示。

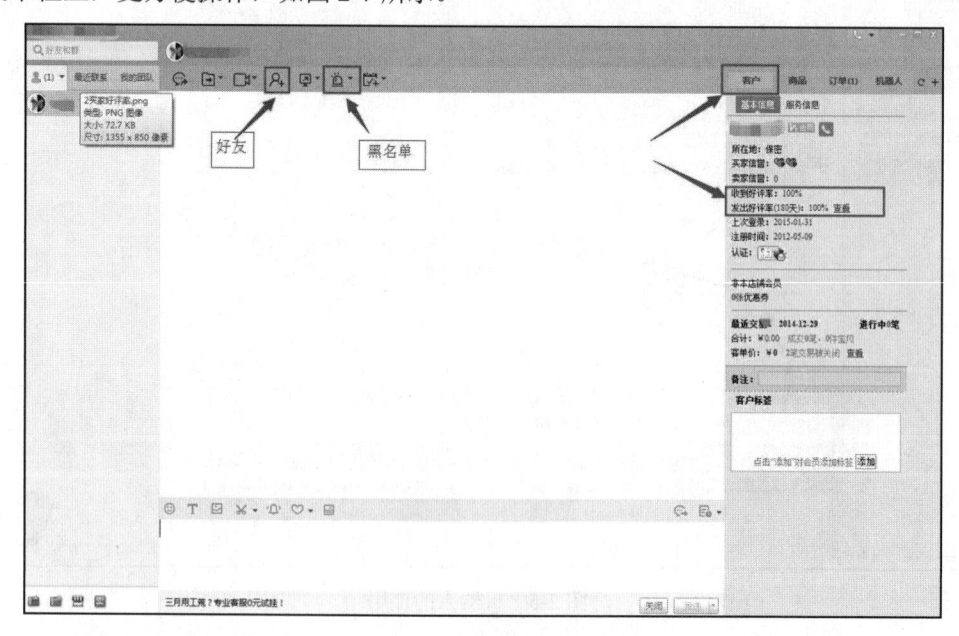

图2-7 买家好评率

项目 2　　电子商务客服的沟通技巧

6. 客户交易信息查询

客户交易后的信息原来需要在网页上查找，目前的千牛工作平台可以直接点击客户进行交易信息的查询，极大地提升了客服工作的效率，如图 2-8 所示。

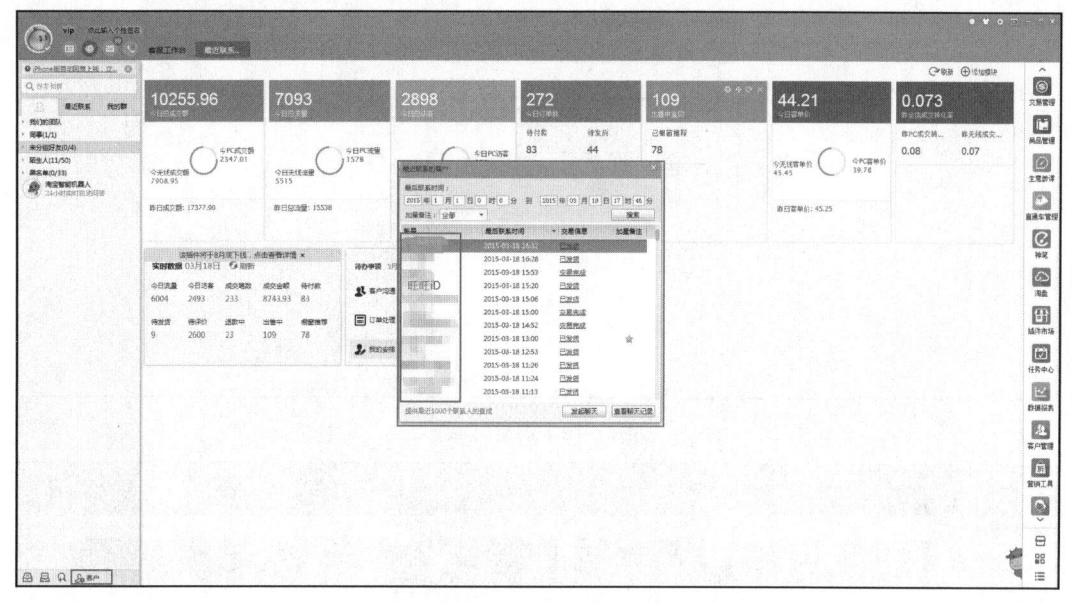

图 2-8　客户信息查询

7. 子账号的信息接收

子账号不能接收客户信息，可以更改设置进行调整，如图 2-9 所示。

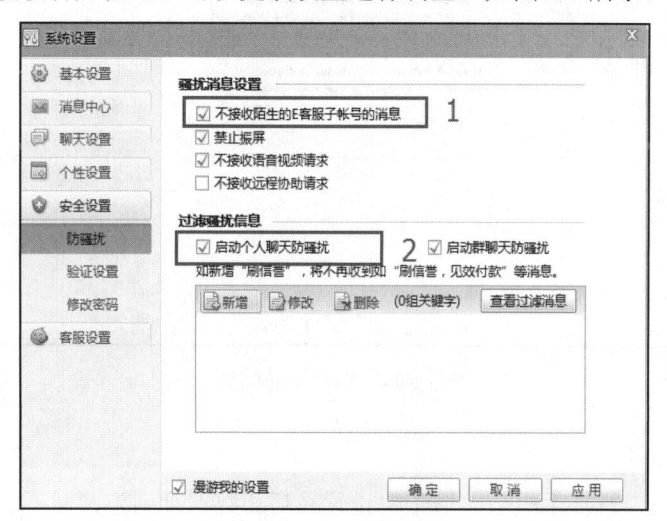

图 2-9　信息接收

8. 消息订阅设置

千牛工作平台开发了许多消息的发送，客服可以选择性进行订阅接收，过滤掉你不想要也不需要的信息的干扰，专心做好客服工作。其中客户交易信息是必须要设置接收的，这样也方便客服的查询，如图 2-10 和图 2-11 所示。

049

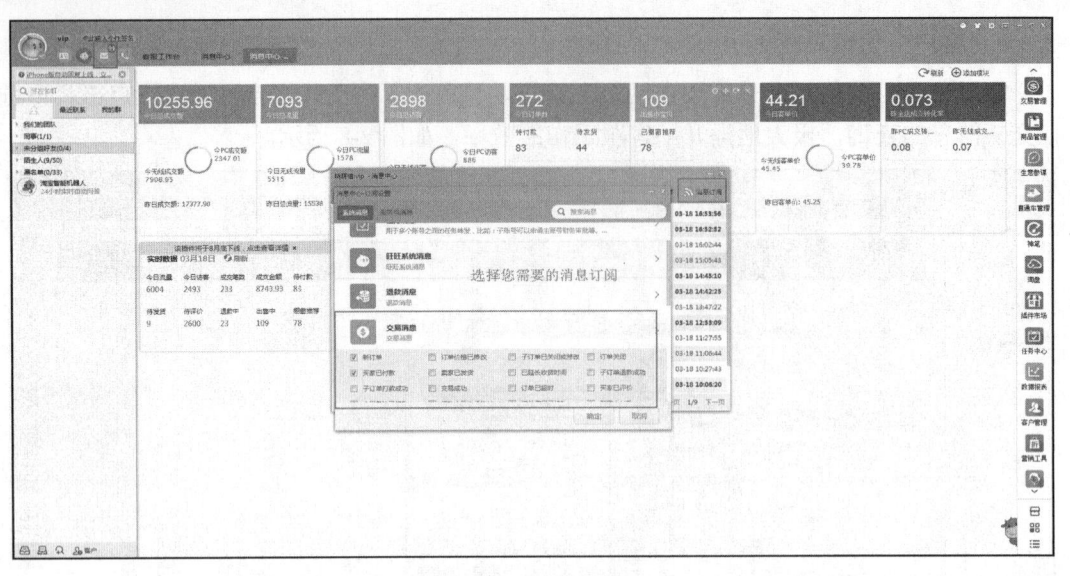

图 2-10　消息订阅

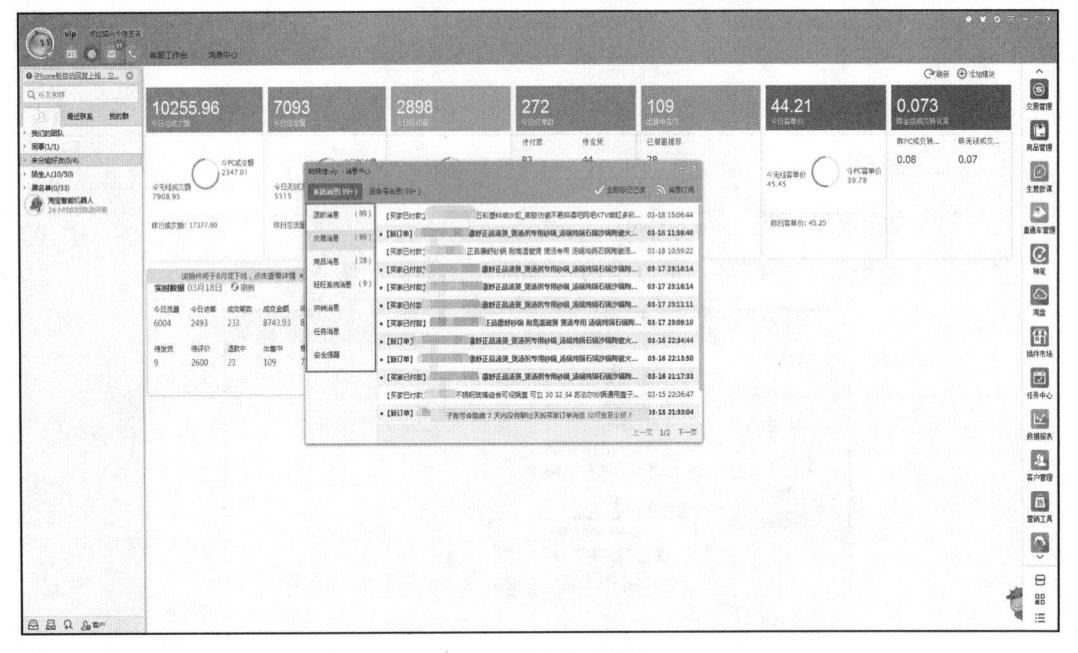

图 2-11　客户交易信息

拓展学习

小组合作学习，掌握手机版客服千牛设置技巧和数据查询方式。

- 下载淘宝卖家手机版——千牛软件，其下载方式和步骤为：_____
_____
_____。

- 账号登录，设置手势密码，其设置过程为：_____
_____
_____。

- 管理店铺，可以设置的模块为：_____
_____
_____。
- 添加数据，可以添加的内容为：_____
_____
_____。
- 交易管理，可以查询的信息为：_____
_____
_____。
- 商品管理，可以实现的功能为：_____
_____
_____。
- 管理店铺，可以设置的内容为：_____
_____
_____。
- 生意参谋，可以具有的界面为：_____
_____
_____。
- 消息设置，可以设置的内容为：_____
_____
_____。
- 账号设置，可以设置的内容为：_____
_____
_____。

本小组推荐的代表：_____。

活动 2.2.2　千牛快捷短语的设置和使用

做中学

- 结合自己店铺的商品实际状况，利用搜索引擎（如百度、搜狗等）查找相应店铺快捷短语的设置，依据不同的状态设置不同的短语，小组同学之间进行相互交流，选择相对合适的快捷短语。

有人"旺"我们时：_____；
客户咨询产品质量：_____；
售后质量保证：_____；
产品特征：_____；
欢送客户：_____。

- 结合教材中的必备知识，设计 20 条自己网店的快捷短语，要求是不同状况下的，如促销活动、商品特征、产品包邮、到货期限、付款方式等。

必备知识

1. 快捷短语的设置要求

快捷短语最多可以设置 100 条，每条不多于 122 字。

2. 快捷短语的设置

快捷短语的设置目的是便于迅速回复客户的问题，减少客户等待的时间，增强客户的黏稠度，提升店铺形象，提高转化率。快捷短语的设置四步骤如下。

（1）登录店铺千牛工作平台。

（2）打开联系人（任意选择）。

（3）单击图标查看，如图 2-12 所示。

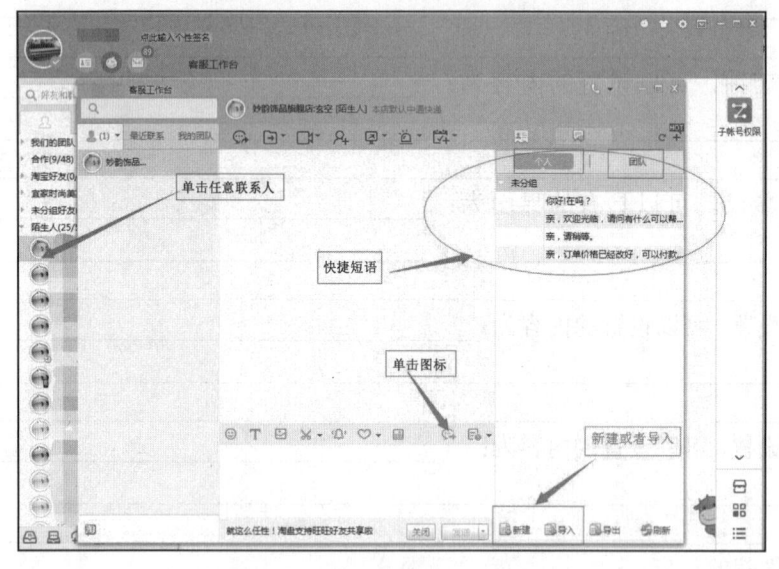

图 2-12　快捷短语设置

（4）新建短语，如图 2-13 所示。

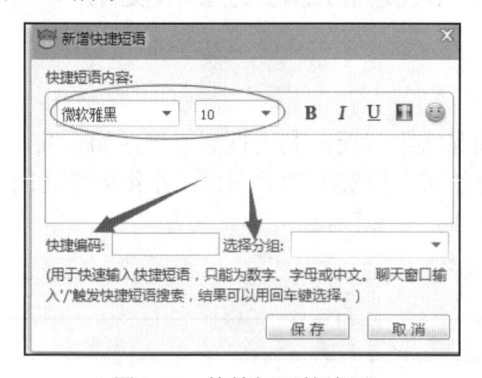

图 2-13　快捷短语的编写

3. 自动回复短语的设置

自动回复短语主要是在客服离开工作岗位、客服首次联系、询问宝贝信息等状况时，便捷自动回复，摆脱尴尬局面的设置，其设置是在旺旺模式下进行的，如图 2-14 所示。

项目 2　　　　　　　　　　　　　　　　　　　　电子商务客服的沟通技巧

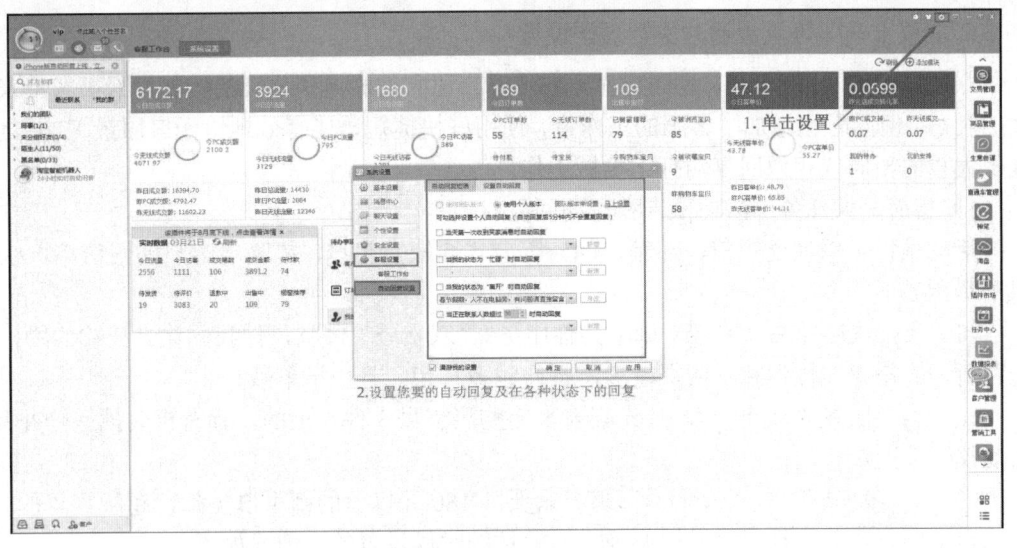

图 2-14　自动回复短语的设置

4．机器人关联设置快捷短语

快捷短语是卖家回复买家问题用得最多的阿里旺旺回复功能，为提高卖家工作效率，机器人跟快捷短语打通后，快捷短语的答案可以同步到机器人，卖家只需要设置买家问题，可实现买家问题自动匹配快捷短语进行答案推荐，减少卖家对操作快捷短语的记忆要求。

方法 1：在添加快捷短语时添加买家问题，如图 2-15 所示。

方法 2：在机器人后台配置界面"我的快捷短语"中单击"编辑"按钮设置买家问题，如图 2-16 所示。

图 2-15　添加快捷短语时添加买家问题

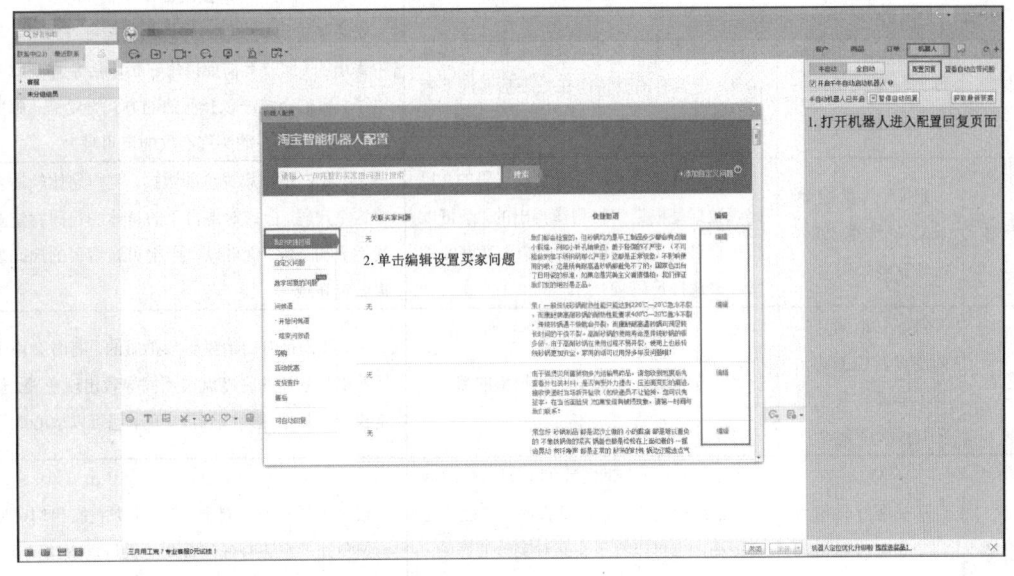

图 2-16　后台设置

053

5. "双十一"等重大活动快捷短语设置

众所周知的"双十一",是淘宝卖家的福音,巨大的流量和疯狂的购物,给卖家带来巨大的利益,但同时也增加了客服的工作量,使用好快捷短语能有效地给予客服最大的方便,减少大量的相同或相似回复的打字机械工作。

1)售前两大任务:活动预告和自动回复

活动预告可以通过短信、邮箱、QQ 等方式通知老客户,提高老客户的回访率,快捷用语举例如下。

(1)亲,欢迎光临××店,诚挚为你服务!"双十一"降临,你我同欢,狂欢购物,全场四折,买任意 3 件包邮,买得越多,折得越多!亲,赶快下单哦!

(2)为了庆祝"双十一",凡光临××店购买宝贝 3 件以上的,都有机会抽签赠礼品,活动仅限今天哦!

(3)亲,舒心购物,"双十一"那天只要满 180 元以上的都可以免邮,超级划算!

自动回复主要是针对突发情况或者比较忙的时候设置的,情况如下。

(1)亲,客人比较多,不要着急哦,您可以先参观店铺的其他宝贝,我会一个一个回复,我已经成了三头六臂了。

(2)亲,吃饭时间到了,优惠活动期间任何宝贝都有货,您放心拍下,有任何疑问可以留言,晚点回复您!

(3)亲,掌柜外出发货,非常抱歉没能及时回复您,看到喜欢的宝贝直接拍下,回来联系亲,祝亲生活愉快!

2)做好售中:塑造买家优质印象

售中问题主要包括处理销售过程中的店铺发票、尺寸、色差、价格、质量、快递、发货等问题,如表 2-6 所示。

表 2-6 常见售中的回复短语

类别	问题	回复短语 1	回复短语 2
发票	在吗?我买的东西比较多,请问这里能开发票吗	本店提供正规发票,发票随货一起发给您(您若有需要请您在拍下后备注下就可以了,请放心购买您心仪的宝贝哦)	本店提供正规发票,只是我们是每月一开,集中寄出的(您若有需要请您在拍下后备注下就可以了,我们会统一以挂号信的方式寄给您,邮费我们出,请放心购买您心仪的宝贝哦)
尺寸	您好!我身高 166cm,体重 59kg,应该穿多大码	亲,宝贝详情页有对应身高尺码表,尺表数据是根据实物测量得出的,亲可以根据自己的实际情况,以及个人喜好的松紧度来选择尺码哦	亲,我们根据您提供的数据,觉得您比较适合穿这个尺码。但您对您自己的身体的尺码肯定要我们更加了解,你可以参照宝贝详情页的尺码表再做定夺哦
色差	您好!请问您家的宝贝有色差吗,会不会跟实物的颜色有很大区别呢	亲,您放心,我们是实物拍摄的哦	亲,我们是专门请摄影师拍摄的,有时会由于计算机显示器的亮度调节不同导致出现色差,但是我们都是把色差减到最小的,您可以放心购买
价格	掌柜您好!请问这个衣服可以再优惠些吗	亲,"双十一"期间我们的商品在做活动,已经很便宜了,质量有保证,性价比也很高,您可以看下买家对宝贝的评论。亲,如果想优惠的话参加我们的团购,我们可以给您免邮哦	亲,为了庆祝"双十一",这个衣服我们可以给您免邮,您还有任何喜欢的也可以继续购买,购买越多,优惠越多哦

续表

类别	问题	回复短语1	回复短语2
质量	掌柜，这个衣服质量保证吗，出现问题可以退货吗	亲，我们家的宝贝都是自家生产的，生产流程严格监督，出现问题的宝贝是不允许出售的，您大可放心购买哦！如果还是出现质量问题，我们支持7天内无理由退换哦	亲，您放心，我们的衣服在发货之前都检查过，保证质量无碍，您也可以查看买家的评价。如果还是出现质量问题，我们支持7天内无理由退换哦
快递	这件衣服包邮吗	亲，"双十一"活动期间，衣服都是出低价销售的，您多买的话我们这边可以给您免邮哦	
快递	掌柜，您家一般发什么快递呢	亲，我们一般发申通、韵达，您想发其他快递可以拍下备注，不同的快递，运费和达到时间也是不同的	
发货	掌柜，已经拍下了，什么时候可以发货呢，多久可以到	亲，我们是统一下午6点发货，省内的一般3天之内到货，省外的一般5~7天到货哦	亲，我们是统一下午6点前发货的，省内的一般是3天之内到货，偏远地方如北方下雪地段可能就会久一些，一般是10天内到货，有突发情况可以随时联系我们哦

3) 售后：品牌形象的加深

买家反映还没收到货。这类问题相对来说比较好解决。可以让客户或者客服人员帮客户查询物流信息，如果是偏远地方，可以跟客户解释："亲，帮您查询了下，您的物件正在派送的旅途中，为了您的帅气或美丽，麻烦您耐心等下，相信很快就到哦！"如果核实后发现发错件的马上跟客户解释："亲，真的不好意思，由于'双十一'那天的订单较多，工作人员的失误导致发错件，我这边立即帮您安排发货，同时免邮或者给您点小礼品作为补偿哦，望亲原谅！"

买家收到货后反映发错货。百密必有一疏，特别是在"双十一"这个大日子，订单多了，忙起来必会有所疏忽。不管我们是不是发错货，买家一来反映情况，一定要先安抚对方的情绪，千万不要推卸责任，这样只会使情况恶化。这时就要使用推荐的快捷用语："亲，先不要着急，可以麻烦您给我发下图片可以吗？我们确认下如果是我们的过失，我们会承担责任哦，谢谢！"

（1）确认是我们的过失后，首先跟买家道歉："亲，真的对不起，给您造成的不便在此郑重向您道歉。"

（2）然后尽量在降低成本的基础上跟买家协商解决的方法，一般的解决方法有以下几个。

①"亲，这样可以吗，您再拍多几件宝贝，然后包邮，帮您优先发货哦！"

②"亲，我这边帮您返还些钱作为补偿可以吗，真的很抱歉！"

③"亲，您那边直接退货给我们，或者如果您想换货也是可以的，邮费都是我们来承担哦！您看这样行吗？"

（3）最重要的还是要把发货的工作做好，以后尽量避免此等情况的发生。

买家反映商品不喜欢或者不合适，提出退换货。相信很多卖家都会遇到这种情况，千万不要感到厌烦，因为顾客是上帝，可以这样跟客户说："亲，宝贝是可以退换的，如果是非质量的问题，邮费由亲来承担哦！"这样接下来的沟通也就比较顺畅明了，省去一些不必要的纠缠。总之对这样的客户一定要晓之以理，动之以情，相信只要您对客户付出了真心，客户也会回报你以宽容和理解的。

由于宝贝本身或快递导致出现问题遭到买家投诉或者差评。这个问题想必是大部分卖家最为头疼的。因为看不到宝贝，也不知是买家弄坏的还是宝贝本身的问题，又或是快递导致出现的问题。

（1）首先要沉住气："亲，您好！是哪方面出现问题了呢，可否告知下，如果确实是我们这边出现的问题，我们会尽最大的能力补偿您的；如果是快递途中损坏的，我们也会要求赔偿给您；如果是非以上问题的，我们也是无能为力哦！"

（2）确认后如果是宝贝本身出现的问题，马上道歉："亲，由于'双十一'订单比较多，工作人员可能在检查的时候疏忽了，我们这边立即帮您安排退货或者换货，给您造成的不便衷心致歉！"

（3）如果是快递方面导致的问题，可以说："亲，核查后是快递公司运输途中出现差错导致的，我们这边帮您申请退款或者换货，快递公司那边我们也会申请赔偿的，给您造成的不便衷心致歉！"

（4）解决完投诉，接下来是针对差评的客户，我们首先要保持良好的态度："亲，您好，首先感谢您对我们店铺的支持！看到您对我们家宝贝的评价不是很好，是哪方面出现问题了，可以告知下，我来帮您分析解决，做淘宝的不容易，有打扰之处请求见谅！"

（5）多站在客户的角度思考，同时面对比较刁难的客户也绝不要妥协，不必为了一两个差评丢失了自己的立场，这可算得上得不偿失。

> **想一想** 电子商务客服应具备的知识还有哪些？你能把那些知识归并整理吗？针对自己的店铺，你认为还应该增加什么知识？

拓展学习

● 结合自身店铺的实际情况，设置好相应的快捷短语，同时进行机器人的回复关联，对设置过程中遇到的问题进行记载，查找相关资料、同学互助、小组讨论解决问题，把结果填写在表2-7中。

表2-7 店铺快捷短语的设置

类别	快捷短语
活动预告	
突发情况	
发票问题	
价格问题	
质量问题	
发货时间	
宝贝说明	
颜色差异	

● 小组讨论确定相对合理的各类快捷短语，利用搜索引擎查找网络中相应的快捷短语进行比较，把结果填写在表2-8中。

表2-8 常见快捷短语的采用

类别	小组确定	网络查找	最终采用
活动预告			
突发情况			
发票问题			
价格问题			
质量问题			
发货时间			
宝贝说明			
颜色差异			

活动2.2.3 技能训练：千牛的操作体验

实践操作千牛设置，小组合作开展训练，具体要求如下。

1. 选择自身店铺插件

千牛是一款基础功能+第三方插件的平台化软件。插件按照功能方向分为交易管理、商品管理、生意参谋、数据报表、直通车管理、营销工具、客户管理等第三方插件类目，同时还有消息订阅、任务中心和插件市场等，基本满足店铺的管理需要。不同插件中还有细分，如消息中心中有系统消息、退款消息、交易消息、商品消息、旺旺系统消息、供销消息、任务消息和安全提醒，把你认为应该需要的填入表2-9中。

表2-9 店铺插件选择

插件名称	内容选择
交易管理	
商品管理	
数据报表	
直通车管理	
营销工具	
客户管理	
生意参谋	
……	

议一议 你如何选择插件？在第三方收费插件如何考虑自身店铺所需要的插件？你对插件的使用有什么不满意的地方？说出你考虑的因素。

本小组确定购买的第三方插件是_____。
选择该插件的理由是_____
_____。

2. 智能机器人的使用设置

智能机器人能减轻客服哪些常见的回复短语？如何设置智能机器人的短语，并关联到快捷短语中？结合自身店铺的实际情况，将你店铺中的智能机器人回复短语列出，并说明使用的理由。

_____；
_____；
_____。

> **想一想** 智能机器人作为千牛工作平台的一个工具，客服在设置回复短语时应该关注什么问题？如果是子客服，那么不同阶段的客服设置的区别是什么？作为消费者，你的提问会如何进行？

短语设置前需要做好的准备工作有_____
_____
_____。

3. 快捷短语的使用设置

客户在购买的不同阶段，分别设置不同的快捷短语，在设置快捷短语过程中同时配合表情符号给予客户更好的沟通，使得在沟通交流过程更具人情味，拉近与客户的距离，将你在不同阶段设置的短语进行截图，完成体验报告。

> **议一议** 快捷短语与表情符合的配合是否合理？如何设置更具亲和力的快捷短语？小组讨论过程中，你如何进行与其他同学的比较？

4. 活动专用短语的设置

你所知道的淘宝店铺有哪些活动？各小组成员进行交流，整理出比较完整的活动类型，并选派代表在班级交流。

（1）天天特价，店铺的要求和设置的短语是_____
_____。

（2）聚划算，店铺的要求和设置的短语是_____
_____。

（3）免费使用，店铺的要求和设置的短语是_____
_____。

（4）一元起拍，店铺的要求和设置的短语是_____
_____。

（5）微淘，店铺的要求和设置的短语是_____
_____。

项目 2　电子商务客服的沟通技巧

教师点评

项目小结

通过本项目的学习，我们认识到电子商务客服技巧是决定客户购买行为的确立的有效方式，销售的困境本是沟通的困境，销售的难题也是沟通的难题。要想走出销售困境，首先要突破沟通瓶颈。你知道客户服务的许多禁忌吗，有许多不该说、不能说的语言，不能用的表情符合，但只要"用心"交流、"用心"体会客户感受、"用心"查找工作过失、"用心"解决客户问题、"用心"拉近客户距离，一切服务问题便"烟消云散"了，你也便成为一个优秀的客服。

当然，沟通过程首先要有端正、积极的态度和足够的耐心与热情，更多采用些阿里旺旺表情，将自己的情感信号通过微笑传达给对方，不让冰冷的文字语言遮住你迷人的微笑。其次礼貌对客，让顾客真正感到"上帝"的尊重。培养与客户的感情，采用礼貌的态度、谦和的语气，就能顺利地与客户建立起良好的沟通，让客户心理抵抗力减弱或者消失。平时要注意提高修炼自己的"内功"，同样一件事不同的表达方式就会表达出不同的意思。很多交易中的误会和纠纷就是因为语言表述不当而引起的。学会正确的沟通方法和沟通语言，尽量使用活泼生动的语气，更多使用生动的表情符号。满足客户无论是对商品、对价格，还是对性价比的要求。

熟悉千牛工作平台的设置和使用，熟悉各种模块的设置，充分利用工具及时了解客户信息，查找店铺关联信息，开展各类展示，做好各类活动，关注机器人新功能的开发，做好客服的本职工作。

项目 3 网店客户分析

学习目标

通过学习本项目，你应该能够：

(1) 了解不同的网店客户分类方法；
(2) 能分析网店目标客户的需求；
(3) 了解网店买家的购物心理特征；
(4) 掌握网店买家的消费心理，消除其不安心理；
(5) 管理网店的现实客户；
(6) 搜寻网店潜在的目标客户。

随着网络购物的快速增长和网民数量的急剧增加，网店店家所面临的客户群体也千变万化。了解网店客户的基本类型，分析网店客户的特点，学会正确地管理网店的客户，对于提高网店客户的服务质量和服务效率有着极大的影响。本项目主要完成 3 个任务：分析网店客户类型；熟悉网店买家购物心理；熟悉网店客户的管理。通过本项目的学习，希望同学们能够快速地对顾客进行分析、辨别并使用相应的对策来留住顾客，达成交易。

任务 3.1 分析网店客户类型

问题引入

张明是淘宝皇冠卖家的一位实习客服，刚当上客服的他总是非常热情地接待每一位前来咨询的客户，尽自己最大的能力推销自己店内的商品。最近，令他非常郁闷的是每一个客户对待他的态度都不尽相同，有些客户对他推荐的产品很感兴趣，有些客户说了几句就表示没兴趣，有些客户甚至直接消失不回复了，这让张明感到莫名地悲伤。张明向他的师傅简述了自己的烦心事，师傅告诉张明要分析客户类型，对不同类型的客户要用不同的方法，那么有哪些客户类型呢？

项目 3　　网店客户分析

你知道么？

客户的需求是多方面的、不确定的，需要去分析和引导。客户的需求是指通过买卖双方的长期沟通，对客户购买产品的欲望、用途、功能、款式进行逐步发掘，将客户心里模糊的认识以精确的方式描述并展示出来。而网店客服是网店的中坚力量，其重要性已经被越来越多的网店店主意识到，所以正确地对客户的需求去分析和引导就显得尤为重要了。

活动 3.1.1　了解不同的网店客户分类方法

做中学

● 请在你的家人、朋友和同学中做个小调查，了解他们网上购物下单的方式，请将调查结果填入表 3-1 中。

表 3-1　网上购物下单方式调查汇总

年龄：　　　　　　　　　　　　性别：

下单方式	请在相应下单方式对应栏打勾
每一次必须和客服聊天确认过才下单	
喜欢和客服边沟通边下单（客服是主要因素）	
有问题的情况下找客服，没问题一般不喜欢和客服聊天	
直接拍，从来不和客服沟通	

● 请你依据表 3-1，结合教材中的必备知识熟悉网店客户的分类方式。

必备知识

1．网店客户的分类方式

网店客户是一个非常大的群体，每一个客户都存在着或多或少的差异，所以对客户的分类依据也不同，那么针对网店客户，我们的分类方法大致有以下几种。

（1）按客户性格特征分类。

（2）按消费者购买行为分类。

（3）按网店购物者常规类型分类。

2．网店客户的具体分类

（1）按客户性格特征分类，网店客户可以分为友善型客户、独断型客户、分析型客户和自我型客户。

友善型客户：性格随和，对自己以外的人和事没有过高的要求，具备理解、宽容、真诚、信任等美德，通常是企业的忠诚客户。

独断型客户：异常自信，有很强的决断力，感情强烈，不善于理解别人；对自己的任何付出一定要求回报；不能容忍欺骗、被怀疑、怠慢、不被尊重等行为；对自己的想法和要求一定需要被认可，不容易接受意见和建议；通常是投诉较多的客户。

分析型客户：情感细腻，容易被伤害，有很强的逻辑思维能力；懂道理，也讲道理。

061

对公正的处理和合理的解释可以接受，但不愿意接受任何不公正的待遇；善于运用法律手段保护自己，但从不轻易威胁对方。

自我型客户：以自我为中心，缺乏同情心，从不习惯站在他人的立场考虑问题；绝对不能容忍自己的利益受到任何伤害；有较强的报复心理；性格敏感多疑；时常以"小人之心度君子之腹"。

（2）按消费购买行为分类，网店客户可以分为交际型、购买型、礼貌型、讲价型、拍下不买型。

交际型：有的客户很喜欢聊天，先和你聊了很久，聊得愉快了就到你的店里购买商品，不仅成交了货物，更是成为了朋友。

购买型：有的顾客直接买下你的商品，很快付款，收到商品后不出意外一般不会主动和你联系，直接给予好评，对你的热情相对比较冷淡。

礼貌型：本来因为只想买一件商品和你发生了联系，如果你热情如火，在聊天过程中运用恰当的技巧，他会直接到你的店里再购买一些商品；如果售后服务到位了，他或许还会到你的店里来。

讲价型：比较喜欢讲价，整个聊天过程都贯穿着价格，很难令她（他）满意。

拍下不买型：对于喜欢的商品直接拍下，但是在付款的时候便开始犹豫不决，经常会出现拍下但是迟迟不付款的情形。

（3）按网店购物者常规类型分类，网店客户可以分为初次上网购物者、勉强购物者、便宜货购物者、"手术"购物者、狂热购物者、动力购物者。

初次上网购物者：这类购物者在试着领会电子商务的概念，他们的体验可能会从在网上购买小宗的安全种类的物品开始。这类购物者要求界面简单、过程容易。

勉强购物者：这类购物者对安全和隐私问题感到紧张。因为有恐惧感，他们在开始时只想通过网站做购物研究，而非购买。

便宜货购物者：这类购物者广泛使用比较购物工具。这类购物者没有品牌忠诚度，只要最低的价格。网站上提供的廉价出售商品，对这类购物者最具吸引力。

"手术"购物者：这类购物者在上网前已经很清楚自己需要什么，并且只购买他们想要的东西。他们的特点是知道自己做购买决定的标准，然后寻找符合这些标准的信息，当他们很自信地找到了正好合适的产品时就开始购买。

狂热购物者：这类购物者把购物当作一种消遣。他们购物频率高，也最富于冒险精神。对这类购物者，迎合其好玩的性格十分重要。

动力购物者：这类购物者因需求而购物，而不是把购物当作消遣。他们有自己的一套高超的购物策略来找到所需要的东西，不愿意把时间浪费在东走西逛上。

> **读一读**
>
> **天猫"双十一"直播：消费者购物狂热**
>
> 从2013年开始，国外媒体开始大规模报道中国的"光棍节"网络促销活动。2014年11月11日，是阿里巴巴在美国上市后的首个"光棍节"，国外媒体更是加大了对这一全球最大网购日的报道，并增加了对更多海外品牌进入中国这一趋势的关注。

1. BBC：消费者的购物热情简直疯狂

英国 BBC 以"中国 双十一 购物狂欢节再创纪录"的文章报道称，2014 年的"双十一"网购活动开始，仅阿里巴巴一家公司的数据显示，刚刚开始的 3 分钟里，销售额超过 10 亿元人民币。

"有评论称，消费者的购物热情可以用疯狂来形容。"报道称，阿里巴巴旗下的中国最大网络电商"天猫"的数据显示，在网购活动开始的 40 分钟时间内，销售额突破了 100 亿元，而 2013 年，冲到 100 亿元用了 5 小时 49 分。

文章特别解释道，"双十一"即每年的 11 月 11 日，又被称为"光棍节"，是一种流行于中国年轻人的娱乐性节日。从 2009 年开始，每年 11 月 11 日，淘宝、京东等中国大型电子商务网站都利用这一天进行大规模的促销活动。现在这一天逐渐成为中国互联网领域开展大规模商业活动的日子。

"有数据显示，11 月 10 日 6 点以后无线端的流量飞速上升，阿里集团首席运营官张勇分析认为，此时的消费者大部分已经踏上了回家的归程，正在公交或者地铁上选购商品。因此预计认为，2014 年无线端的参与度将是空前的。"文章称。

文章援引 IT 媒体最新发布的《2014 年双十一购物 APP 分析报告》预计，2014 年淘宝"双十一"销售额预计将达到 637 亿元人民币。

2. 华尔街日报："光棍节"交易量水分有多大？

美国《华尔街日报》则关注"光棍节"交易量的准确度。文章称，对电子商务企业来说，网上交易额（常被称作毛商品价值量 GMV）是其市场份额是否在增大的标志。但如果算上未付款交易、退货和取消订单的情况，这个标准也不是那么准确，阿里巴巴、京东商城和 eBay 等业内领先公司的情况就是这样。这意味着如果消费者购买某件产品但后来又改变了主意，这些交易还是可能被算进 GMV 里。

3. 文章发问：如果剔除退货和取消订单，电子商务公司的交易额应当是多少？

"中国光棍节（相当于美国的黑色星期五或网络星期一）可能让人看出一点端倪。研究公司 Gartner Inc.分析师沈哲怡说，据行业估计，2013 年光棍节约有 25%的网购商品被退货。她说，中国电子商务公司的 GMV 也存在同样幅度的夸大。同时，据巴克莱分析师 Alicia Yap 称，中国全年网购退货率约为 20%。"

文章称，控制着中国约 80%网购市场的阿里巴巴说，其"光棍节"退货率低得多，占总销售额的比例不到 10%。这家电子商务巨头并不披露全年交易取消或退货的百分比。其他电子商务公司也不公布这类数据。每家电商对 GMV 的定义不太一样，所以很难进行行业内的横向比较。

目前，图书销售网站当当网是少数几家披露剔除退货和取消订单后净交易量的上市电商之一。而亚马逊（Amazon）从来不公布 GMV。

不过，一些分析师称，缺乏 GMV 标准定义对他们来说并不是问题。Forrester Research 高级分析师 Vanessa Zeng 说，阿里巴巴与京东规模上相差很大，所以即便两家公司对 GMV 定义不同，他们也可以对两者的交易规模有一个大概的了解。

文章援引纪源资本（GGV Capital）管理合伙人童士豪的话说，对阿里巴巴来说统计难度更大，因为其平台上的大部分商品是由第三方卖家销售并发货的。这与亚马逊等电商不同，亚马逊网站上的商品大部分由亚马逊自己销售并发货。

4. CNET：阿里巴巴是如何把"1111"变成"$$$$"的？

"悲伤又孤独?阿里巴巴说，你可以在 11 月 11 日给自己买点什么。"科技网站 CNET 这样描述"光棍节"。

文章称，因为阿里巴巴，中国的"光棍节"已成为全球最大的网购日。根据研究结构 IDC 的预测，2014 年，阿里巴巴集团的销售额达到约 81.8 亿美元（约合 500.6 亿元人民币），比 2013 年增加 42%。

文章回顾称，"光棍节"源于 20 世纪 90 年代南京大学一群男大学生的玩笑。之所以叫"光棍节"，是因为最初只是男生过节，但此后这个日子跨越了性别。电商抓住了这个机会，5 年前，阿里巴巴开始推出"双十一"促销活动。2013 年，阿里巴巴旗下的网站的销售额，是美国"黑色星期五"和"网络星期一"销售总和的两倍。

在阿里巴巴开创先例后，其他电商也追随潮流。文章称，亚马逊中国 2013 年也开始利用这个节日，2014 年继续，促销的品牌包括 Cressi、Withings 和 Vivienne Westwood。

文章指出，阿里巴巴已经决定把"双十一"推广到全球，促销的国际品牌包括珠宝商 Blue Nile 和服装品牌 Juicy Couture，美国折扣零售店 Costco 2013 年 10 月也加入了天猫。

文章援引乔治城大学教授唐斯（Towns）的话说，"光棍节"促销在美国应该很容易推广，"因为这里有更多人未婚，更投入事业和独立的生活中，有很大的机会，如情人节。"

5. 福布斯：今年海外品牌成亮点

美国《福布斯》网站也关注了阿里巴巴 2014 年推广海外品牌的力度。文章称，来自 20 多个国家的超过 200 个品牌加入了"光棍节"促销活动。中国消费者不仅可以通过淘宝和天猫购买海外商品，也可以通过支付宝在海外主要网店购物。

而在中国国内，文章称，2014 年的"光棍节"也成为京东、聚美优品、唯品会等主要电商厮杀的战场。

6. QZ："光棍节"值得商家这么拼吗？

美国新兴媒体 QZ 认为，尽管中国电商都卯足劲筹备"双十一"，但这有时对零售商的伤害大于收入，特别是巨大的折扣会影响利润。

文章援引箱包商 Elle 的 CEO 布瑞恩·李（Brian Lee）的话称，"双十一"的销售量占到其全年网上销售额的 15%，他们曾经提供过非常大的折扣。

阿里巴巴向参加"光棍节"促销的商家收取 3%~5% 的手续费，但这只是一部分，广告费并不便宜。为了推广自己在"光棍节"的活动，商家必须为更多的广告、人员配备等支付更多开支。而在"光棍节"前两周，这些商家反映，其网上和线下销售都明显下降，通常下降 50%。

尽管如此，商家还是愿意借"光棍节"争取新的消费者，提高品牌知名度。

文章最后表示，一些人担心，围绕着"光棍节"的热度会逐渐消退，消费者将对限量发售、发货延迟和网络抢购感到厌倦。"我觉得人们可能会习以为常，兴趣可能会比现在减少。"李说。

议一议 你属于哪一种类型的顾客？当你看中一件商品时，你希望网店客服怎样接待你，你才会在他们店内购买商品？

项目 3　　　　　　　　　　　　　　　　　　　　　　　　　　　网店客户分析

🔧 拓展学习

小组成员利用搜索引擎，根据 3 种不同的分类方法，找出各种类型的网店客户所占的比例，并对占最大比例类型的客户进行具体分析，小组讨论并思考相应的对策。

活动 3.1.2　熟悉不同类型客户的采用策略

🔍 做中学

通过阿里旺旺多与同学、家人、朋友或者阿里旺旺好友聊天，询问他们在购买商品时对待客服的态度，并根据上一活动中提到的不同类型的客户自己进行总结归纳。

✍ 必备知识

不同客户类型应采用的策略如下。

友善型客户：提供最好的服务，不因为对方的宽容和理解而放松对自己的要求。

独断型客户：小心应对，尽可能满足其要求，让其有被尊重的感觉。

分析型客户：真诚对待，做出合理解释，争取对方的理解。

自我型客户：学会控制自己的情绪，以礼相待，对自己的过失真诚道歉。

交际型客户：对于这种类型的客户，我们要热情如火，并把工作的重点放在这种客户上。

购买型客户：对于这种类型的客户，不要浪费太多的精力，如果执着地和他（她）保持联系，他（她）可能会认为是一种骚扰。

礼貌型客户：对于这种客户，我们尽量要做到热情，能多热情就做到多热情。

讲价型客户：对于这种客户，要坚持始终如一，保持您的微笑。

拍下不买型：对于这种类型的客户，可以投诉、警告。也可以忽略，因各自性格决定采取的方式，不能说哪个好，哪个不好。

初次上网购物者：产品照片对说服这类购买者完成交易有很大帮助。

勉强购物者：对这类购物者，只有明确说明安全和隐私保护政策才能够使其消除疑虑，轻松面对网上购物。

便宜货购物者：这类购物者广泛使用比较购物工具。这类购物者没有品牌忠诚度，只要最低的价格。网站上提供的廉价出售商品，对这类购物者最具吸引力。

"手术"购物者：快速告知其他购物者的体验和对有丰富知识的操作者提供实时客户服务，会吸引这类购物者。

狂热购物者：这类购物者把购物当作一种消遣。他们购物频率高，也最富于冒险精神。对这类购物者，迎合其好玩的性格十分重要。为了增强娱乐性，网站应为他们多提供观看产品的工具、个人化的产品建议，以及像电子公告板和客户意见反馈页之类的社区服务。

动力购物者：这类购物者因需求而购物，而不是把购物当作消遣。他们有自己的一套高超的购物策略来找到所需要的东西，不愿意把时间浪费在东走西逛上。优秀的导航工具和丰富的产品信息能够吸引此类购物者。

想一想 分组讨论，当一个客户和你聊天的时候，怎么样应对才能尽快识别他（她）的类型？

只有了解了网店客户的类型才能采用相应的策略，并采用相应的关联销售，这样能达到事半功倍的效果。

【案例 3-1】

关联销售的启示

买家和客服的沟通记录如图 3-1 所示。

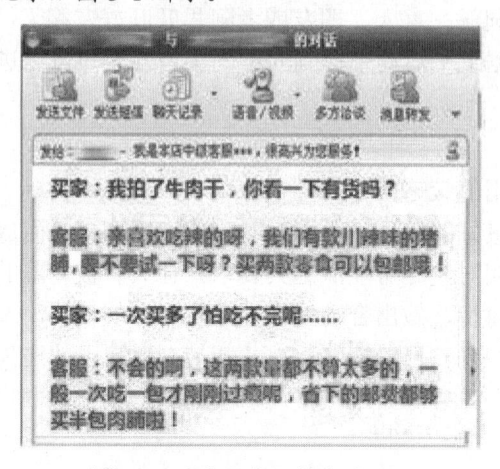

图 3-1 买家和客服的沟通记录

当客服看到客户已经拍下辣味牛肉干时，由此判断客户喜欢吃辣味的零食，所以马上按照客户的喜好和需求推荐另一款川辣味的猪肉脯。当客户表示担心一次买的量太多吃不完的时候，客服马上站在客户的角度为他考虑，先说明这两款商品实际的量并不算太多，并且因为好吃所以一般一次吃一包才刚刚过瘾。解决了这个关于量的问题以后，接着再有技巧地"推了"客户一把，就是抓住买家在网络购物时最关心的邮费问题，告诉客户买两包是可以免邮费的，而省下的邮费相当于半包肉脯，所以最终他的推荐能被客户接受。在了解客户的基础上进行营销，可以达到事半功倍的效果。

案例思考：

根据图 3-1，你能否辨别出该客户的类型？请对该客户进行分析。

试一试

1. 分组讨论，如果你是店铺客服，你会怎么做？说明具体的对话及理由。
2. 如果你是一个销售母婴类产品的客服，客户进来咨询的第一件产品是一个待产包，那么你会怎么接待这位顾客并且进行产品推荐呢？

拓展学习

一家网店如果做好关联销售，能提高店铺的转化率和客单价，有效把握进入店铺的每

项目 3　　　　　　　　　　　　　　　　　　　　　网店客户分析

个客流量，让进入店铺的客流量尽量少流失，充分利用进入店铺的每个客流量，达到店铺利益最大化。那么我们该怎么做好关联商品的销售，使得客单价提高又不引起顾客的反感呢？请同学们就如何进行关联销售给出建议。

建议一：_____。
建议二：_____。
建议三：_____。

活动 3.1.3　技能训练：网店目标客户的需求分析

不同类型网店的目标客户也不一样，请以小组为单位合作开展训练，自己选定一种类型的网店对目标客户的需求进行分析。具体要求如下。

1. 选择网店类型，锁定目标客户

我们小组所选择的网店类别是_____。
该类别所指向的目标客户是_____。

2. 针对目标客户进行具体分析

（1）我们小组把我们网店的目标客户进行这样的分类：
_____
_____。

（2）按照我们的分类，不同客户所占总比例的百分比分别为_____
_____。

（3）每种类型的客户的需求分别为_____
_____
_____。

> **议一议**　需求的变化会随着外界的变化而变化，那么哪些是引起需求变化的主要因素呢？

> **教师点评**

任务 3.2　熟悉网店买家的购物心理

📒 问题引入

相对于传统客户，网店客户突破了地域差异，变得更加千变万化。想要在现有的基础上维护老客户，抓住新客户，那么就应该熟悉网店客户的购物，那么网店客户都有哪些心理呢？

067

你知道么?

现在,淘宝网中的网店很多,有些新手店家认为网店经营比实体经营要容易,事实上网店跟实体专卖店一样,充满了形形色色的客户。把握好买家的心理,经营网店就事半功倍了,希望大家能多注意,深度挖掘客户心理。其实淘宝网就是一个大社会,网店就是一个小社会。知己知彼才能百战百胜,只有在细分客户心理的基础上才能提高网店订单;在提高订单的基础上顺应客户才能稳操胜券。

活动 3.2.1 洞悉网店买家的购物心理特征

做中学

● 采用小组合作的方式,对小组成员进行探究,总结出小组成员对待网购的态度,以及在购买商品、挑选店家时的心理特征,填写在表 3-2 中。

表 3-2 小组探究表

小组成员	购买商品时的心理特征	挑选店家时的心理特征

● 思考:根据小组成员的特点,从不同之处寻找相同之处进行归纳、总结。

必备知识

1. 买家常见的五种担心

(1)卖家信用是否可靠:卖家的信用一般是靠着自己的努力一单一单慢慢积累而来的,但是在淘宝网发展迅速的今天,也不乏有通过不正当途径获取高信用的卖家,那么这就成了买家担心的问题,卖家的信誉可靠吗?

(2)价格低是不是产品有问题:网购能够盛行的很大一部分原因是网购的产品价格比市场上低廉。起初,网购便宜的原因是网店店主不需要支付房租、水电费而可以降低成本,使消费者获利,但是现如今市面上充斥着太多不良品,也使得网上开店的目的变得不那么单纯。

(3)同类商品那么多,到底该选哪一个:随着网民的增加,网店的数量也呈爆发性增长,与此同时,商品的同质化竞争也日益激烈。所以我们在搜索商品时会出现同种类型但价格相差很大的情况,那么到底该选择在哪家店铺购买这也成了买家不敢下单的一个原因。

(4)交易安全:网络交易是虚拟的,是以数字的方式呈现在顾客和店家面前的。对于初次购物者，肯定会对交易是否安全、网络交易中资金的去向担忧；对于经常性购物者，网络交易中的链接安全和账号安全是他们首要考虑的。

（5）售后不到位：在现实生活中，我们购买一种商品如果该商品出现质量问题，那么我们可以寻找商家进行协商，但是网络交易中商家遍布全国各地，我们很难面对面地和商家进行沟通，所以在进行交易之前，店家的售后也是我们考虑的一个主要因素。

【案例 3-2】

售后之 7 天无理由退换货

A：请问这款蓝色的包包还有货吗？（缺色）

B：您好，这款蓝色的现在没有货了，我推荐您考虑下同款的玫红色的哦。

A：为什么？但是我只喜欢蓝色的。

B：因为这款的玫红色的是我们现在同系列当中销售量最好的一款，蓝色单独从颜色上来看是非常好看的，但是不好搭配衣服，而且这也是许多客户的反馈，因此目前我们暂时没有对蓝色的进行补货，这款玫红色的搭配其他衣服时非常亮丽出彩，适合各个年龄段的人群，我建议您可以考虑下哦。

A：那我如果收到不喜欢怎么办？

B：这个您请放心，我们店铺是支持 7 天无理由退换货的，我建议您收到货后先把包包填满，然后背在身上试下上身的效果，再考虑是否喜欢、是否进行退换货。您说呢？

案例思考：

网络购物中，这样的现象屡见不鲜，可能因为种种原因使得顾客对我们的产品、对我们的质量、对产品的效果产生怀疑，那么我们怎么才能把店铺的优点尽可能地在客户面前展现出来让顾客接受呢？

2．九种买家十一大心理

（1）理智型买家。

这一类买家的学历比较高，买东西有原则、有规律，所以买东西也比较理智。理智型买家的特点是原则性强、购买速度快、确认付款也快。

对于理智型买家，我们要打动他（她）的心，一定要给予他（她）想要的东西。面对这种买家，我们的客服就要做理性诉求，因为这类买家在购买前心中已有定论，他（她）需要以自己的专业知识进行分析，所以客服如果强行推销，会引起这类买家的反感。可见，这类买家最重视的是实事求是，并且是最忠诚的买家。

（2）贪便宜型买家。

古人云：文如其心，其实买家在购买时的语言就能够表明他的性格和品行，在客户至上的前提下，卖家也一定要擦亮眼睛来保护自己。这类买家的特点是讲狠价、挑剔、稍不满意就退换货、赔偿等。

对贪便宜型买家，应该先小人后君子。一定要注意保留阿里旺旺记录、照片、发货记录等，凭证会帮助你说明一切。

（3）冲动欲望型买家。

现在淘宝网上60%的买家是女性，女性购物者的钱最好赚，因为女人花钱是感性的。这一类买家的特点是不看疗效看广告。这一点不仅仅只体现在女装类目，其他类目的女性购买者也是一样的。女人在花钱的时候会说：花钱可以带来快感。这种买家买东西时完全凭借着一种无计划、瞬间产生的一种强烈的购买渴望，以直观感觉为主，新产品对她们的吸引力最大，她们一般接触到第一件合适的商品时就想买下，而不愿意做反复比较，因而能够很快做出购买决定。

对于冲动欲望型买家，一定要让她有一看就想买的冲动。这类买家在选购商品时，容易受商品外观质量和广告宣传的影响。所以宝贝描述和店铺装修是很重要的，它是帮你留住这一类买家的第一功臣。人的信息量基本80%来源于视觉，即使不是冲动型的买家，也喜欢逛漂亮的店铺。

（4）舆论型买家。

这类买家很喜欢去猜度别人的想法，他们不仅关心商品的本身，还关心有多少人买过这个商品，买了这个商品后评价怎么样。如果我们把别人的好评都能放到商品描述中，就能打消这一类买家的顾虑。

既然这一类买家的购买决定容易受外部的刺激，那么客服在沟通的时候就要用更积极的态度，给予买家强有力的正面暗示，尽量把自己商品的优势、功能和销售记录，以及他人的好评展示出来。"万人好评"等这类字眼是足够能吸引到这类买家的。

（5）VIP型买家。

这类买家通常很自信，认为自己很重要，自己的看法全部正确。这类买家在买东西的时候一旦感觉到卖家不重视他，他们的抵触心理就很强烈。

对于这样的买家，要尽量顺从他的意思，我的地盘您做主。尽量让他有国王的感觉，当这样的客户觉得自己对商品很内行的时候，客服一定要沉住气，让客户畅所欲言，客服要尽量表示赞同，鼓励其继续说下去。因为买家最得意忘形的时候便是最佳的推销时机。另外，给他们VIP的称号也是不错的主意，当他们享受到店铺特别提供的专项服务及购物的优惠方案时，他们更容易产生心理的满足感。

（6）谨慎型买家。

网络交易同线下相比，的确会给一部分买家不安全感，这类买家通常疑虑重重，他们会很谨慎，挑选商品的时候很慢，左右比较拿不定主意，还可能因犹豫中断购买，甚至买了之后还害怕自己上当受骗。

对于这样的客户，应该让他们感觉：我是你最诚实而热情的朋友。客服在和这种买家沟通的时候，多使用一些笑脸的表情，也可以去寻求一些相互的共同点，让买家把自己当成朋友，从而排除买家的紧张情绪，尽量让买家的心放松下来，再中肯地介绍自己的产品，注意不要过于夸大其词，否则会适得其反。另外也可以像之前对待舆论型买家一样，给予一些有力的证据，消除他们的疑虑，如产品的合格证明、其他买家的好评等。

（7）惯性思维型买家。

惯性思维型买家有两种：一种是购买手机充值卡、游戏点卡等的行为习惯型买家；另一种是情绪惯性型买家，这一类买家基本就是大家店铺的老顾客。

惯性思维型买家不喜欢改变自己的习惯，所以如果你的店铺的"粉丝"特别多，当要更换店铺装修时，千万不能大动（当然小细节上的变动是必要的）。要保留自己店铺的亮点、特色、品质和良好的服务。

（8）情感义气型买家。

这类买家对个人感情很重视，从购买心理的角度看：这类买家同卖家之间的交往以友情、热情、共同的喜好为特征。这类买家的购买行为，首先建立在对店主本人的价值观强烈认同的基础上，同时在交易的各个阶段都会跟卖家有很多的沟通，这一类的买家通常购买的东西会很多，其流失率比较低。一旦和店主建立起感情，那他就是你最忠实的顾客了。

（9）任意好说话型买家。

这类买家缺乏购买的经验，或者没有主见，往往是随意购买。对于这一类的买家，我们要：提出你的意见，帮他拿个主意。这时候我们的"掌柜推荐"就要起作用了。如果这类买家选择了你的店铺，但是不知道要买什么的时候，他们会问客服，那么能不能留住客户的关键就在于能否提供中肯而有效的建议。当这类买家拿不定主意的时候，客服可以视情况帮他下决心，这样既节省了时间，又可以增加对方的信心。当然这是从买家类型来讲，另外悍蒙营销再从买家心理历程来剖析买家的整个购物过程。首先快速确认是不是我想要的产品→感受下店主的服务和产品质量→怀揣希望→看评价→幻想宝贝到手是什么情况→幻想宝贝到手后该如何搭配→确实想要了，放大自己的欲望→查看关联产品→再详细查看产品→快速拍下→犹豫不决就等卖家或者掌柜临门一脚→拍后很兴奋。

想要让自己的店铺在消费者心中产生一个好印象，那么就应该熟悉以下11种心理。

（1）求实心理：卖家在商品描述中要突出产品"实惠"、"耐用"等字眼，并对产品进行详细描述以突出商品实用的性能。

（2）求新心理：抓住商品开发的特点稍加劝诱，突出"时髦"、"奇特"之类的字眼，使得我们的商品区别于类似的其他商品，并在图片处理时要鲜明有特色。

（3）求美心理：销售化妆品、服装的卖家，要注意文字描述中写明包装、造型等字眼，并可适当地进行关联营销，提供搭配组合或者套餐。

（4）求名心理：顾客消费动机对名牌有一种安全感和信赖感，所以我们应该极力塑造本品牌、本店铺的形象。

（5）求廉心理：少花钱多办事的顾客心理动机，其核心是廉价和低档，只要价格低廉商品质量能够得到保证就可以。

（6）偏好心理：每个消费者都有着自己独特的偏好，只要了解他们的喜好，在产品文字描述之中可以有一些"值得收藏"之类的字眼。

（7）猎奇心理：对于这类顾客，只需要强调商品的新奇独特，并赞美他们有远见、识货、眼光好等都会获得顾客的青睐。

（8）从众心理：可以根据这种心理描述文字，再加上价格的优势，很容易聚拢人气，来者源源不断。

（9）隐秘性心理：有顾客不愿别人知道购物的东西，我们可以强调隐秘性，并帮助顾客保护他们的隐私。

（10）疑虑心理：可以和顾客强调说明商品真实存在，质量经得起考验，并可以通过售后服务让顾客满意，以在购物完成时消除疑虑，让顾客满意。

（11）安全心理：如食品、卫生用品、电器等，在卖家解说后，才能放心购买；并且使用"安全"、"环保"等字眼。该类产品非常注重售后服务，所以在描述页面还应该加上商品的售后保证等。

【案例 3-3】

买家：你的衣服质量怎么样啊？

卖家：衣服都是我亲自进的，质量没问题。

买家：为什么人家卖 20 多元，你的卖 40 多元？

卖家：进货渠道不同、质量不同，价格自然不同。

买家：那你家衣服质量有人家的好吗？

卖家：这个我不知道！人家的衣服我没看过，我只能说我家的衣服我认为质量是不错的。

买家：是吗？那你便宜点吧。

（中间经过漫长的讨价还价过程，买家擅自拍下两件商品，卖家为了赚信用，不得以以 30 元的价格卖给她了。）

买家：你保证质量没问题吧？别人家的可都比你的便宜，你的贵我还买你的，你的质量可得有保证！

案例思考：

这一类型的买家属于我们上述类型的哪一种？如果是你，你会怎么回复呢？

拓展学习

采用小组合作的方式讨论如果你是一家文化用品店的店主，你如何让顾客立即下单购买。

活动 3.2.2 消除网店买家不安心理的策略

做中学

3 年前，28 岁的张明开了一家网店，通过一家大型手机批发商以代发货的形式销售手机。由于不需要自己压钱铺货，大大降低了他的风险。

"我并不熟悉手机行业。"张明说，当时急于赚钱，对手机的功能、参数只有粗略的了解，每当顾客咨询时，他都是直接让顾客看参数资料。而当顾客有新疑问的时候，又长期联系不上张明。"可能是这种方式让顾客觉得我是个外行，所以不愿意在我这里买手机。"张明说，他开店半年一个订单都没接到，由于没业绩，该批发商不再供货，"我的第一次创业梦就这样破碎了"。

结合自己的经验，总结张明开网店失败的原因。

项目 3

必备知识

1. 针对新手买家

卖家首先要通过阿里旺旺卡片来识别新手买家，新手买家注册时间短，没有交易信用，多数没有上传头像。这些信息在阿里旺旺聊天窗口的右侧可以看到。通过查看会员卡片也可以看到相关信息，单击阿里旺旺聊天窗口中对方的会员名，可以查看到名片、信用、活跃、展示等各种信息，新手买家的阿里旺旺使用率低，活跃度也较低。

新手买家通常有两类情况：第一是不熟悉购物流程；第二是对网购缺少信心。掌握新手买家因网购知识的缺乏而产生的错误，要指导新手买家进行顺利购买，消除不安情绪。

在与新手买家交易时经常会遇到以下情况。

（1）新手买家在单击"立即购买"按钮以后，以为拍下成功了，而不再继续输入验证码、填写购买数量等操作。

对策：提醒新手买家继续操作，直到系统提示"您买到了宝贝"才算购买成功。

（2）新手买家在拍下宝贝以后，通过网上银行把钱充值到自己的支付宝账户当中，以为付款成功，而不继续进行正常的付款操作。

对策：提示新手买家需到"已买到的宝贝"当中，单击"付款"按钮并进行付款操作，付款成交后交易状态会由"等待买家付款"变成"买家已付款等待卖家发货"，此时才为付款成功。

（3）新手买家会因为初次网购，在陌生的环境里产生陌生的紧张感。

对策：多使用阿里旺旺表情，表情更具亲和力，能拉近与新手买家的距离，可消除新手买家的紧张感。

（4）新手买家会因操作不熟练而导致操作失误。例如，一件宝贝反复拍了多次、拍宝贝的时候数量填写错误等。

对策：安抚新手买家，表明自己也曾犯过类似的错误。

（5）新手买家经常会催件，在没收到货物前反复查询。

对策：此类行为是由于买家对网购不信任引起的，此时卖家可引导新手买家查询快递的方法，并讲清支付宝担保交易的安全性。

2. 针对一般买家

卖家首先要通过阿里旺旺卡片来识别一般买家，买家注册的时间没有具体的长短分别，但是他们的等级和活跃度都比较一般。这一类买家已经有了一定的网络购物经验，熟悉了网络购物流程，所以在网络购物过程中会更加注重商品质量和服务态度。

一般买家通常有两类情况：第一是在购买商品前对商品是否符合自己的理想需求比较在意；第二是对网店客服的回答是否让自己满意很在意。从细节方面了解自己的商品，并且提升自己的服务态度，能够吸引一般买家成为我们的老顾客，消除他们的不安情绪。

（1）当一般买家看中某一商品之后，会随之而来延伸出许多关于该商品的问询，包括该商品的质量、价格、售后等细节方面的咨询。

对策：对自己店里在售的商品的性能等各方面进行全方位的了解，以便在客户提出问题的时候能够尽快并且全面地解答。

（2）一般客户在收到商品后进行试用或试穿，如果发现该商品不适合自己，在保证商

073

品不影响第二次出售的情况下,他们一般会提出退换货的要求。

对策:我们不能因为客户提出退换货要求而不回答客户,遇到这样的问题我们更加应该积极应对,以此来提高客户对我们的信任度,让客户在我们店内产生归属感,下次购物就不会提心吊胆,而是放宽心了。

> **想一想**　消除网店买家的不安心理是越来越多的网店店主所关注的问题,你能根据所学知识思考出别的策略来应对客户的改变吗?

拓展学习

请用简洁、精练的文字给图 3-2 和图 3-3 加以文字描述,通过这两幅图能够尽快表达我们所要描述的产品信息,使得消费者通过描述能够尽量地减少消费不安情绪。

图 3-2　彩笔盒装

图 3-3　彩笔散装

任务 3.3　熟悉网店客户的管理

问题引入

张明觉得电子商务企业发展的核心在于客户，怎么在现有的基础上抓住老客户、开发新客户是现有电子商务企业管理人员的新问题。那么你觉得我们怎么对现有客户进行维持，并在此基础上能够开发新的目标客户呢？

_____
_____
_____

你知道么？

90%以上的店铺还没有自己的客户关系管理系统（Customer Relationship Management，CRM），有的只是厚厚的发货单、记账单。也许你要笑了，客户关系管理不是企业应该考虑的问题吗？跟我们这样一个小小的网店有什么关系？错！小店有小店的优势，你也有自己的客户，有客户自然就要有管理。如何利用客户关系管理，对你的客户进行深度挖掘，把厚厚的发货单转化成倍增的利润？这样就需要我们运用相应的知识和技巧来对客户进行管理。

活动 3.3.1　搜寻网店潜在目标客户

做中学

● 结合自己的网店的特点，利用微博平台搜寻网店的潜在目标客户。

网店的经营范围：_____。

网店现有客户：_____。

利用微博平台搜寻客户的方法：_____
_____。

● 对自己网店的客户进行归类总结，总结现有客户的特点，并给出一个月搜寻网店潜在目标客户的计划。

必备知识

1．搜寻网店潜在目标客户的意义

在这个竞争激烈的市场中，想要吸引新顾客，留住老顾客，必须对客户进行搜寻和挖掘，不能理所当然地认为顾客走进我们的店或者购买过我们的商品就能成为我们的终生顾客。他最终选择的是我们的商品、质量和服务。商品和质量不在客户服务的范畴，而提高服务质量是一项系统工程，所以客服人员应该主动搜寻网店目标客户，并在此基础上进行客户管理才能达成效果。

全球最大、访问人数最多和利润最高的网上书店——亚马逊书店的销售收入保持着惊人的增长率。面对越来越多的竞争者，亚马逊书店保持长盛不衰的法宝之一就是优质的客户分析与客户管理。当你在亚马逊购买图书以后，其销售系统会记录下你购买和浏览过的书目，当你再次进入该书店时，系统识别出你的身份后就会根据你的喜好推荐有关书目。你去该书店的次数越多，系统对你的了解也就越多，也就能更好地为你提供服务。显然，这种有针对性的服务对维持客户的忠诚度有极大帮助。客户管理在亚马逊书店的成功实施不仅给它带来了65%的回头客，也极大地提高了该书店的声誉和影响力，使其成为公认的网上交易及电子商务的杰出代表。

读一读

尿布与啤酒——数据仓库和数据挖掘的经典故事

美国著名信息工程专家威廉·英蒙（William Inmon）博士在20世纪90年代初提出了数据仓库（Data Warehouse）的概念：一个用于支持管理决策的、面向主题的、集成的、随时间变化的、但信息本身相对稳定的数据集合。数据仓库并不是所谓的"大型数据库"，而是在数据库已经大量存在的情况下，为了进一步挖掘数据资源、为了决策需要而产生的。在一家超市里，有一个有趣的现象：尿布和啤酒赫然摆在一起出售。这个奇怪的举措却奇迹般地使尿布和啤酒的销量双双提高。这不是一个笑话，而是发生在美国沃尔玛连锁店超市的真实案例，并一直为商家所津津乐道。沃尔玛拥有世界上最大的数据仓库系统，为了能够准确了解顾客在其门店的购买习惯，沃尔玛对其顾客的购物行为进行购物篮分析，想知道顾客经常一起购买的商品有哪些。沃尔玛数据仓库里集中了其各门店的详细原始交易数据。在这些原始交易数据的基础上，沃尔玛利用数据挖掘方法对这些数据进行分析和挖掘。一个意外的发现是：跟尿布一起购买最多的商品竟是啤酒！经过大量实际调查和分析，揭示了一个隐藏在"尿布与啤酒"背后的美国人的一种行为模式：在美国，一些年轻的父亲下班后经常要到超市去买婴儿尿布，而他们中有30%~40%的人同时也为自己买一些啤酒。产生这一现象的原因是：美国的太太们常叮嘱她们的丈夫下班后为小孩买尿布，而丈夫们在买尿布后又随手带回了他们喜欢的啤酒。

---

2. 店铺推广

想要把浏览量变成成交量，最根本的要求就是让你的目标客户成为你的浏览者，目标客户的浏览就是有效浏览，想要得到目标客户的有效浏览，如何推广很重要。一般应包含以下几个方面。

（1）网店推广，吸引潜在购买者。

SEO：SEO又称搜索引擎优化。SEO是专门利用搜索引擎的搜索规则来提高目前网站在有关搜索引擎内的自然排名的方式。SEO的目的是为网站提供生态式的自我营销解决方案，让网站在行业内占据领先地位，从而获得品牌收益。SEO是自然排名的方式，主要针对网站在搜索引擎中做排名优化，长年积累，这网站是可以带来被动收入的，因为网站年限久，质量高。

QQ群推广：QQ群推广是指在QQ群中进行推广，此类推广要注意以下几点。

① 加入群后一定要进群里聊，聊天时，要经常提及你要推广的东西，让他们自然而然地熟悉你的商品。在宣传时应该目标明确，有针对性。

② 多加 QQ 群，这样的优点是：不用绞尽脑汁推广，IP 增加见效快，但是被移出群的概率非常高，影响人品和口碑。那么针对这种情况，可以先和群主或是群里的管理员商量熟悉，让他们同意你在群里发布广告，并请他们帮你置顶，一起互动，这样的效果就会很明显。

③ 可以把网名改成淘宝店铺的名字，如"时尚风淘宝店"，这样可以增加店铺曝光率和名字的搜索量；缺点是很难得到别人的认可，需要长期进驻某个群。

论坛推广：论坛推广是指企业利用论坛这种网络交流的平台，通过文字、图片、视频等方式发布企业的产品和服务的信息，从而让目标客户更加深刻地了解企业的产品和服务，最终达到企业宣传企业的品牌、加深市场认知度的网络营销活动。在各个论坛进行推广，这就需要有文字功底。在论坛上发帖子，所发的帖子一定要有吸引力，哪怕是"标题党"。可以在论坛上将自己的个性签名改成你的淘宝店铺地址，再加入一些修饰词，这样个性签名就起到了一定的作用。还有一个方式就是，多去论坛浏览点击量多的好帖子，然后经常回复看法（当然看法尽量要有见地，有的人看见你的见地很有意思，就会不自觉地点开你的空间，这样个性签名又起到了作用）。

软文推广：软文推广是指企业的市场策划人员或广告公司的文案人员来负责撰写的"文字广告"。与硬广告相比，软文之所以叫作软文，其精妙之处就在于一个"软"字，好似绵里藏针，收而不露，克敌于无形。软文推广比论坛更需要文字功底，它要求很含蓄地把自己的淘宝店铺或是商品介绍给别人，让人有购买欲望。关于软文的写作，这是非常重要的一方面，如果是一篇没有任何意义的垃圾软文，反而会影响店铺。值得注意的是，坚决不能用夸张的广告语进行宣传。最好把你的软文当作推荐文来写，给人以真正的经验，真正有意义的东西，才会使人更能记住你的店铺。

邮件推广：电子邮件是目前使用最广泛的互联网应用，它方便快捷，成本低廉，不失为一种有效的联络工具。但是它也有弊端：邮件群发的效果不好，大多数的邮件可能会被当作垃圾邮件来处理，会引起用户的厌烦感。但是方便操作、覆盖的面积广泛是它独有的优点。

弹窗广告：弹窗广告是指打开网站后自动弹出的广告，无论点击还是不点击都会出现在用户的面前。用户一般都很厌恶这种强迫式的广告形式，因为它影响了访问用户的上网速度，还带有大量的不安全因素，大多数浏览器会提供一些插件来屏蔽弹出广告。目前采用弹窗广告的在游戏行业中主要体现在 Web 游戏上面。

网站联盟：通常指网络联盟营销，也称联属网络营销，1996 年起源于亚马逊。亚马逊通过这种新方式，为数以万计的网站提供了额外的收入来源，且成为网络 SOHO 族的主要生存方式。目前在我国，联盟营销还处于萌芽阶段，虽然有部分个人或企业开始涉足这个领域，但规模还不大，一般的网络营销人员和网管人员对联盟营销还比较陌生。

流氓插件：流氓插件是指表面上看有一定使用价值但同时具备一些计算机病毒和黑客程序特征的软件，表现为强行侵入上网用户的计算机，强行弹出广告，强迫用户接受某些操作，或在用户不知情的前提下，强行安装 IE 插件，不带卸载程序或无法彻底卸载，甚至劫持用户浏览器转到某些指定网站等。

> **温馨提示**
>
> 专家指出，对付"流氓插件"有5招。
>
> 1. 不要登录一些不良网站，对有些声画充满诱惑的页面，不要因为好奇而尝试点击。
> 2. 不要下载一些不熟悉的软件。如果不是急需急用，最好不要下载安装。
> 3. 对于软件附带的用户协议和使用说明一定要认真看，不要盲目安装软件，否则等发现问题或想卸载时，这些软件已在计算机上制造了垃圾文件。
> 4. 不要随意下载一些免费软件或共享软件，天下没有免费的午餐，一些免费软件很可能存在安全问题。
> 5. 不要按照"流氓插件"指定的操作去做，如果不能取消这些操作，或者弹出的对话框始终在最前面，可以将其拖到屏幕边沿不予理会。也可以记下这类网站或网页的地址，注销当前用户或者重新启动计算机后，不再访问这些页面。

（2）店铺装修，商品促销抓住潜在客户。

店铺装修：给自己的店铺和商品陈列一个统一的风格，这个风格要符合这个产品的形象，更要符合该产品大多数目标客户的审美观。给人留下深刻印象，并且一想到该产品就能想到你的店铺。

商品促销：在平时或者节假日可以给出适当的促销，刺激潜在客户的需求，让潜在客户产生购买欲望，将购买欲望转变成行动以后你只需提高自己的服务质量和产品质量来留住顾客就可以了。

> **议一议** 商品促销的手段多种多样，哪些促销手段可以在保本的前提下使得促销效果最明显呢？

拓展学习

- 根据书本中的知识，以小组为单位在课后进行目标客户搜寻，写出目标客户搜寻的具体操作方法并总结技巧，填写在表3-3中。

表3-3 小组记录表

搜寻目标客户的具体操作方法	
搜寻目标客户的技巧	

- 思考：你们小组搜寻目标客户的操作方法完善吗？还有值得改进的地方吗？

项目 3　　　　　　　　　　　　　　　　　　　　　　网店客户分析

活动 3.3.2　管理网店现实客户

做中学

● 登录百度，查找管理网店现实客户的方法及经验。

● 以本班同学为网店现有的现实客户，使用 Excel 表格建立一个客户档案。客户档案可以包括客户 ID 账号、客户级别、真实姓名、电子邮箱、联系电话、收货地址、交易日期、购买商品、成交金额、是否本店会员等，自行编制出简便实用美观的客户档案管理表。

必备知识

1. 客户关系管理的概念

客户关系管理也称客户管理，其主要含义就是通过对客户详细资料的深入分析，来提高客户满意程度，从而提高企业的竞争力的一种手段。客户关系管理的核心是客户价值管理，通过"一对一"营销原则，满足不同价值客户的个性化需求，提高客户忠诚度和保有率，实现客户价值持续贡献，从而全面提升企业盈利能力。

读一读

客户关系管理首先是一种管理理念，起源于西方的市场营销理论，产生和发展在美国。其核心思想是将企业的客户（包括最终客户、分销商和合作伙伴）作为最重要的企业资源，通过完善的客户服务和深入的客户分析来满足客户的需求，保证实现客户的终生价值。

客户关系管理又是一种旨在改善企业与客户之间关系的新型管理机制，它实施于企业的市场营销、销售、服务与技术支持等与客户相关的领域，要求企业从"以产品为中心"的模式向"以客户为中心"的模式转移，也就是说，企业关注的焦点应从内部运作转移到客户关系上来。

客户关系管理也是一种管理软件和技术，它将最佳的商业实践与数据挖掘、数据仓库、一对一营销、销售自动化，以及其他信息技术紧密结合在一起，为企业的销售、客户服务和决策支持等提供了一个业务自动化的解决方案。

---

2. 收集客户资料——建立客户档案信息

对在网店产生过购买行为的消费者，应及时将他们的个人信息和消费情况进行整理汇总，作为重要的客户资料登记在册。建立了客户信息档案，就可以随时查询顾客的消费记录，可以从他们的购物清单和购物频率等信息中分析其消费习惯及消费偏好，以便调整我们的经营方向，提高服务水平，针对顾客的需求及时开展各种促销宣传和个性化的推广活动。建立客户信息档案时，可以自行设计 Excel 表格来录入客户资料，也可以在网络上下载"网店管家"一类的软件来进行专门的客户资料管理。

1）用 Excel 表格建立客户档案

建立 Excel 客户档案的好处是，操作灵活方便，不需要联网也可以随时调取和运用，只要有基本的电子表格操作基础，就可以很好地进行批量录入和编辑。制作 Excel 表格时

079

可以采用如图 3-4 所示的 Excel 表格样式。

图 3-4　客户档案表

> **想一想**
>
> 1. 建立一个 Excel 表格，名称为"客户信息档案"，保存在计算机非系统盘里。
> 2. 打开"客户信息档案"表格，依次建立以下档案项目：交易日期、顾客网名、真实姓名、电子邮箱、联系电话、收货地址、购买商品、成交价格。
> 3. 除了以上要求的档案项目外，你认为还可以增加哪些有意义的档案项目？记录这些信息将对你有什么样的帮助？

2）利用软件收集客户数据

客户管理软件现在是每一个商业经营者都会关注的客户关系维护数据库。很多网站可以提供免费的客户关系管理软件，但大多数比较实用的软件都需要付费。下面以"美萍客户管理软件"为例进行介绍。

同学们自行下载"美萍客户管理软件"并进行安装和登录，如图 3-5 所示。

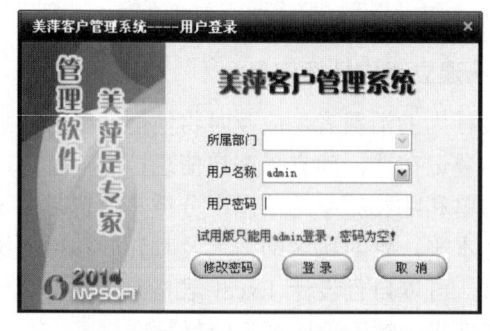

图 3-5　美萍客户管理系统登录界面

登录之后的界面如图 3-6 所示。

在"请输入客户名称编号查询："文本框中输入客户名称编号即可查询该客户的相关信息。例如，输入客户编号"001"，可以获得该客户的类型、级别、状态、消费总额等信息，如图 3-7 所示。

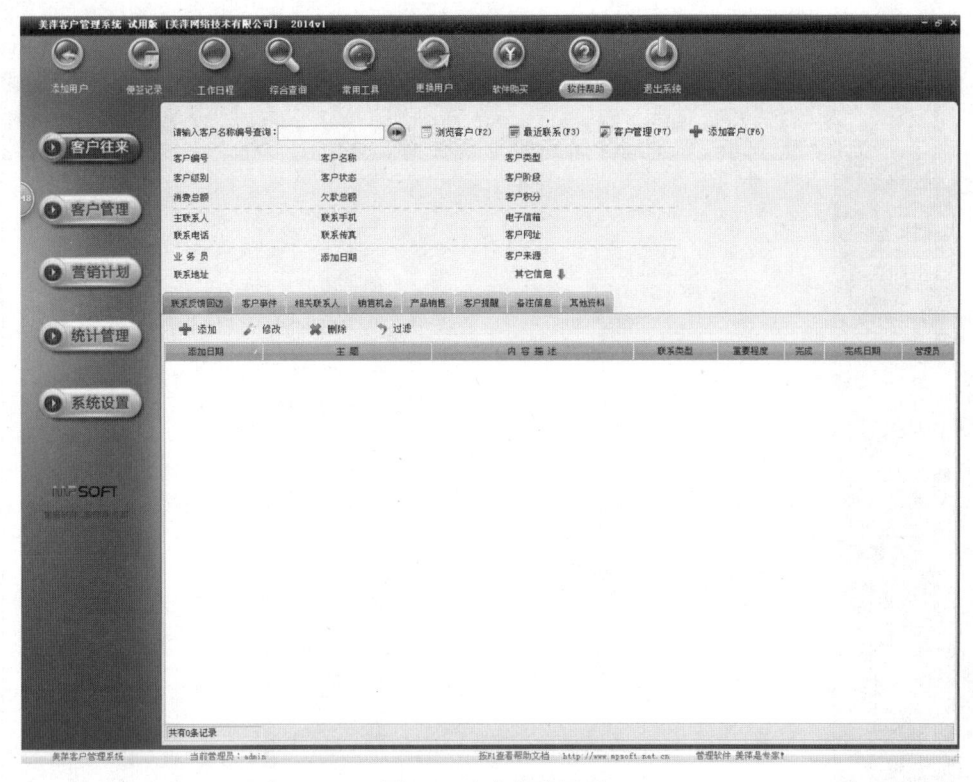

图 3-6 客户往来界面

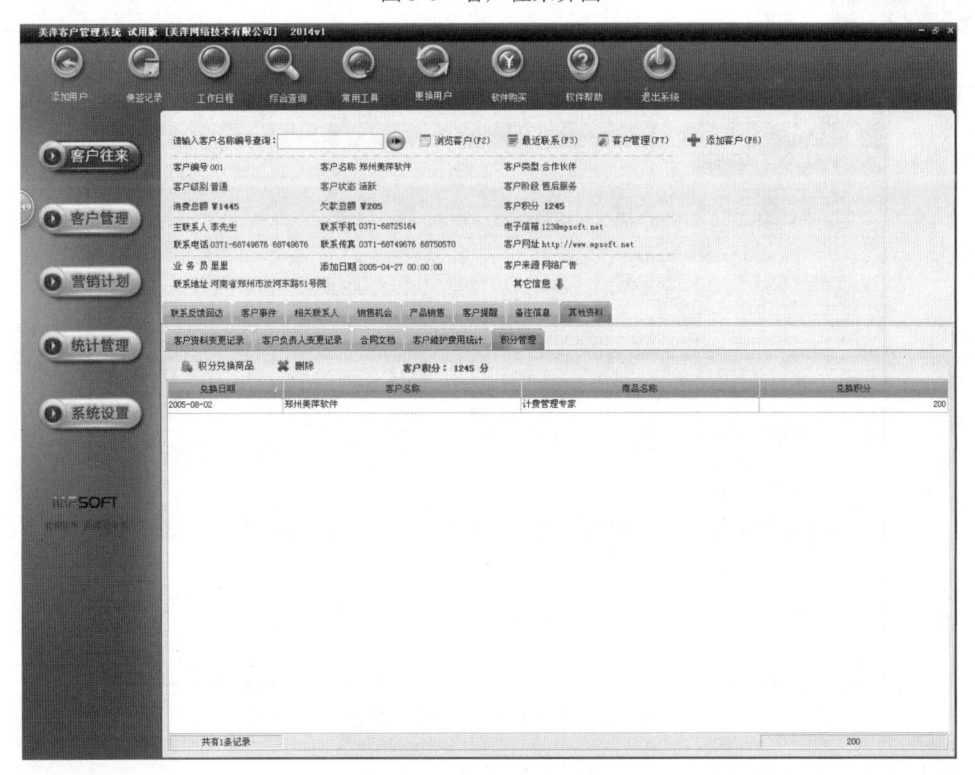

图 3-7 客户信息查询结果

在"客户管理"中可以添加新客户,进入"客户管理"界面,如图3-8所示。选择"客户资料管理"选项,弹出"客户资料管理"对话框,如图3-9所示。

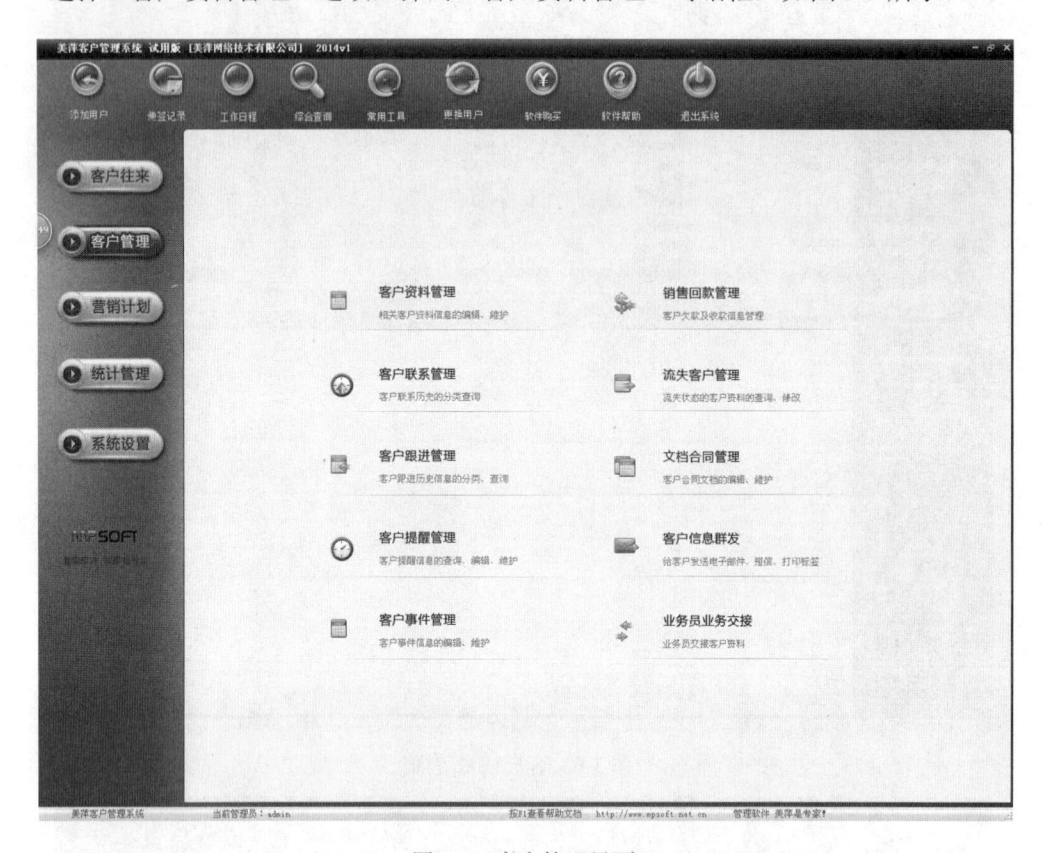

图3-8 客户管理界面

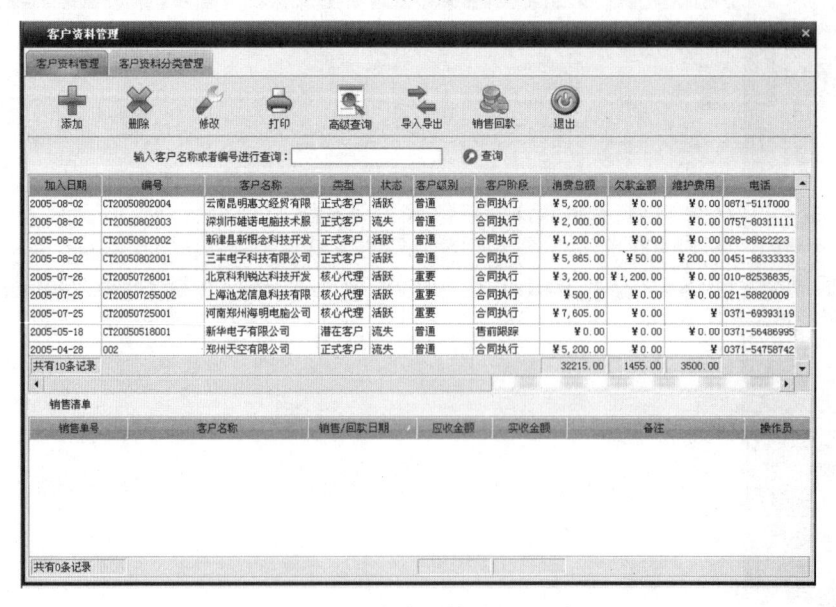

图3-9 "客户资料管理"对话框

单击"添加"按钮,添加客户资料,如图3-10所示。

项目 3 ———————————————————————— 网店客户分析

图 3-10 添加客户资料

> **议一议** 利用客户分析系统，企业不再只依靠经验来推测，而是利用科学的手段和方法，收集、分析和利用各种客户信息，从而轻松获得有价值的信息，如哪些产品最受欢迎，受欢迎的原因是什么，有多少人是回头客，售后服务有哪些问题，哪些客户能带来更大的利润……客户分析将帮助企业充分利用其客户关系资源，在新经济时代从容自由地面对激烈的市场竞争。在教师的指导下，从个人基本情况、职业价值观、职业兴趣、职业能力、性格特征、优缺点等方面进行自我分析。

【案例 3-4】

聚沙成塔——Google 和亚马逊的成功秘诀

传统网络广告投放只是大企业才能涉足的领域，许多门户网站的网络广告策略将注意力集中在 20% 的大企业身上，而占据了 Google 半壁江山的 AdSense 广告面向的客户是数以百万计的中小型网站和个人。对于普通媒体和广告商而言，这个群体的微小价值简直不值一提，但是 Google 通过为其提供个性化定制的广告服务，使得大批中小网站都能自动获得广告商投放广告，将成千上万的中小企业和中小网站汇聚起来，形成了非常可观的经济利润，其产生的巨大价值和市场能量足以抗衡传统网络广告市场。网络零售巨人亚马逊经营的图书种类繁多，但亚马逊不仅仅关注那些可以创造高利润的少数商品，在亚马逊网络书店的图书销售额中，有 1/4 来自图书榜排名 10 万名以后的"冷门"书籍，而且这些书籍的销售比例也在不断提高。结果证明，亚马逊模式是成功的，而那些忽视长尾，仅仅关注少数畅销商品的网站经营状况并不理想。

案例思考：

1. Google 公司 AdSense 广告和亚马逊的成功案例说明了什么？对网店的客户管理有何启示？

2. 是什么原因促使 80%的小客户成为新的利润增长点，使得"长尾理论"颠覆了传统的"二八定律"？

3. 想一想，"长尾理论"的实现条件是什么？

3. 客户关怀

因为网络经营的特点，我们一般情况下见不到客户本人，在与客户交往的过程中，应该尽力让客户感受到我们的关心，通过点点滴滴的关怀，让客户感受到网店经营者的诚意和爱心。

（1）温馨提示：在交易过程中，卖家可以将每一个环节的处理过程和交易状态及时通知买家，并提醒买家处理相应的流程。例如，通过手机短信、阿里旺旺留言，通知买家发货时间、物流状态、确认收货、使用注意事项等。买家能够及时收到关于订购商品的在途信息，也就会提高对卖家的信任度。在对方收到货之后，及时提醒使用时的注意事项和售后服务的要求，以及进行后期跟踪提醒等，能够极大地促进双方的长期合作。

（2）节日问候：通过电子邮件、交流平台或手机短信等方式，在任何节日及时送上网店署名的小小问候，更加能够让客户体会到商家的真诚和关爱。

（3）生日祝福：在能够获得生日信息的客户生日当天，以各种关怀方式发送网店的生日祝福，能够给客户一份暖心的感受，同时可以采取一些营销的技巧，如生日当天购买商品给予优惠等，也能够吸引到一部分老客户的再次光顾。

拓展学习

● 客户关系管理并不仅仅是了解和搜集有关客户的信息，还需将客户进行细分、归类才能使得客户关系管理有序地进行。那么客户细分就显得尤为重要了。

（1）什么是客户细分？

（2）客户细分的依据是什么？

● 下面 A、B、C、D 四家网店进行的客户细分是否有效？这样的客户细分存在什么问题？

（1）A 网店根据客户的年龄进行客户细分。

（2）B 网店按照客户购买和持有的产品类型进行客户细分。

（3）C 网店按照客户的收入和资产进行客户细分。

（4）D 网店按照客户购买产品的先后顺序进行细分。

> **教师点评**

活动 3.3.3　技能训练：网店客户的挖掘和关怀

客户挖掘和关怀是企业市场宣传和促进关系、拉动需求的关键。请同学们以小组为单位完成以下几个任务。

（1）开动脑筋，讨论客户挖掘和客户关怀的措施和具体方法，并选取一种方法进行模拟演练。

（2）在现实的客户挖掘中有很大一部分客户是由老客户转介绍过来的，如果你是一家鞋店的店主，你会用什么方式使得老客户转介绍率得到提高？

（3）现在越来越多的网店在顾客购买商品之后会送上一些小礼品，并且附上一张感谢卡。请你帮鞋店设计一张感谢卡。

> **教师点评**

项目小结

通过本项目的学习，我们认识到在现代化多元社会中网店客户是多种多样的，要想让自己的网店在激烈的竞争中有立足之地，那么网店的客户很重要，对网店客户进行分析的基础就是走近和了解网店客户，对客户进行差异化分析，以便更好地改善自己的服务，提升自己的企业形象，做到不盲目销售和推销。学会和掌握本项目的内容能够使你在以后网店的经营过程中学会发现问题、解决问题，对网店客户的心理能够有正确的认识，学会在日常经营过程中和不同的客户保持不同的距离，并且在日常接待过程中能够快速识别不同类型的客户，针对不同类型的客户快速应变，达到最好的效果。

项目 4 售前客服技巧

学习目标

通过学习本项目，你应该能够：
(1) 熟悉内页文案写作的要素；
(2) 了解商品的软文写作方法；
(3) 具有一定的商品软文写作能力；
(4) 了解商品下架时间与排名的影响；
(5) 掌握商品设置下架时间；
(6) 理解商品关键词的含义；
(7) 掌握商品关键词的搜寻。

网店售前客服除了要有耐心礼貌的服务态度，还需要熟悉产品信息、网上交易流程。对于客服来说，了解产品相关信息，熟悉自己店铺产品是最基本的工作；对于产品的特征、功能、注意事项等要做到了如指掌，这样才能流利解答客户提出的各种关于产品的信息。本项目主要完成3个任务：学习商品软文的写作；掌握商品上架的控制流程；学会商品关键词的遴选。

任务 4.1 学习商品软文的写作

问题引入

商品发布是客服小明工作的一部分，如何全面介绍商品呢？图片给人留下的视觉印象较为深刻，但并不是万能的，一些有关商品的数据和说明等还需要用文字来加以说明。商品软文是什么？商品软文由哪些内容组成？什么样的商品软文才是一个好的方案？

_____
_____
_____

项目 4　　售前客服技巧

你知道么？

商品软文的编写一定要有营销理念，以及传递情感理念。营销的理念是什么？成交的目的是因为爱，而不只是简单地把货卖出去。一个优秀的文案人员当写完一个内页的时候，首先看他能不能感动自己，让自己有购买这款商品的欲望，能感动自己才能够感染客户。

活动 4.1.1　了解商品的属性

做中学

- 请在你的家人、朋友和同学中做个小调查，了解他们网购时最喜欢看介绍商品的哪些信息？请将调查结果填入表 4-1 中。

表 4-1　商品介绍基本情况调查汇总

年龄段	调查人群 男	调查人群 女	是否网购 经常	是否网购 偶尔	介绍商品的哪些内容
50 岁以上					
35～50 岁					
18～35 岁					
12～18 岁					
说明					

- 请你依据表 4-1，设计一份商品介绍基本情况调查表。结合教材中的必备知识理解商品信息的含义。

必备知识

商品属性是指产品本身所固有的性质，是商品在不同领域差异性（不同于其他商品的性质）的集合。也就是说，商品属性是商品性质的集合，是商品差异性的集合。呈现在消费者眼前的商品就是这些不同属性交互作用的结果。

商品最基本的属性信息部分，要做到信息填写完整、正确和真实。

1. 商品的规格

规格是指产品的物理形状，一般包括体积、长度、形状、重量等。在标准化生产的今天，通常一种产品采用一种规格衡量标准，一般品种的规格都是从小到大有序地排列的。下面我们就来了解一些商品的规格区分方式，最快地掌握商品资料，用专业的回答来服务于顾客。商品规格区分类型如图 4-1 所示。

1）按大小来区分规格

服装、鞋子、戒指等商品都是按尺码区分规格的商品。

鞋子按脚的长短来确定尺码，人的脚有胖瘦之别，所以鞋型会有宽窄之分，通常，我们拳头的大小跟心脏大小相似，拳头的周长与脚的长度也很接近。

手环手圈的大小称为"手寸"，以"号"来表示，是根据手环的直径和周长来确定的。

商品规格的尺码区分如图4-2所示。

按大小来区分规格　　　　　　　按重量来区分规格

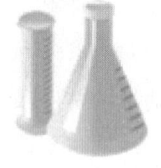

按容量来区分规格　　　　　　　按长度来区分规格

图4-1　商品规格区分类型

按码数来区分规格　　　　　　　按手寸来区分规格

图4-2　商品规格的尺码区分

服装相对来说比较复杂，因为目前服装市场大约有两种尺码型号的标识法。第一种是按照传统的 XS、S、M、L、XL、XXL 来区分，上述尺码依次代表加小号、小号、中号、大号、加大号、加加大号。第二种是用身高加胸围的形式来区分，如 160/80A、165/85A、170/85A 等，斜线前面的数字代表"号"，是指服装的长短或人的身高，斜线后面的数字代表"型"，是指人的胸围或腰围，英文字母是体型代号，指人的体形特征，A 型表示一般体型，B 型表示微胖体型，C 型表示胖体型。衣服的规格区分如图4-3所示。

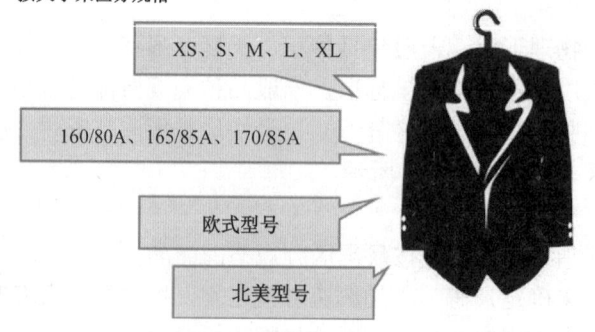

按大小来区分规格

XS、S、M、L、XL

160/80A、165/85A、170/85A

欧式型号

北美型号

图4-3　衣服的规格区分

2）按重量来区分规格

固体的食品、茶叶、彩妆类商品都是用重量单位克、公斤来区分规格的，在商品的外包装上，区分规格的重量单位"克"经常用英文字母"g"来表示，单位"公斤"用英文字母"kg"表示，如100g珍珠粉、150g茶叶、10kg面粉、10g的粉饼、30g白砂糖、3g装的口红等。重量区分规格如图4-4所示。

图4-4 重量区分规格

3）按容量来区分规格

液体的饮料、油、护肤类商品都是用容量单位升、毫升来表示的，外包装上的"mL"表示容量单位"毫升"，"L"表示容量单位"升"。例如，500mL的矿泉水、2L的花生油、100mL的爽肤水、30mL的香水等。容量区分规格如图4-5所示。

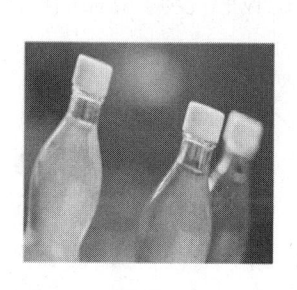

图4-5 容量区分规格

4）按长度来区分规格

鱼线、管材、布料、花边等商品采用长度单位米、厘米来区分规格，长度单位"米"、"厘米"在外包装上通常以"m"、"cm"表示，一般长度越长价格越贵。长度区分规格如图4-6所示。

图4-6 长度区分规格

除此以外，商品的规格区分还有其他的计量单位，如地板按平方米计算价格、木料按立方米计算价格、灯泡按瓦数计算价格、计算机按配置计算价格，更多的商品是按件数、个数为规格计算价格的。

2. 商品的特性

根据掌握的难易程度和所起的成效，对商品特性的了解和运用分为商品的性质、商品的特点和商品的利益。

1）商品的性质

最低限度要了解商品的材质构成、大小规格、适用范围等，知道了这些商品特性才能回答顾客的简单提问。商品的性质如图4-7所示。

面料、款式　　　　　食材、口味　　　　　作用、方法

图4-7　商品的性质

2）商品的特点

商品的特点在一定程度上代表了与同类商品相比较的优势。商品的特点如图4-8所示。

限量版　　　　　棉透气　　　　　无添加

图4-8　商品的特点

3）商品的利益

顾客购买商品是为了满足自己的某一个需求，而直接看到顾客真实的需求是一个销售高手所应该具备的专业素质和能力，商品的优势应该有效地转化为顾客能接受的利益。商品的利益如图4-9所示。

舒适感　　　　　保健康　　　　　送惊喜

图4-9　商品的利益

项目 4　　　　　　　　　　　　　　　　售前客服技巧

拓展学习

各种商品的规格、计量单位是不同的，请给图 4-10 中的商品填上合适的规格分类和计量单位。

图 4-10　商品的规格分类和计量单位

活动 4.1.2　熟悉商品软文的要素

问题引入

一般的网店都存在以下问题：重视美工设计而忽视方案工作，不知道内页的文案到底如何来写，也不知道内页写成什么样子才是一个好的方案，导致内页设计出来的商品，整体转化率比较低，浪费后期大量的推广费用。

_____
_____

做中学

查找相应的资料"如何给淘宝店铺商品起个好标题"，整理信息，结合课本讨论，归纳商品标题命名中常遇到的问题。

● 登录百度，输入关键词"淘宝商品标题"，了解商品标题的命名规则、命名技巧和优化方法。

● 登录淘宝网站店铺，了解多个店铺商品的标题情况，记录该商品的网上销售状况。

091

- 登录京东网站、聚美优品等多个网购网站，了解多个商品的标题情况，记录该商品的网上销售状况。
- 根据以上调查所收集到的资料，各小组讨论分析商品标题的命名遇到的问题，以及标题命名的方法及优化技巧，把搜集的数据整理好，推选代表课内交流。

必备知识

1. 商品标题

内页的商品标题指的是在商品内页中的标题部分。

淘宝网商品名称的容量是 30 个汉字、60 个字节，根据顾客的消费需求和定位的区别，可以尽可能选用更多的关键字，扩大消费者搜索的范围，提高被他们发现的概率。商品标题如图 4-11 所示。

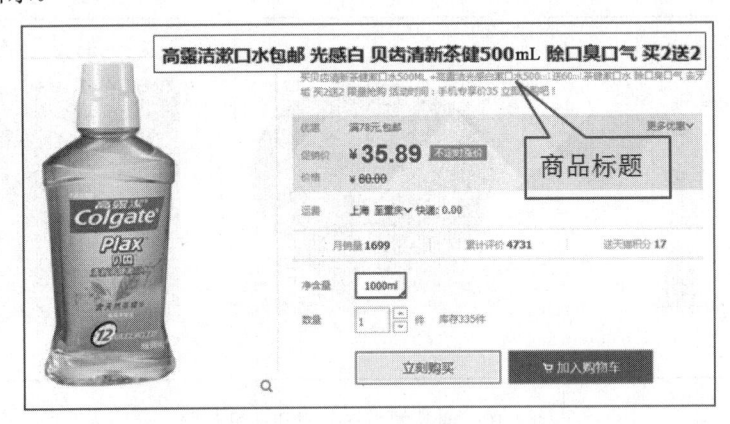

图 4-11　商品标题

【案例 4-1】

商品文案标题常出现的问题

（1）没有从淘宝搜索关键词角度来考虑标题的设置。

（2）卖家通常容易犯的错误有堆砌关键词，使用和商品无关的关键词、热词等问题，如图 4-12 所示。

图 4-12　标题常见问题之一

项目 4　　售前客服技巧

（3）违反了淘宝网的基本规则，如标题中出现了敏感词汇、夸大商品的属性、涉嫌侵权、前后不一致等，如图4-13所示。

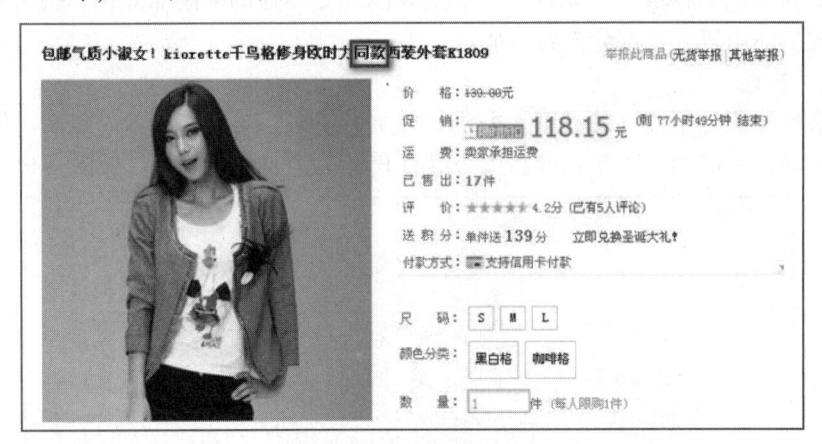

图4-13　标题常见问题之二

（4）商品的标题中写了"包邮"，则商品的内页运费设置一定得是卖家承担费用，否则就会受到淘宝的处罚，会被扣分，如图4-14所示。

图4-14　标题常见问题之三

下面是淘宝网的部分违规处罚。

不当使用他人权利，是指用户发生以下行为，每次扣两分。

（1）卖家在所发布的商品信息或所使用的店铺名、域名等中不当使用他人商标权、著作权等权利的。

（2）卖家出售商品涉嫌不当使用他人商标权、著作权、专利权等权利的。

（3）专家所发布的商品信息或所使用的其他信息造成消费者混淆、误认或造成不正当竞争的。同一权利人在3天内对同一卖家的投诉视为一次投诉。

> **议一议**　让消费者在购买之前对商品有更全面和客观的了解，我们需要为消费者提供哪些东西？留下深刻印象的图片？一些有关商品的数据？文字还需要吗？哪些文字内容是消费者需要的？

093

2. 商品描述

淘宝的商品描述容量是 25000 字节，足以添加更为详细的商品介绍和相关说明，通常一件商品的描述由以下几部分内容组成。

1）型号规格

型号规格一般包括商品的品牌、型号、材质、规格、功能、功效、包装、价格等商品基本信息，以及生产加工工艺、产品优势等有利于销售的商品信息，如图 4-15 所示。

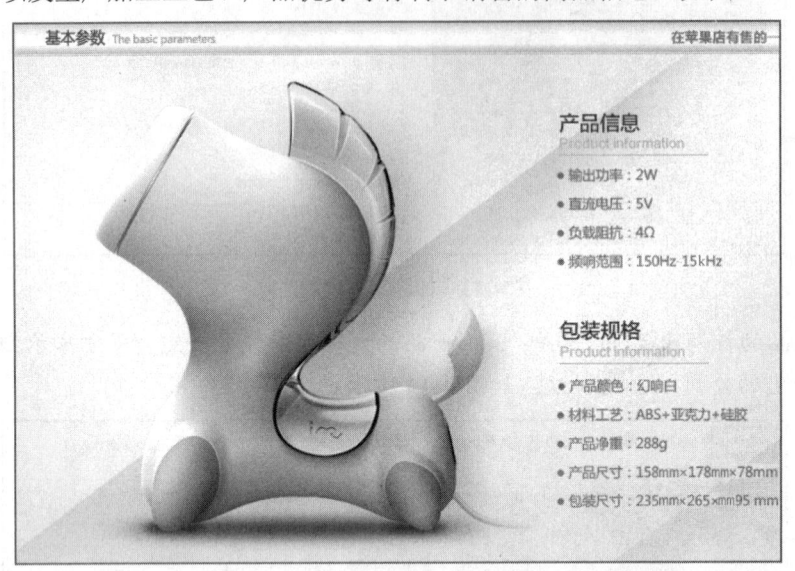

图 4-15　型号规格

除了用文字说明的方式以外，还可以用图文结合的方式来说明产品的功能介绍、技术和设计优势等，用图文结合的方式展现不仅清爽醒目，容易加深顾客的印象，而且页面更加美观和专业，如图 4-16 所示。

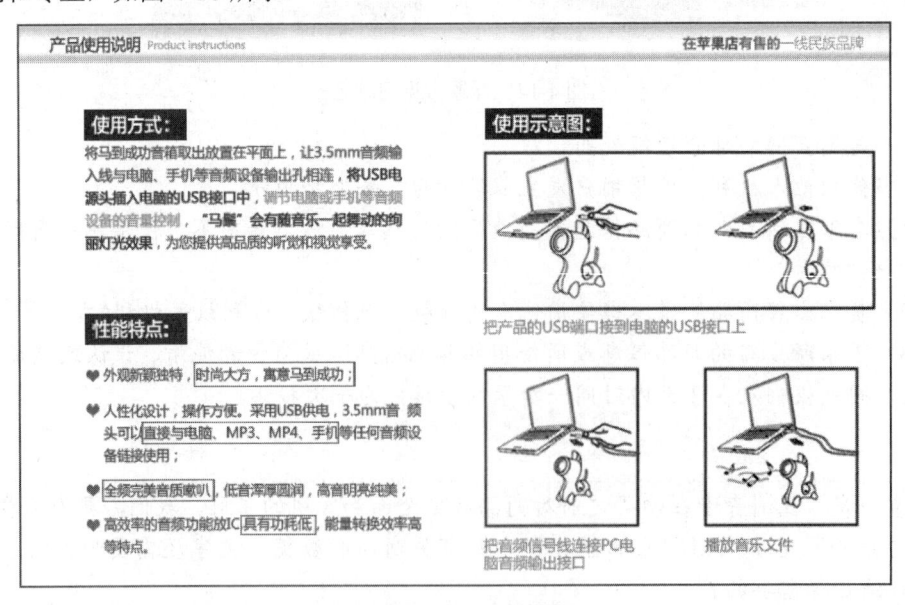

图 4-16　产品使用说明

2）使用方法

用文字说明的方式来介绍商品的使用方法，这样在页面显示的方式不仅可以直接让顾客在购买商品之前就先了解使用方法，还可以方便自己随时查阅，一旦有顾客询问使用方法的时候，可以直接复制、粘贴给顾客看，也等于让自己再熟悉一次。

【案例 4-2】

由于使用不当引来的中评

由于店主没有注明"懒人无线鼠标"的使用方法，商品里使用的大量图片都是在示意该鼠标的轻巧和方便，唯独没有介绍该鼠标并不能像图片一样悬空移动，因此导致顾客购买后产生不满，认为商品没有达到应有的效果。使用不当带来的中评如图4-17所示。

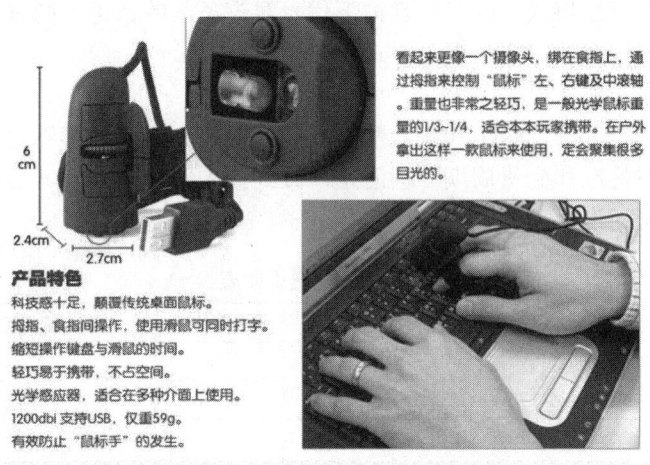

图 4-17　产品使用不当带来的中评

这说明顾客并非都和商家一样了解商品的使用方法和步骤，特别是市场上少见的新奇特产品，很可能因为错误的使用方法而导致商品没有产生应有的作用，引起顾客对商品质量的怀疑，甚至因为使用不当让商品变成了废品，埋下了交易纠纷的隐患。

【案例 4-3】

"懒人无线鼠标"使用说明

该鼠标的两个按键和滚轮设计在鼠标的左侧边，其实是一款右手鼠标，特殊的手指扣环设计，它可以被绑在食指上（照片上有一张是绑在中指上的，我觉得绑在中指上不方便），通过拇指来控制鼠标左、右键及中滚轴。使用时要稳住鼠标，发光面贴紧鼠标垫。如果要拖动屏幕的某项目，只要以拇指按住确认键，控制手指移动鼠标，即可完成拖动。而如果要快速卷页浏览，只要利用滚轮卷动就可以了。

※ 根据右手食指的大小调整弹性指环，但不要过紧，以免影响血液流通。
※ 将食指穿入弹性指环，直至食指可灵活移动滑鼠。
※ 食指尖大约与滑鼠光学感应端齐高，以拇指可控制左、右键和滚轮。
※ 将中指夹在滑鼠侧面的卡位元中间，以便更好地使用滑鼠。
※ 将滑鼠光学感应端紧贴桌面滑动、操作。

3）交易说明

交易说明可以用"买家必读"、"购物须知"等方式来体现，相当于交易双方的君子协议，今后在交易过程中一旦出现某种状况，双方有一个可以参考的依据，这也是独立于平台规则以外的一种双边协议，顾客一旦拍下代表对该条款的认可，同时，把合作条件放进交易说明里也是一种有效的纠纷规避方式。

4）配送说明

配送说明是关于邮寄的费用和物流配送周期的说明。因为顾客不是专业的卖家，可能对发往各地的运费标准和到货周期不甚清楚，做到预先告知既是商家的职责，也是优质服务的一种体现。配送说明表如表4-2所示。

表4-2 配送说明表

所到地区	首重收费（1kg）	超重续费（1kg）	经验到达时间
广东省内	8元	2元	隔天
上海、浙江、江苏、江西、安徽、福建、湖南、广西	10元	5元	2~3天
北京、天津、河北、河南、山东、山西、湖北、海南、云南、贵州、四川、重庆	12元	8元	3~4元
辽宁、吉林、黑龙江、陕西、甘肃、青海、宁夏	15元	10元	4~5天
内蒙古、新疆、西藏	18元	12元	5~8天
以上邮资仅适用于圆通快递和汇通快递，本店还可以发申通、宅急送、顺丰、EMS等，具体邮资请咨询客服，所有货物统一在每天下午4点发货，周六日不休息			

5）服务保障

服务保障包括质量承诺、售后维修、会员优惠等信息，这些信息既是给顾客安全感也是用返利的方式来增加店铺的黏性。

6）相关信息

相关信息里面的内容可以非常丰富，一切有利于销售的、有利于体现商家专业性的内容都可以放在商品描述的相关信息中。

提供自助购物指导、常见问答、保养知识、使用方法、联系方式等更为专业和周到的服务，展示以往顾客的评价，打消消费者的担心和疑虑等都是很好的促销手段。

以上介绍的都是商品描述里可以呈现的内容，我们一定要好好地利用这25000个字节的空间，让商品描述更加丰富、更加专业，充分地发挥营销的魅力和威力，让顾客进来以后流连忘返，不断挖掘他们的潜在需求，激发出他们的购买欲。

想一想 如何设计焦点图呢？根据自己商品的情况，思考商品的焦点图应该设计成怎样的。

3. 设计焦点图，引发兴趣

要想引发消费者的兴趣可以从这 6 个方面考虑：品牌介绍、焦点图、目标客户的场景设计、产品的总体图、拥有后的感觉、给购买者的购买理由。

一个焦点图首先必须有一个焦点，这个焦点就是这款商品的广告。焦点图最大的作用就是引发消费者的兴趣。如图 4-18 所示，以"会呼吸的冲锋衣"为例。这款衣服在实际穿着中不会喷气，用抽象的图形加一个文字，构成一个焦点图引发消费者的注意。

图 4-18　以"会呼吸的冲锋衣"引发兴趣

【案例 4-4】

小狗吸尘器内页焦点图

在焦点图中放置商品的图片要表达清楚这款商品的客户对象是谁，这个商品有哪几个关键核心的卖点，如小狗吸尘器的卖点是"肘式仿生，旋转地刷"。另外还要准确描述这款商品的名称，要在 30 秒之内告诉买家这是什么，给谁用的，价格是多少，快速吸引消费者的兴趣。小狗吸尘器如图 4-19 所示。

图 4-19　小狗吸尘器

4. 激发潜在的需求原则

在今天商品过剩的时代，消费者对很多商品是可买可不买的，这时就需要去激发消费者潜在的需求。需求原则如图 4-20 所示。

图 4-20　需求原则

消费者对一个商品有一定兴趣后，在逐渐地信任，然后从信任到信赖，这就属于营销过程。营销评价如图 4-21 所示。

图 4-21　营销评价

激发消费者的购买欲望，让消费者强烈地想"占有"这件商品。精美礼盒如图 4-22 所示。

图 4-22　精美礼盒

> **试一试**　分组讨论，如果你是店铺客服，你会写些什么？说明具体的内容及理由。

5. 内页写作的 15 个逻辑关系

15 个逻辑关系如图 4-23 所示。

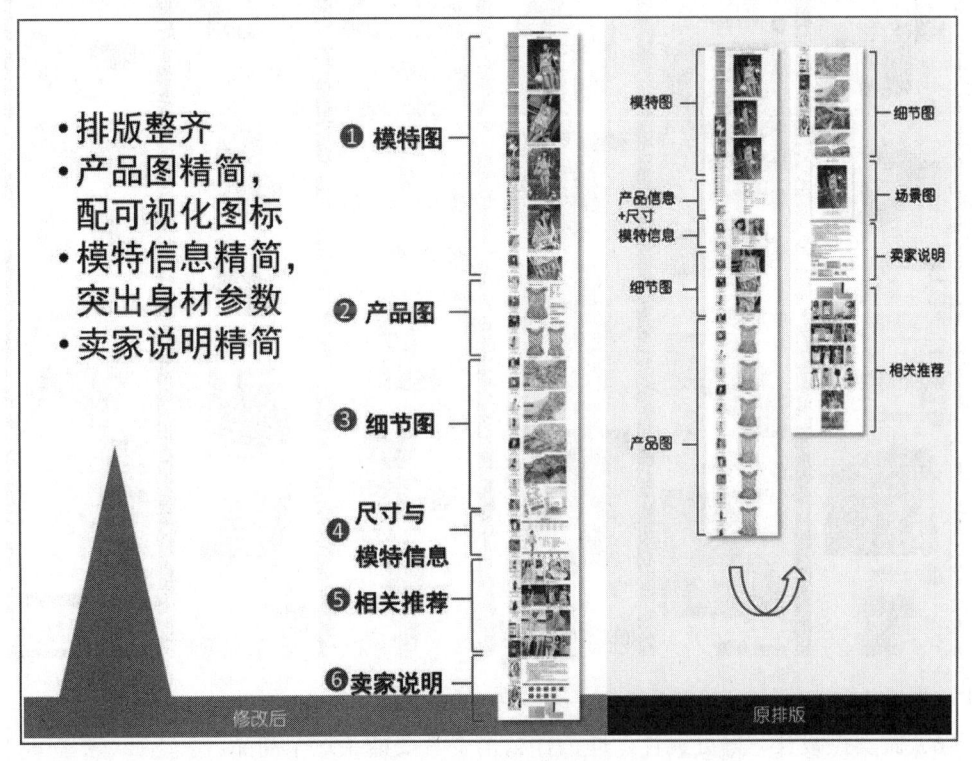

图 4-23　15 个逻辑关系

超市都有基本的行径路线，一个消费者看商品内页，就像来到了超市购物，店铺内页设计同样要遵从类似的逻辑线路。

内页设计的 15 个逻辑关系如下。

（1）品牌介绍：在内页的首屏，一般介绍这个店铺的品牌是什么。

（2）焦点图：当一个消费者点击你的商品进到店铺后，要让消费者快速地切换到焦点图，通过让消费者看焦点图，迅速吸引和抓住客户的眼球，明白这个商品是什么、商品的对象是谁。

（3）商品的目标客户：迅速告诉消费者这个商品的目标客户是谁，以及买这个商品的人是谁，如此商品适合送礼，它的目标客户有两个，一个是商品的使用者，一个是这款商品的购买者。例如，很多男装的购买者是他的女朋友或者是太太，所以要清楚地界定出你的客户对象。

（4）场景图：介绍这款商品用在什么场合、用在什么场景。

（5）从场景图逐渐过渡到商品的详细图，称为细节图。现在淘宝网店已经有很多追求细节的卖家，让客户了解商品有哪些细节，会使客户逐渐信任，图4-24就是一款鞋子的细节图。

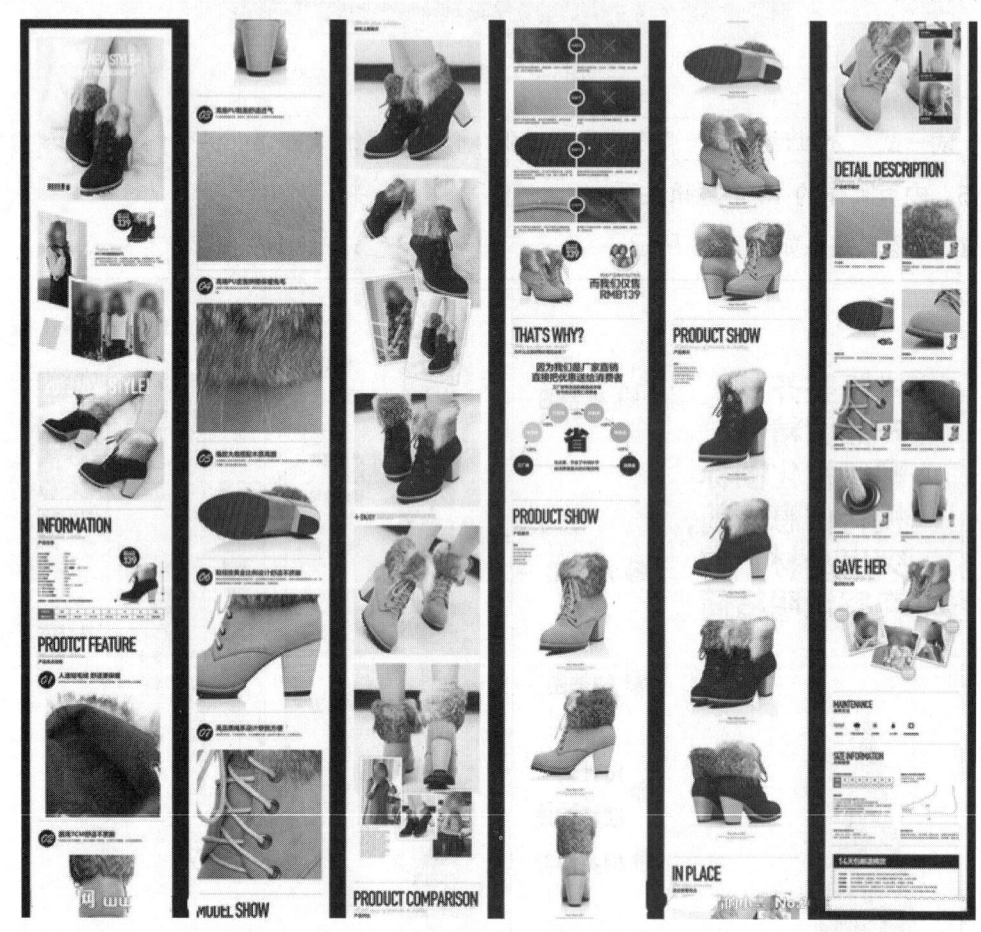

图4-24 细节图

（6）做卖点设计、好处设计，即为什么消费者要购买这个商品。

（7）做卖点设计、好处设计时，可以加上痛苦设计，即假设消费者不买这个商品会有什么痛苦。

（8）要考虑消费者为什么购买你店铺的商品，一定要做同类型商品的对比，如价格对比、价值对比、功能对比、第三方评价对比等。

（9）一定要增加第三方的评价，在淘宝内页设计中大量采用客户的评价作为一个重要的打分环节，在内页设计中也应该加上第三方评价，如买过这个商品的客户评价、权威机构对商品的评价、第三方服务机构对商品的评价等。

（10）一个商品内页必须要有几个关于用户非使用价值的文案设计，告诉消费者此商品还能给他带来什么非使用价值。

（11）在文案里必须有消费者购买这个商品后的感觉塑造，强化信任关系，给客户一个百分之百购买的理由。

（12）一定要给花钱买单的人若干个购买理由，是买给自己、朋友、父母，还是买给同事等。

（13）一定要发出购买号召，强调现在应立刻来店里购买。

（14）要有和购物相关的内容，如邮费、怎么发货、怎么退换货、有哪些售后服务等。

（15）要有与这款商品相关的关联销售推荐图。关联商品也要考虑次序问题，同类的商品优先推荐，不同类的商品放到第二位推荐，最后是套餐的推荐。

文案设计逻辑关系如表 4-3 所示。

表 4-3　文案设计逻辑关系

内页排版	排版作用	最终目的
当前店铺活动	第一屏展示店铺的核心内容	引发兴趣模块
产品焦点图	焦点图最大的作用是引发消费者的兴趣。首先必须要点，这个焦点就是这个商品的广告。 （广告语+客户对象+核心卖点+名称+价格）	
目标客户设计	买给谁用	
场景图	激发客户潜在需求	激发需求
产品大图，要图文结合	商品详情，逐步信任	信任到信赖
至少 6 张细节图		
包装图		
为什么要购买	好处设计	
	逃避痛苦点	
同类型商品对比	价格，价值	
客户评价，第三方评价	产生信任	
用户非使用价值文案和图片设计	非使用价值：品牌的附加值、文案中的身体和形象、匹配、感觉、面子	
拥有后的感觉塑造	强化信任，给客户一个百分之百购买的理由	从依赖到想拥有
给掏钱的人购买的理由	送恋人、父母、领导、朋友	
发出购买号召：套餐 A+B	为什么马上在我店铺购买	替客户做决定
购买须知	常见问题 FAQ	打消顾虑
快递费用及到达时间	到达时间	
工厂及团队文化	实力展示	
退换货流程	1. 七天无理由；2. 其他情况	
五分好评	让买家知道 5 分对我们的重要性	
如何找到我们	1. 搜索；2. 收藏（有礼）	

以上就是商品的文案设计逻辑，这里涉及了 15 个逻辑关系，这 15 个逻辑关系可以根据不同店铺的情况做次序上的调换和优化。

拓展学习

小组合作开展训练，针对淘宝网新的规定，选择本店的一款女装，进行内页软文写作，根据 15 个逻辑关系设计它的内页内容，填在表 4-4 中。

表 4-4　内页软文设计环节

内页软文设计（逻辑环节优化与调整）			
序号	内页内容	是否需要	配图几张	软文要点
1	品牌介绍			
2	焦点图			
3	商品的目标客户			
4	场景图			
5	细节图			
6	卖点设计			
7	痛苦设计			
8	对比设计			
9	第三方的评价			
10	非使用价值的文案设计			
11	感觉塑造			
12	若干个购买理由			
13	购买号召			
14	和购物相关的内容			
15	关联销售推荐图			

活动 4.1.3　技能训练：女装的软文写作

小组合作开展训练，针对淘宝网新的规定，选择本店的一款女装，进行内页软文写作，具体要求如下。

（1）给商品写标题（符合消费者的消费体验，符合淘宝规则，有利于商品的自然搜索）。

（2）列出商品的属性（包括品牌、型号规格、特性等信息，并配商品图片）。

（3）写出商品的描述（包括商品详情描述，使用说明，储存、保养等方法及注意事项，交易说明，邮费说明，签收提醒，售后服务等内容和信息）。

（4）小组成员收集文案，共同讨论、修改，整合成一个完整的内页软文。

教师点评

项目 4　　　售前客服技巧

任务 4.2　掌握商品上架的控制流程

📝 问题引入

淘宝商品的下架时间及排名规则，你了解多少呢？一般来说，越接近下架时间的商品排名就越靠前，剩下的商品会在"下架时间"的影响下轮番排序。因此，下架时间一直是影响排名的重要因素。

你知道么？

淘宝自然搜索想要得到排名，就要优化很多东西。由于淘宝上所有的商品都是一个为期 7 天的周期，因此下架时间与上架时间就是完全相同的。只要利用好下架时间对搜索排名的影响，巧妙地安排商品的上架时间就能达到很好的效果。

活动 4.2.1　了解商品下架时间与排名的影响

🔍 做中学

● 小组合作，在百度或搜狗等搜索引擎使用"淘宝商品上架"、"淘宝商品下架"、"淘宝商品排名"等关键词搜索，进行资料查找，注意搜索百度百科，把不同的搜索结果填入表 4-5 中。

表 4-5　搜索结果比较

定义来源	定义	你的理解
淘宝商品上架		
淘宝商品下架		
淘宝商品排名		

● 讨论：除了采用搜索引擎收集他人定义外，结合辅助教材必备知识，你认为商品下架与商品排名的相互影响还有哪些？

必备知识

1. 下架对排名的影响

淘宝宝贝上下架排名是淘宝综合排名中一项至关重要的影响因素。影响商品排名的关键因素有两个，分别是"剩余时间"和"是否推荐商品"。其中的剩余时间＝宝贝有效期－（当前时间－发布时间）。淘宝会根据商品上架时间来排序，也就是说剩余时间越短，商品就越靠前，因此，商品剩余时间越少，商品就越容易让买家看到。

【案例 4-5】

请看图 4-25 和图 4-26 所示的商品，分析它们的下架时间和排名，以及下架时间与排名的关系。

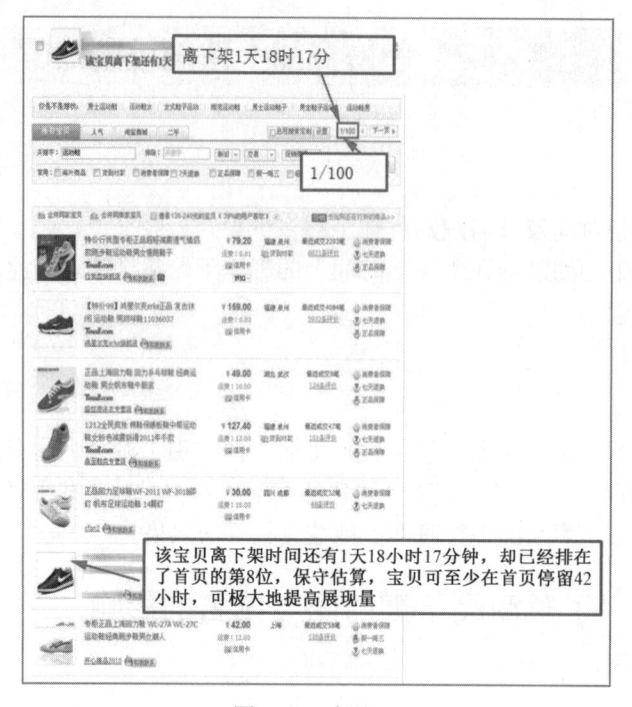

图 4-25 商品一

另一个商品因为距离下架时间短，很多人就因此断定即将下架肯定排名会靠前，如图 4-26 所示。

图 4-26 商品二

案例分析：

我们发现：上下架时间的作业不容小视，目前排名的第一要素取决于人气值，人气值越高的商品，纵使距离下架时间很长还是可以排到很靠前的名次。以第一个商品为例，即使距离其下架还有 1 天多，就已经出现在了首页，这种展现与曝光率依靠的是人气值。而第二个商品虽然只剩 2 分钟就下架，但是因为没有第一个商品那么高的人气值，即使很快下架，排名效果也不尽人意。

商品排名的地位是由人气值所决定的，在同一时间，同个搜索引擎的刷新周期，有着接近的人气值，下架时间的长短决定了排名的前后，时间越短，排名越前。但是随着搜索引擎的连续刷新和盘算，下架时间和人气值的重新对照后，排名前后会发生改变。因此，上下架时间跟人气值是相互依存的统一整体。

案例思考：

商品的人气值和下架时间直接决定了搜索排名的地位，但是这两个因素之间又是怎样互相影响的呢？在实践中，这两者之间的关系，我们又需要怎么去权衡呢？有个商品距离下架还有 1 天多，很多人觉得它的排名应该很靠后，因为感觉它距离下架还有很长时间，但事实又是怎样呢？

2. 商品上下架的注意事项

（1）选择更短的上架时间，也就是 7 天。

宝贝上架都是按天数来计算的（分为 7 天和 14 天两个选择），因此，宝贝下架的最佳时间也就是宝贝上架的最佳时间。理论上来说，宝贝下架之前的数小时内，如果宝贝能够获得很好的关键字搜索排名，同时在这段时间内，浏览宝贝的买家数量最多，则这段时间就是宝贝下架的最佳时间。

（2）宝贝上架挑选用户网购高峰期。

一般情况下，9:00～11:00、下午 15:00～17:00、晚上 20:00～22:00，是网民在线购物比较集中的时间段。这时安排商品上架，是个不错的建议，可是这只是大众网民的基本情况，不一定适合所有的商品。

读一读

谈谈流量大的时间段

1. 每天的黄金时间段

11:00～13:00：11:00 以后上班族进入饥饿状态，上午的工作也做得差不多了，他们也许会选择浏览商品。

12:30 以后上班族处于吃饱的状态，不会立刻投入工作，很多公司这段时间算作休息，所以上网最合适了。

11:30～13:00：对于学生来说是休息时间。

16:30～18:00：对于上班族来讲，要下班之前工作都完成了；对学生来说，一天的课结束了，可以轻松一下。

21:00～23:00：学生已经都结束晚自习，回到宿舍，大家聚到一起上网购物，这种

> 概率最大，很多上班族也是在这个时间上网。
> 　　一天当中什么时段的店铺流量是最高的呢？按照常规统计，流量集中在 11:00～17:00 和 19:00～0:00，累积总访问量最高的两个时点一般是 14:00 和 22:00。
> **2. 每周的黄金时间段**
> 淘宝、易趣每周四、周五的浏览量和成交量都是最大的。
> **3. 每月的黄金时间段**
> 每月月初、10 号、20 号刚过，商品的浏览量会提高，所以这时结束商品时间最好。
> **4. 节假日的黄金时间段**
> 例如，五一、国庆虽然放长假，但是成交量并不理想，一般节假日最后 2 天的成交量比较理想，因为大多数人都旅游回来了。
> **5. 每年成交量最低的时段**
> 每年成交量最低的时候应该是 3 月。

（3）尽量避开人气较高的商品。

对于新品，在刚刚开始上架时，在人气方面跟那些已经卖得很好的宝贝相比存在着先天的劣势（如没有收藏、没有销量、没有评价等），也是淘宝的搜索排序中要把下架时间因素当成一个排序因素的重要原因。所以无论是基于商品情况，还是网民的从众心理来说，新品的发布都应尽量避开人气高的商品。与此同时，淘宝的搜索引擎也会给新上架的商品比较大的搜索权重。

例如，凌晨 0:00 左右安排上下架是一个非常好的时间段。在这个基础上，尽可能地避开高人气的宝贝，考虑成交量、上网时间等因素。

（4）同类商品要分开上架。

用淘宝数据包上架产品估计很方便，但是对于搜索来说大大不利。例如，上架鄂尔多斯羊绒衫，如果几分钟内用淘宝助理一次性全上架了，那以后每周只有一天的几分钟内你的产品排在前面。为此，我们可以把鄂尔多斯羊绒分成 14 份（7 天的两个黄金时间段），在每天的两个黄金时间段隔几分钟上传一个，用 7 天时间全部上架完毕。以后每天就会有鄂尔多斯羊绒的产品在黄金时间段排在搜索结果的前列。

（5）合理运用橱窗推荐用于下架商品。

相信大家都会有这样的体会：宝贝太多了，但是橱窗位只有几个，怎么办才好？最好的办法就是把所有的橱窗推荐位都用在即将下架的宝贝上。如果安排合理，你的推荐位就会发挥巨大的威力。

（6）橱窗推荐销量最好的。

如果快要下架的宝贝数量很多，橱窗推荐位不够，可以选择自己销售量大的产品、畅销的产品，因为淘宝搜索排名规则中有很重要的一个因素销售量，如果你推荐的销售量很大，也会优先排在前面。

（7）淘宝关于跟下架时间有关的两个违规行为的规定：①禁止重复开店——在时间排名机制下，宝贝越多越占优势；②禁止重复铺货——这是扰乱市场的表现，不能给买家更好的用户体验（搜索出来的都是同样的产品）。

项目 4

售前客服技巧

拓展学习

- 小组合作学习,掌握商品上架的最佳时间段的方法。
- 进入"已出售的商品",选择商品不同类型,每类 3 件商品,讨论商品的种类及最佳的上架时间,记录下来,填写在表 4-6 中。

表 4-6　商品上架的最佳时间段

商品名	种类	理论最佳上架时间	理论下架时间	拟定上架时间	拟定下架时间

活动 4.2.2　熟悉不同类别商品选购的时间

做中学

- 针对自己店铺的实际商品讨论消费群体有哪些,消费群体的购物时段是哪些,小组进行交流,以完整信息进行课内展示。
- 结合教材中的必备知识,结合自己店铺的实际商品列出一份"店铺消费群体消费高峰时段表",显示商品名称、商品类目、商品消费群体、消费高峰时段、原因。要求行文排版合理,文字简洁。

问题引入

现今手机购物渐已形成网购大众们的新宠,在消费高峰时出现"多频次"的特点。而最新消息,近日淘宝公布了一组"24 小时淘客访问数据",该数据显示,睡前网购已是一种新的购物模式,特别是在母婴用品方面,妈妈群体从凌晨四五点就已经开始用手机浏览婴幼儿用品了。

商品的购物最佳时间在发生变化,商品购买的黄金时段都一样吗?它们又有怎样的特点?

107

你知道么？

手机购物推动睡前消费

淘宝数据也显示了越夜越逛街的新趋势，从移动端的整体数据分析，在 21:00～22:00 都是淘客消费的高峰期，24 小时数据显示，人们用手机消费的热度会比用计算机持续得更晚一些，甚至持续到凌晨 1:00，也就是一种"睡前消费"的有趣现象。

必备知识

1．女装类消费时段

根据淘宝公布的统计分析：10:00，女装的销售就会出现第一轮高峰期，而这种情况在周二、周三更为明显，一位服装店主介绍说，这主要是因为这个时候下单能够本周到货，周末出行时就可以穿上。

14:00 和 20:00，女装购物高峰都会再次出现，并且一直持续到 22:00，临睡前，淘客们也形成了用手机逛淘宝的习惯。

2．化妆品类消费时段

在美妆方面，每天的消费高峰也有两次，分别是 21:00～23:00，以及 14:00～16:00。有意思的是，购买化妆品的男女比例现在是 3:1，也就是说，有 25%的化妆品购买者为男性。

3．母婴用品消费时段

和"女人管家"的观念完全一致，妈妈群体也是淘宝购物的主力军。

到了 11:00，妈妈们在工作之余，开始逛童装和尿不湿，以及孕产妇用品。这同时也是买菜、买水果的黄金时间，主妇们开始选购鸡鸭鱼肉、青菜萝卜……数据显示，30～35 岁的女性正是采购生鲜的主力群体。

16:00，出现奶粉选购高峰；21:00，妈妈们开始选购玩具。淘宝母婴行业的数据显示，购买母婴用品的男女比例为 3:7，看来，除了妈妈关注孩子成长，爸爸们也在迎头赶上。

值得注意的是，随着手机购物已经成为人们的新模式，消费高峰出现了"多频次"的特点。特别在母婴用品方面，妈妈们从凌晨四五点就开始了淘宝之旅，"在母婴用品方面，会出现凌晨购物的现象，很可能是因为看护孩子的妈妈们在半夜醒来后一时无法入睡，边购物边继续关心着孩子。"淘宝销售小二分析说。

4．家居家装类的消费时段

21:00～22:00 也是人们选择家居用品的高峰时段，从数据分析，关注家居类用品为女性占多；而家装材料方面，则是男性关注为主。

5．中老年人的淘宝消费时段

此前两年的支付宝对账单中都揭示了中老年人在网购方面的消费实力，而最新的淘宝行为数据则表明，他们常常在下午的时候开始购买收藏品。

以紫砂壶为例，购买紫砂壶的用户，年龄主要集中在 40～49 岁，购买时间也多集中在下午 14:00～15:00，他们在晚上 20:00～21:00 还会再一次出现淘收藏的高峰。

6．"90 后"淘客的淘宝时段

而"90"后的活动时间则明显是夜晚，20:00 淘宝动漫频道就会越发热闹，在周末更是如此。数据显示,关注动漫的主要以学生、年轻白领为主,18~24 岁的人群是最主要的群体,其中,对手办玩具感兴趣的男生更多,女生则很关心衣服。

7. 家政服务高峰时段

一般从周四晚上开始,在淘宝上寻找家政服务的人群就明显增加,这样看来,人们周末需要打扫房间,周四就开始预订了。

数据显示,人们更喜欢在 22:00~23:00 寻找家政服务,其次是 13:00~15:00,而这股消费潮会从周四一直持续到周六。

在 2014 年 3 月 25 日,淘宝还正式推出了家政服务平台——生活家。首批开通北京、上海、广州、深圳、杭州等 15 个城市,有 7 万名家政阿姨实名认证入驻。打开手机淘宝,只需 30 秒,就能找到经过正规培训的阿姨,还提供担保支付。

活动 4.2.3　技能训练:合理设置女装的下架时间

为了解淘宝网女装买家的购买行为,学生小组结合现有研究资料,通过网络调研问卷形式获取女装买家、女装卖家的需求,总结并归纳了淘宝网消费人群背景、淘宝网买家的行为习惯及后续的发展趋势。

1. 买家分析

在教师的指导下,通过开展调查、查阅资料,从买家购买产品价格区间、各类目买家最关注的产品特征、影响购买的因素等方面进行自我分析,将结果填写在表 4-7 中。

表 4-7　买家分析表

一级类目	二级类目	热门的月份/周数	热门的时间段
女装/女士精品	T 恤		
	连衣裙		
	羊毛针织衫		
	衬衫		
	小背心/吊带		
	牛仔裤		
	休闲裤		
	短裤/热裤		
	半身裙		
	短外套		
	雪纺衫		
	打底裤		
	九分裤/七分裤		
	毛衣		
	卫衣		
	风衣		
	中老年女装		
	大码女装		
	西装		
	……		

2. 店铺营销策略分析

认知女装店铺商品的特点,根据具体商品的实际情况,权衡上下架与商品排名的关系,制定女装商品的下架时间,填写在表 4-8 中。

表 4-8　商品上下架分析表

一级类目	二级类目	最佳时间段	上架时间	下架时间
女装/女士精品	T 恤			
	连衣裙			
	羊毛针织衫			
	衬衫			
	小背心/吊带			
	牛仔裤			
	休闲裤			
	短裤/热裤			
	半身裙			
	短外套			
	雪纺衫			
	打底裤			
	九分裤/七分裤			
	毛衣			
	卫衣			
	风衣			
	中老年女装			
	大码女装			
	西装			
	……			

3. 制定规划

汇总上述内容,配合女装下架时间,制定店铺推广活动策划方案,并以简报或展板的形式在班级展示交流。

> **教师点评**

任务 4.3　学会商品关键词的遴选

问题引入

淘宝网交易量的 70%以上是根据淘宝关键词搜索而达成的,如买家此时需要购买一个

项目 4 ———————————————————————————————— 售前客服技巧

电风扇,他很可能会在淘宝搜索栏中搜索"电风扇"、"台扇"、"风扇"、"电扇"等词语,而卖家出售的产品宝贝名称中含有上述词汇的,则买家通过搜索后可以看到此卖家出售的产品。那么,张明作为客服,该怎样设置商品关键词,才能提高商品的搜索率,更有效地提高店铺转化率呢?

你知道么?

例如,我们站在买家的角度来讲,想购买一个电子烟,那么我肯定要在搜索栏中输入"电子烟",此时所有卖家出售的宝贝标题带有"电子烟"的产品全部都展示出来了,我们可以很轻松地找到我们需要购买的产品。而当我们搜索输入"烟"的时候,则出来的就不仅仅是电子烟了,因为"烟"字包含烟袋、烟斗、红塔山烟、烟灰缸等,当然也包含电子烟,此时只要带有"烟"字的,都会显示出来。通过上面的举例,相信你了解了什么是淘宝关键词,结合自己的产品,编辑一个符合自己产品并且适宜淘宝 SEO 的宝贝标题吧!

活动 4.3.1　了解商品关键词的作用

做中学

● 小组合作,在"出售中的宝贝"中选择一个发布的商品,在此基础上修改商品名称。在淘宝首页的搜索栏中输入刚才修改的商品名称,搜索结果中有多少个符合搜索条件的宝贝?店中的那件商品在其中吗?

"出售中的宝贝"的商品名称:
_____
_____。

搜索结果中符合搜索条件的宝贝有多少个?_____。

店中那件商品在其中吗?_____。

● 讨论:怎样设置商品名称,才能使宝贝的搜索排名尽量靠前?

必备知识

1. 商品关键词的概念

商品关键词是买家根据自己所需物质所搜索的产品名称,这个产品名称可能是一个单字,也可能是一个词汇,更有可能是一个短语,如锅、电饭锅、海尔电饭锅,是 3 个不同的关键词。

2. 商品关键词的作用

1)淘宝网内搜索关键词的作用

根据买家搜索的需求,淘宝网卖家出售中的宝贝名称结合,成为淘宝关键词搜索结果,买家找到自己所需物质的卖家产品途径。例如,大码女裤的搜索结果如图 4-27 所示。

2)店内搜索关键词

提供访客在店内查找宝贝时所使用的全部关键词的统计信息,如搜索次数、跳失率等,买家可以自由选择时间段,系统会自动根据买家选择的时段,显示店内搜索排名前 10 位的

111

关键词及每个关键词所占的搜索比例。关键词统计信息如图 4-28 所示。

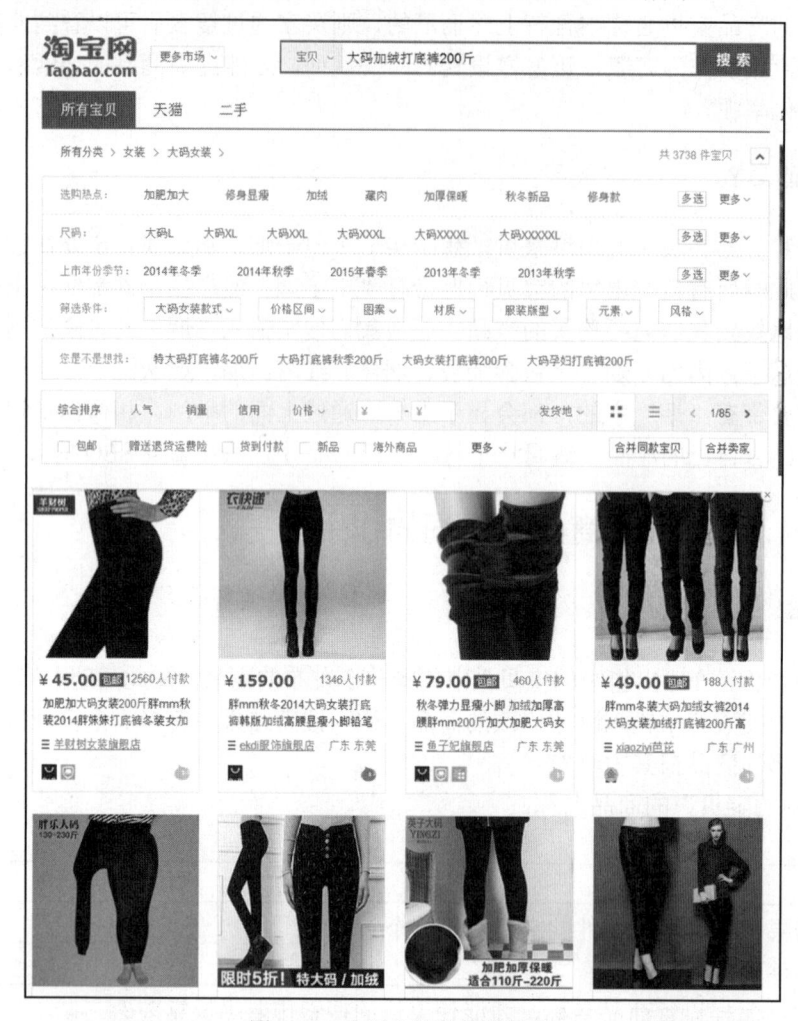

图 4-27 大码女裤的搜索结果

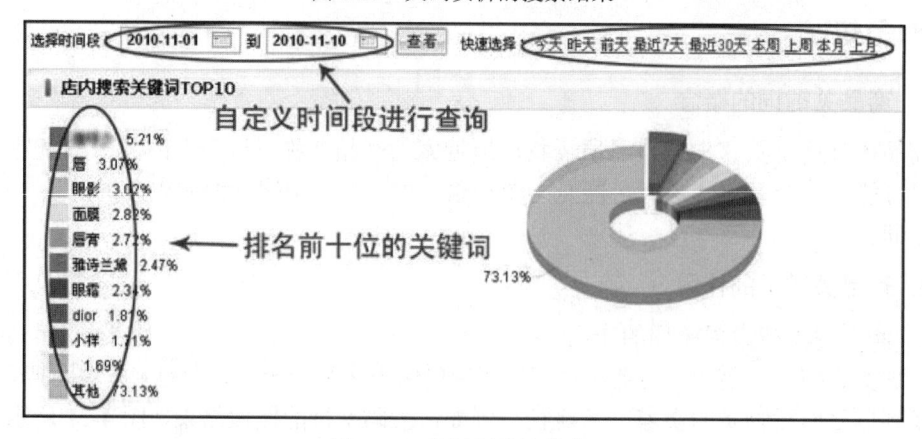

图 4-28 关键词统计信息

另外，可以用"趋势查看"功能查看随着时间的变化，每个关键词的到达页浏览量、搜索次数及跳失率的变化趋势，为买家及时优化宝贝的名称以便为能够被高效地搜索到提供参考。趋势查看如图 4-29 所示。

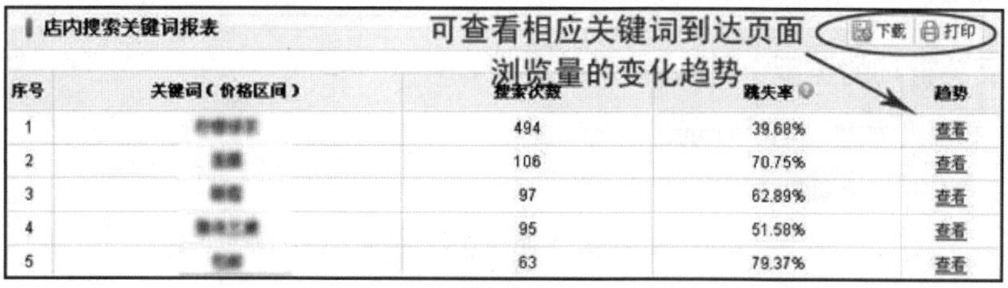

图 4-29　趋势查看

由此可以看出，店内搜索关键词报表和淘宝关键词是不同的，店内搜索关键词更偏重客户已经到达店铺后想要获得该店铺的哪些宝贝。可以利用店内搜索关键词来分析客户心理，对店铺首页等页面进行设计优化，让客户更方便查询他们关注的宝贝信息。

拓展学习

- 登录百度，搜索"淘宝商品关键词的搜寻"词条，整理分析搜索结果。
- 小组合作，在"出售中的宝贝"中选择一个发布的商品，参照淘宝搜索排名前列的其他同类商品，思考它们的商品名称中关键词的设置有哪些特点。

_____
_____。

在此基础上修改自己的商品名称：
_____
_____。

活动 4.3.2　熟悉商品关键词的搜寻

做中学

结合自己店铺的商品实际状况，利用搜索引擎（如百度、搜狗等）查找相应商品属性及商品特点，结合店铺近期的营销活动，了解商品关键词和相关商品关键词知识，小组同学之间进行相互交流，完善商品知识的准备。

商品属性：_____
_____。

商品所在类目：_____
_____。

主要材料特点：_____
_____。

营销推广活动：_____
_____。

符合店铺商品信息的关键词：_____
_____。

必备知识

1. 商品关键词的类型

关键词的类型如图 4-30 所示。

- 属性关键词
  └─ 指介绍商品的类别、规格、功用等介绍商品基本情况的字或者词
- 促销关键词
  └─ 指关于清仓、折扣、甩卖、赠礼等信息的字或者词
- 品牌关键词
  └─ 包括商品本身的品牌和我们店铺的品牌两种
- 评价关键词
  └─ 主要作用是对人产生一种心理暗示，一般都是正面的、褒义的形容词

图 4-30　关键词的类型

1）属性关键词

属性关键词是指商品的名称或俗称，商品的类别、规格、功用等介绍商品基本情况的字或者词。由于消费者的语言表达和搜索习惯不同，可能会使用不同的属性关键词搜索，因此，在商品有多种习惯称呼的情况下，可以多设几个属性关键词，符合更多人的搜索需求。例如，马铃薯、土豆、洋芋、potato 指的都是一种物体，我们就可以选择其中最常用的一两个习惯称呼作为商品的属性关键词。属性关键词如图 4-31 所示。

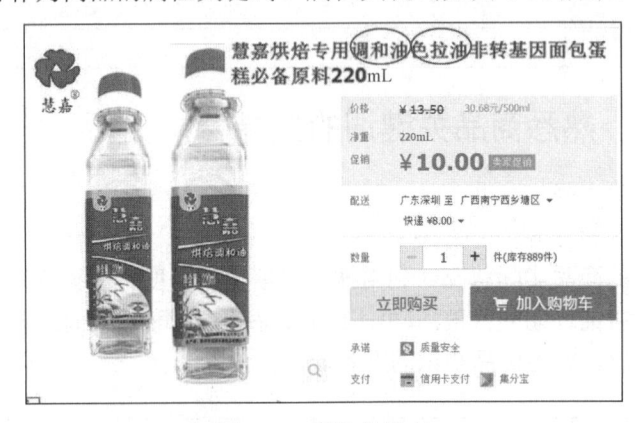

图 4-31　属性关键字

2）促销关键词

促销关键词是指关于清仓、折扣、甩卖、赠礼等信息的字或者词，这类词往往是最容易吸引和打动消费者的信息，网络零售和传统零售只是表现形式不同，但其商业的本质是共通的。传统零售商场经常用各种打折促销信息来吸引和刺激消费者，网络零售同样可以采用这种方式来招徕顾客，因此，经常推出各种促销活动，并将"特价"、"清仓"、"×折"、"大降价"等关键词体现在商品名称中，可以有效地吸引到更多人的关注，提高商品和店铺的浏览量。促销关键词如图 4-32 所示。

图 4-32　促销关键词

3）品牌关键词

品牌关键词包括商品本身的品牌和我们店铺的品牌两种，如韩依依、兰蔻、金斯顿等属于商品本身的品牌关键词，秀石头、西藏传说、凤雅琴坊等就属于店铺的品牌关键词。增加商品品牌关键词可以给消费者提供更精确的搜索信息，增加店铺品牌关键词可以在店主 ID 之外多提供一个具体的、可记忆的、便于查找和有利于口头宣传的店铺形象，对于提高店铺知名度和打造品牌都有很现实的意义和显著的效果。品牌关键词如图 4-33 所示。

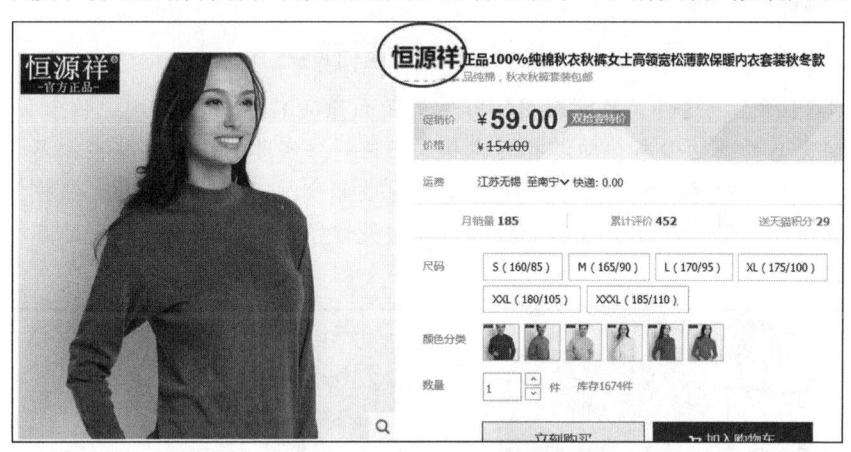

图 4-33　品牌关键词

4）评价关键词

评价关键词的主要作用是对看的人产生一种心理暗示，一般都是正面的、褒义的形容词，如×钻信用、皇冠信誉、百分百好评、市场热销等，这类关键词其实也是一种口碑关键词，增加这类关键词不仅能够满足消费者寻找可靠的产品质量、可信的商家的需求，同时还更容易获得消费者的好感和认同，打消他们的顾虑，不知不觉中让消费者做出成交的决定。评价关键词如图 4-34 所示。

2. 关键词的组合

根据上面关键词的 4 种分类，在商品发布时，商品名称可以由两种以上的关键词来进行组合：促销关键词＋属性关键词；品牌关键词＋属性关键词；评价关键词＋属性关键词。

图 4-34　评价关键词

从上面这 3 种组合方式我们又可以得到更多种组合方式，如促销关键词＋品牌关键词＋属性关键词，品牌关键词＋评价关键词＋属性关键词，评价关键词＋促销关键词＋属性关键词……

尝试的组合可以多种多样，但是，不管这些组合怎样变化，永远不变的是任何时候都不能丢了属性关键词，否则就会本末倒置，效果适得其反。

【案例 4-6】

这样的标题能行吗

如图 4-35 所示，这件商品就采用了非常失败的商品名称，"便宜吧，快来买！"只表达了商家盼望交易的急切心态，却没有具体指向任何一件实际的物品，其实，不管商品名称如何设置，属性关键字一定是其中一个重要的组成部分，因为这是消费者在搜索时首先会使用到的关键字类型，在这个基础上增加其他的关键字，可以使我们的商品在搜索时得到更多的入选机会。

图 4-35　商品标题

我们姑且把"快来买"归到促销关键字里面，那么，下面我们来试试看在加入相应的关键字以后商品名称会有什么变化，是不是更容易被搜索到，或者是更容易打动消费者。

加入属性关键字：商品名称为"全棉磨毛四件套纯棉活性印花 4 件套　快来买"。

项目 4　　售前客服技巧

再加入促销关键字：商品名称为"七折包邮 全棉磨毛四件套纯棉活性印花4件套 快来买"。

再加入品牌关键字：商品名称为"暖羊羊家纺 全棉磨毛四件套纯棉活性印花4件套 快来买 七折包邮"。

再加入评价关键字：商品名称为"三钻包邮 暖羊羊家纺全棉磨毛四件套纯棉活性印花4件套 快来买 七折"。

如果我们根据前面4种关键字来进行修改和重组，如图4-36所示，这件商品的名称被搜索到的概率就会增大很多，消费者的印象和好感度也会相应地加深。

图 4-36　修改后的商品标题

案例思考：

选择什么关键字来组合最好，要依据分析市场、分析商品、分析目标消费群体的搜索习惯来最终确定，找到最合适的一种组合方式。那么，哪些是使用频率高的关键词呢？从哪里可以找到热门的关键字呢？

读一读

1. 热门关键字：从商品类目中找

淘宝网会定期筛选出一些近期消费者关注和常用的关键字来作为热门关键字推荐，在商品属性类目里用醒目的颜色标识出来，以吸引消费者的关注，帮助他们更快地找到需要的商品信息。

从淘宝网首页的一个商品分类进去，就能看到这个分类下面更详细的商品属性类别，如图4-37是从"服装"分类里进入到女装子分类里面所看到的关键字提示，这些用彩色字体表现出来的即是近期顾客使用频率较高的关键字，因此叫热门关键字，只要单击这些关键字，就能看到淘宝网包含这个关键字的所有商品。

热门关键字不仅是一个消费者搜索的捷径，也是商家提高流量的快车道，因此，如果店内的商品与这些热门关键字有关，可以随时关注并及时修改商品名称，增加相应的热门关键字，为商品争取到更多的露面机会。

不夸张地说，30个字决定浏览量，是否使用了关键字，或者很好地利用了关键字，

117

与商品的曝光度和店铺的销售机会息息相关，善用关键字是提高浏览量的不二法门。

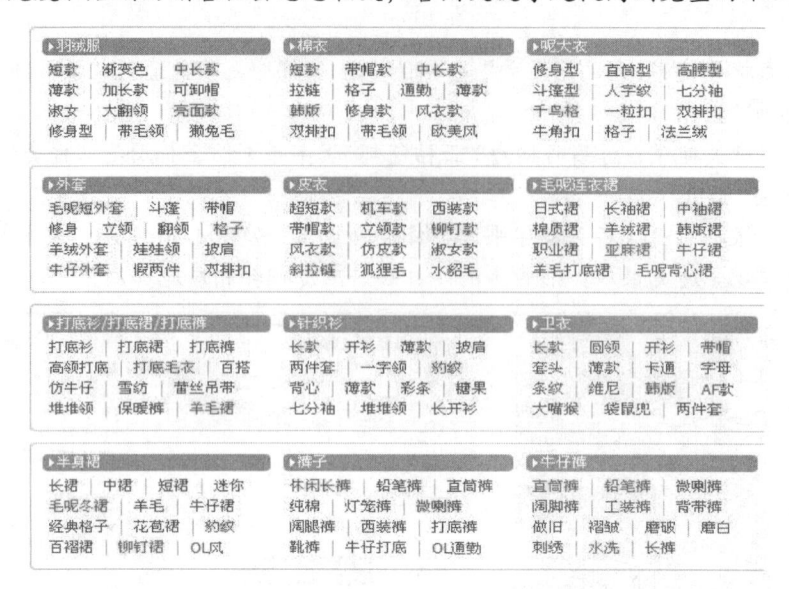

图 4-37　商品类目

2. 热门关键字：从页面活动中找

一件普通商品之所以会热卖，与它的曝光度是息息相关的，从图 4-38 所示的页面活动中，我们可以看到淘宝的热卖单品里也在大量地使用这四类关键字，如五钻、狂销500双、皇冠热卖、包快递、好评如潮、热款卫衣、疯狂热卖千件、特价、专利、显瘦、买一送三、15 天不满意包退等。

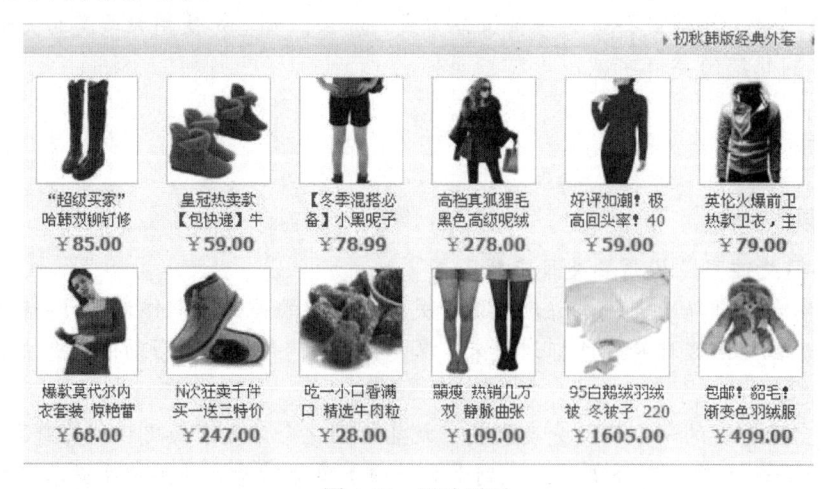

图 4-38　活动页面

3. 使用关键字的相关规定

（1）不得在标题中加入其他无关本商品的名字和功效。

（2）不得乱用淘宝网热推关键字，并且与本商品无关。

（3）不得使用非该商品制造或生产公司使用的特定品牌名称。

（4）不得出现与其他商品和品牌相比较，甚至贬低的情况。
（5）不得在标题中使用"最高"、"最好"等最高级陈述。
（6）不允许任何商品在标题中添加对赠品、奖品的描述。
（7）不能以任何理由在同一件商品中使用多种属性关键词。
（8）不得在标题中添加未获得的授权，以及未加入的服务。

你知道么？

"乱用关键字"是如何定义的？

卖家为使发布的商品引人注目，或使买家能更多地搜索到所发布的商品，而在商品名称中滥用品牌名称或与本商品无关的字眼，扰乱淘宝网正常运营秩序的行为，淘宝网判定其相关商品为乱用关键词商品。请自查是否存在如下问题。

（1）卖家在所出售的商品标题中使用并非用于介绍本商品的字眼（包含但不仅限于如下情况：标题为"MISSHA 杏子去角质面膜 瘦身健美用品热销中"等）。

（2）卖家故意在所出售的商品标题中使用淘宝网正在热推的关键词，并且该关键词和内容商品无直接关联。

（3）卖家在所出售的商品标题中使用非该商品制造或生产公司使用的特定品牌名称（包含但不仅限于如下情况："橡果同厂出品×第二代×浙江-双超×豪华液压摇摆踏步机"，实际商品品牌为"双超"，不可在标题中使用其他品牌）。

（4）卖家在所出售的商品标题中出现与其他商品和品牌相比较的情况（包含但不仅限于如下情况："可媲美 LV 的真皮手袋"等）。

（5）在标题中使用"最大"、"最高"、"最好"等最高级陈述（包含但不仅限于如下情况："【淘宝最低价】包身蓬蓬裙"等）。

（6）不允许任何商品在标题中添加对赠品、奖品的描述，否则属于乱用关键词。卖家可以将相关促销内容添加到宝贝描述中。参加淘宝活动有另行规定的除外。

（7）运动类目商品管理规则补充：不能以任何理由在同一件商品中使用多种属性关键词，以干扰搜索，除网站整体规则以外，下列情况也是被禁止的：组合式发布商品也不允许使用多种属性关键词（如品牌、系列、类别等），卖家可以在宝贝描述中进行说明。

（8）如未取得专卖资格或者特约经销商资格，不得在商品信息中声称其为"淘宝专卖"及"特约经销商"等暗示其与商标权人或者生产厂家之间存在授权或者合同关系的字眼。

（9）网络游戏虚拟商品交易区商品管理规则补充：QQ 专区下，商品标题中不得出现其他类目的字眼，否则属于乱用关键词。例如，在 QQ 秀红钻下面，只能出现标题中带有红钻的商品，不能出现如红、黄、蓝钻 2 元/月这样标题的商品。

（10）如果用户或店铺不具有相关资质或未参加淘宝相关活动，淘宝网不允许用户在商品标题中使用与特定资质或活动相关的词汇，如台湾馆、香港街、淘宝商城、消费者保障计划、先行赔付等。

拓展学习

1. 实际要求和目的

（1）编写有助于销售的商品名称，并能灵活运用各种类型的关键词来进行组合。

（2）商品名称要求至少包含两种类型的关键词，其中起码有一个热门关键词，重要信息必须放在醒目的位置。

2. 实训操作步骤

（1）在"已发布的商品"中选择一个商品，修改它的名称。先写出商品属性关键词，如运动鞋、大衣、太阳镜等。

_____

（2）根据需要在此基础上添加品牌关键词、促销关键词、评价关键词等。

加入属性关键字：_____。

加入促销关键字：_____。

加入品牌关键字：_____。

加入评价关键字：_____。

（3）查找出商品的热门关键词：

_____
_____。

（4）将商品名称的字数控制30个汉字以内，并调整各类关键词的所在位置，以达到引人注意的目的。

尝试由两种以上的关键词来进行组合：

促销关键词＋属性关键词：_____。

品牌关键词＋属性关键词：_____。

评价关键词＋属性关键词：_____。

我们又可以尝试更多种的组合方式：

促销关键词＋品牌关键词＋属性关键词：_____
_____
_____。

品牌关键词＋评价关键词＋属性关键词：_____
_____
_____。

评价关键词＋促销关键词＋属性关键词：_____
_____
_____。

活动4.3.3　技能训练：羊绒服装的关键词遴选

认知电子商务客服职业，根据羊毛服装的商品特点，选取相关关键词，并对其标题进行优化，具体要求如下。

1. 收集关键词

通过网络搜索、企业调研等手段，收集羊绒衫服装普遍使用的关键词，并且整理好填入表4-9中。

表 4-9 关键词收集表

渠道	关键词
行业语言	
用户体验（线上线下消费群体）	
搜索引擎所提供的"相关搜索"	
搜索引擎提供的关键词工具，如 Google 关键词工具	

2. 遴选关键词

所选择的关键词应该比较具体，有针对性，如羊绒服装可以设定为：品牌+型号+产品名。

_____；
_____；
_____。

3. 换位思考

利用表 4-9，站在客户的角度考虑，潜在客户在搜索你的产品时将使用什么关键词。例如，一些技术专用词，普通客户可能并不熟悉，也不会使用它去搜索。选择被搜索次数最多、竞争最小的关键词。

_____；
_____。

教师点评

项目小结

网店客服，就是为顾客在网购过程提供完整网购流程的服务人员，简单分为售前、售中、售后 3 项服务。售前服务是促成客户成交的重要决定因素。售前服务最直接、直观的感受是通过一线客服的职业态度和专业技巧来传递的。售前客服的专业性体现在，要对宝贝的尺寸、颜色、价格、规格、参数、功能、质地、属性、用途等，使用说明，注意事项，细节说明，商品发布流程与规律等问题熟记于心，分析客服的聊天记录，总结常见问题，以及参考答案。

灵活运用知识来熟悉售前客服的专业操作原则与技巧，站在客户的角度，把真实感受反馈给顾客，在专业性的基础上又附加了生动性和真实性，会进一步促成交易。

项目 5 售中客服技巧

学习目标

通过学习本项目，你应该能够：
(1) 理解衡量客服工作效率的公式；
(2) 掌握应对顾客砍价的应对策略；
(3) 掌握千牛应答快捷语的设置；
(4) 了解款项处理的原则；
(5) 掌握改价技巧；
(6) 掌握商品运费修改的技能；
(7) 了解库存对商家的重要性；
(8) 掌握淘宝发货的基本操作；
(9) 掌握应对一些常见纠纷的策略。

任务 5.1 学会网络购物者的信息接收

问题引入

通过前面对网店及店里的宝贝的推广，店铺的浏览量有了大幅度的提升。在众多的浏览者当中，对商品产生兴趣的就是我们的潜在顾客。这些潜在顾客在转化为正式顾客之前，肯定对商品还存在着疑问，这就需要客服打消他们的购买顾虑。那么，在接收到第一条顾客的咨询信息前，你准备好了么？对于销售客服来说，要怎样应对这些信息？

你知道么？

"亲，你好！"这么简单的一句问候，背后包含的是前面付出的多少努力与成本，所以，千万不能马虎应对。那么，这么简单的一句话到底能反映出什么？客户又在想什么呢？一般来说，当客户发出第一句问候语的时候，心思无外乎以下几种：一种是议价型的，宝贝看起来不错我就要买了，来还价争取优惠；一种是试探型的，描述和评价都让我有购买的欲望，再来试探一下店家的服务是否像说的那么好；一种是疑问型的，我关心的问题没有在描述中说明，先来问清楚再决定买不买；还有一种是比较型的，这家不是最便宜的，它的优势是什么。分析完客户的心理之后，就可以"对症下药"，促成交易了。

活动 5.1.1 熟悉购物者信息接收后的应答技巧

做中学

● 请在你的家人、朋友和同学中做个小调查，了解他们在网购的过程中最关心的是什么问题，什么是影响他们购买的最重要的因素，将结果填写在表 5-1 中。

表 5-1 网购影响因素调查汇总

年龄段	调查人群		网购中最关心的问题						
	男	女	价格	质量	商家信誉	售后	服务态度	资金安全	物流问题
50 岁以上									
35～50 岁									
18～35 岁									
12～18 岁									

● 请你依据表 5-1，设计一份网购影响因素调查表。

必备知识

1. 衡量客服工作效率的公式

衡量客服工作效率的公式为

客服业绩=咨询量×成单率×客单价

咨询量：在一定时间内，客服收到的客户咨询的总量。咨询量大时，能很好地考验客服的业务能力。一个客服能同时响应多个客户的咨询，说明这个客服业务熟练，打字速度也够快。据调查，客户在发出信息 60 秒之内得不到响应，客户满意度立马下降 80%，离开率超过 70%。

客单价：在一定时间内，每一位客户平均购买的商品金额。网店常用低价产品（以秒杀、团购、大优惠等方式）来吸引客户到达网店，但低价产品往往不会带来好的利润，所以需要让客户在购买低价产品的同时，吸引他们购买一些较高利润的产品，这除了网店页面上的推荐与套餐搭配之外，还需要客服做相应的诱导与推荐。可以通过分析和统计每个客服成交业绩的商品品牌及类别的分布情况，来帮助提升客服推荐高利润商品的主动性，以提高客单价与营业利润。

成单率：最后付款成交的订单占咨询总量的比例。一般来说，成单率低就意味着客户流失率高，需要加强对客服的培训。只有完成付款的订单才算有效订单。数据表明，下单 48 小时以后还未付款的客户，不再付款的比率高达 86%以上。所以对下单未付款用户，在一定时间后要进行跟踪、提醒甚至电话回访，帮助用户完成付款。另外，通过回馈也需要了解到客户不付款的原因，是付款流程的问题，还是产品的问题，或是服务的问题。

2. 售中客服和售后客服

售中服务是指在产品交易过程中销售者向购买者提供的服务，如接待服务、咨询服务等。售后服务是指凡与所销售产品有连带关系的服务。

【案例 5-1】

接收到客户的信息之后

每个客户都是前期巨大的付出才换回来的资源，所以，每个客户都是非常珍贵的。那么，当信息响起时，我们应该怎样应对？

（1）当"叮咚"声响起时，可以简单地回复一个"亲"，目的是让买家知道有人立即回应了，这是对买家的一种尊敬。

（2）回复的时候，若内容很长，可以分开回复，而不是打完一大串文字再回复，有的买家没有耐心等候那么长时间。

（3）不能及时回答问题，要先回复"请稍等"。生意好的时候，一个客服可能需要同时接待几十个之多的客户，这时还是要反应快，来不及一个个慢慢回复，对于难以回答需求助上级的问题，不要胡乱回答，也不要让客户空等，可以先回复"不好意思，亲，现在比较忙，请稍等哦"，这样客户比较能够接受，即使你回复晚了也是可以谅解的。但是千万不能忘记这个客户。

（4）当回复了买家的问题以后，请把光标移到非文字录入区。

（5）回答买家的提问一定要非常有耐心，尽量不用"嗯"、"哦"等词，对不会操作流程的新手买家，最好截图一步一步教他操作。

（6）快捷回复，不让客户等待。可以把客户最常咨询的一些问题设置成快捷回复短语，这样可以减少客户的等待回复时间。

案例思考：

在接收信息之后，除了案例中出现的这些做法之外，你还知道其他的注意事项吗？

拓展学习

登录百度，输入关键词"客服技巧"进行搜索，了解更多的客服应答技巧，并且分组讨论，整理讨论的内容，形成一份关于客服应答技巧的报告，各组之间互相分享。

活动 5.1.2　掌握价格应对策略

做中学

查找相应的信息，结合教材中的必备知识了解电子商务客服的类型。

● 登录百度，输入关键词"砍价技巧"，了解在买卖过程当中，买家常用的一些砍价技巧。

● 根据各组收集的资料，互相交流讨论。

必备知识

1. 砍价

买卖东西时买方要求卖方在原有价格上削减一部分，是买方消费行为，是指买方在卖方给出的售价基础上要求降价，以达到自己满意价位的行为。

2. 买家常用的砍价技巧

挑肥拣瘦法：对商品挑肥拣瘦，指出颜色、款式等有令自己不满意的地方，要求卖家给出价格上的优惠。

掏空腰包法：以自己支付宝或者网银中数额不足为由，要求卖家给出价格上的优惠。

阶梯砍价法：看中一件商品后不直接洽谈价格，如这件商品是连衣裙，从布料质量、做工精细程度、是否时兴、流行价码等多方商讨，表现得内行、务实，价不实绝不肯买。

3. 价格策略

价格策略就是根据购买者各自不同的支付能力和效用情况，结合产品进行定价，从而实现最大利润的定价办法。

> **想一想** 如果你是一个网络购物的消费者，当你中意一件商品时，你会采取怎样的议价方式？

【案例 5-2】

如何应对客户的砍价

1. 应对对商品价格有不同要求的客户

有的客户很大方，客服说不砍价就不再讨价还价。对待这样的客户要表达你的感谢，并且主动告诉他我们的优惠措施，我们会赠送什么样的小礼物，让客户感觉物超所值。

有的客户会试探性地询问能否还价，对待这样的客户既要坚定地告诉他不能还价，同时也要态度和缓地告诉他我们的价格是物有所值的，并且谢谢他的理解和合作。

有的客户坚持要讨价还价，对于这样的客户，除了要坚定重申我们的原则外，还要有理有节地拒绝他的要求，不要被他的各种威胁和祈求动摇。适当的时候建议他看看其他便宜的商品。

2. 应付胡搅蛮缠型买家的讨价还价

在买家当中，确实有一种人胡搅蛮缠，没完没了地讨价还价。这类买家与其说想占便宜不如说成心捉弄人。即使你已经告诉他最低价格，他仍要求降价。对付这类买家，店主一开始必须狠心把报价抬高，在讨价还价过程中要多花点时间，每次只降一点，而且降一点就说一次"又亏了"。就这样，降几次，他也就满足了。有的商品是有标价的。因标有价格所以降价的幅度十分有限，每一次降的要更少一点。

3. 应对客户说"能不能便宜一点"

得失比较法：交易就是一种投资，有得必有失。单纯以价格来进行购买决策是不全面的，只看价格，会忽略品质、服务、产品附加值等，这对购买者本身是个遗憾。例如，您认为某一项产品投资过多吗？但是投资过少也有他的问题所在，投资太少，使所付出的就更多了，因为您购买的产品无法达到预期的满足。

亮出底牌法：这个价格已经是我们的最低价了，不能再便宜了，再低的价格我们实在是办不到了。通过这种方式让客户觉得在这个价位买下东西是合情合理的。

老实不会吃亏法：在这个世界上很少有机会花很少钱买到最高品质的产品，这是一个真理，告诉客户不要存有这种侥幸心理。例如，假如您确实需要低价格的，我们这里没有，据我们了解其他地方也没有，但有稍贵一些的××产品，您可以看一下。

案例思考：
除了案例中的这几种应对顾客议价的方式，你还能说出其他的一些方式么？

> **试一试** 分组讨论，如果你是店铺客服，你会怎样说服对价格存在疑问的客户买下你们店铺中的商品？

🔧 拓展学习

通过访问淘宝论坛等相关的资料，了解淘宝买家应对卖家讨价还价时常用的应对方法。分组讨论，形成文字方案。各组之间进行交流。

活动 5.1.3　技能训练：应答快捷语的设置

小组合作开展训练，设置千牛工作平台的应答快捷语，具体步骤如下。

1. 设置快捷回复

（1）进入聊天模式，单击"快捷短语"按钮，如图 5-1 所示。

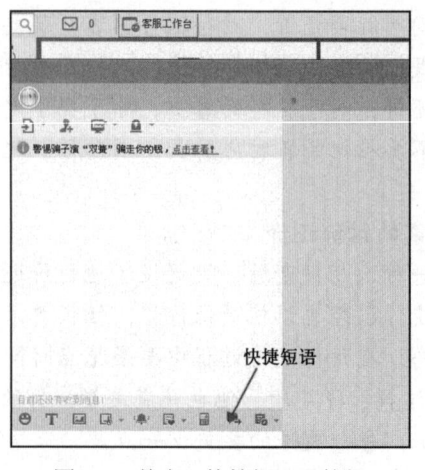

图 5-1　单击"快捷短语"按钮

项目 5　　售中客服技巧

（2）单击"新建"按钮，新建快捷短语，如图 5-2 所示。

（3）输入快捷短语内容，如图 5-3 所示。

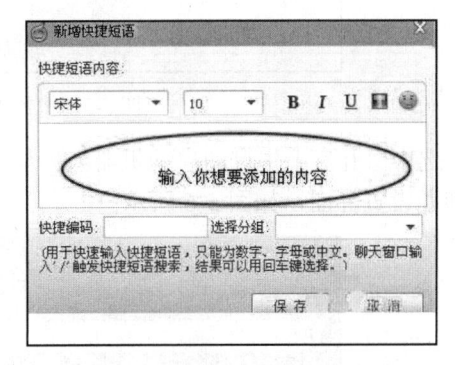

图 5-2　新建快捷短语　　　　　　图 5-3　输入快捷短语内容

2. 设置机器人半自动回复

（1）以工作台的模式登录千牛后，在好友中双击任意一个阿里旺旺头像，进入客户基本信息界面，如图 5-4 所示。

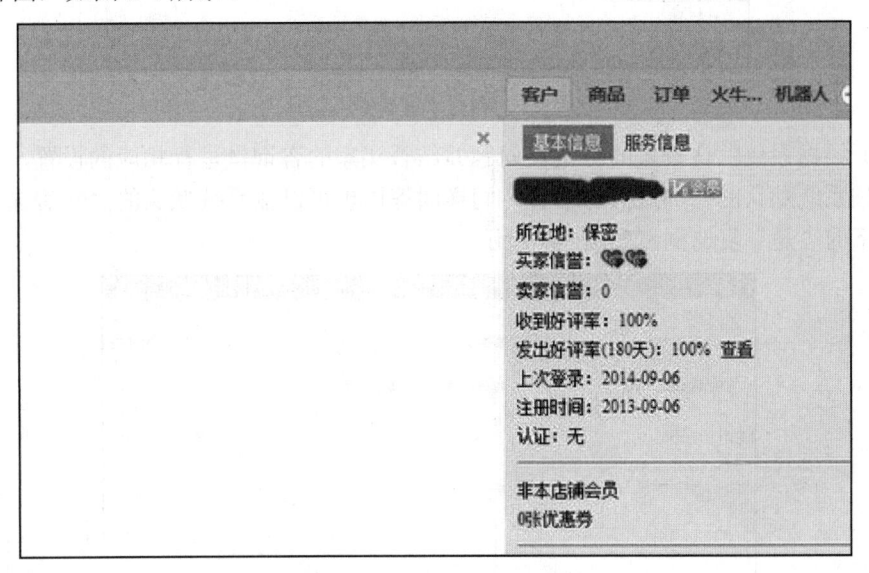

图 5-4　客户基本信息界面

（2）单击"机器人"按钮，进入机器人设置界面，如图 5-5 所示。

（3）在这个界面可以看到上面有两个选项，一个是半自动回复，另一个是全自动回复。全自动回复前是要申请报名试用的，这里默认选择半自动回复。

127

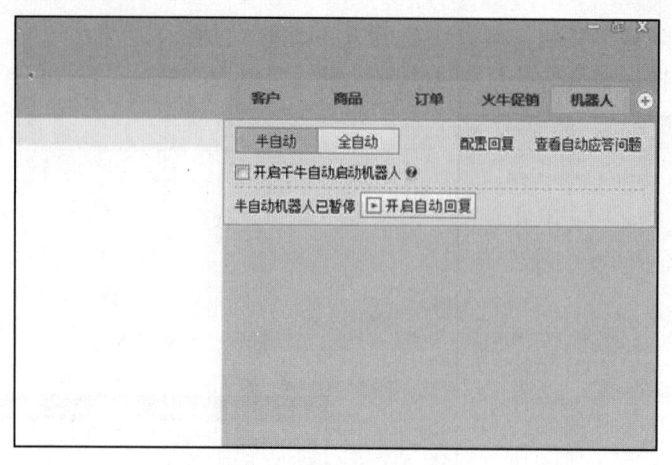

图 5-5 机器人设置界面

（4）选中"开启千牛自动启动机器人"复选框，然后单击"配置回复"，进入智能机器人配置问题设置界面，如图 5-6 所示。

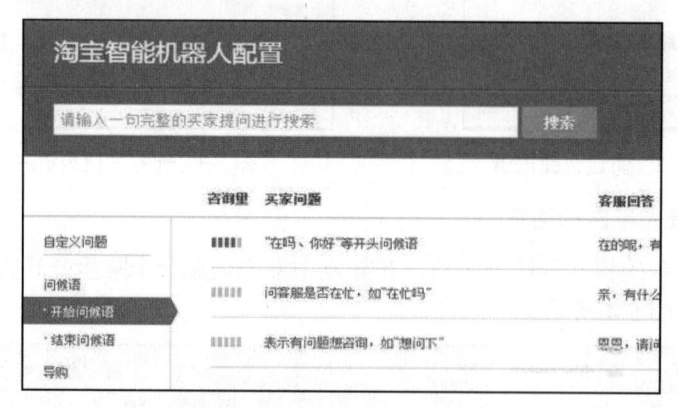

图 5-6 淘宝智能机器人配置

（5）根据系统默认设置的自定义问题并结合买家的咨询量进行相应的设置，如开始问候语就按系统默认的咨询量大的语言，同样回答语也可以按系统默认的，然后选中"自动回答"下的"是"复选框，如图 5-7 所示。

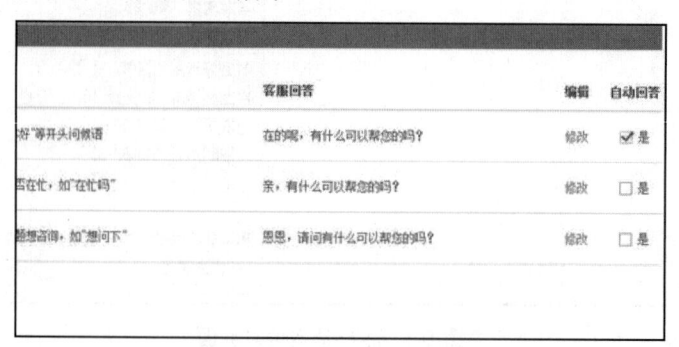

图 5-7 开启半自动回复操作

（6）同样的其他问题也可根据买家的咨询量设置相应的回答。如果系统里没有自己想要的语言可以自己设置或修改。设置好后，关闭这个窗口。当买家咨询问题的时候，系统若匹配到相同的问题，机器人就会自动地做出回复，如图 5-8 所示。

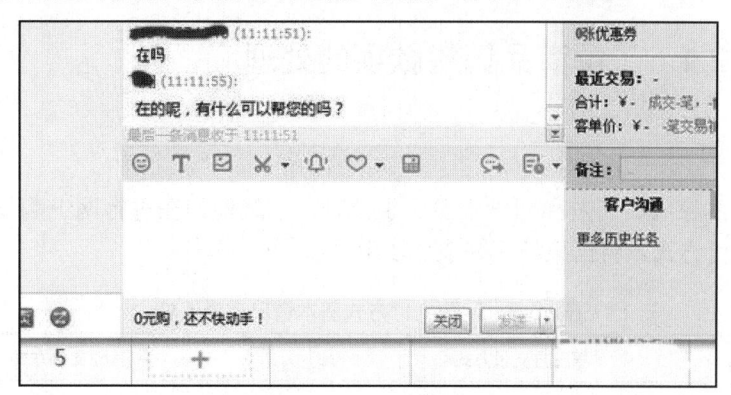

图 5-8　效果呈现

教师点评

任务 5.2　熟悉商品款项的处理

问题引入

通过客服与顾客的交流与沟通，买家决定下订单，卖家在下订单之前要求卖家给出价格的优惠，这种情况下，卖家应该怎样进行改价操作？买家来自五湖四海，运费当然是不同的，卖家应该怎样进行邮费设置？

你知道么？

以顺丰速递为例，不同的重量、不同的路程，邮费的价格是不同的。以首发地在浙江省内为例，浙江省内、江苏、上海首重 12 元/kg，续重 2 元/kg；到安徽首重 14 元/kg，续重 2 元/kg；到北京、福建、甘肃、江西、广东、广西、贵州、海南、湖北、湖南、河北、河南、宁夏、青海、内蒙古、黑龙江、吉林、辽宁、山东、山西、陕西、四川、云南、重庆首重 22 元/kg，续重 10 元/kg；到西藏拉萨、新疆首重 24 元/kg，续重 20 元/kg；到我国香港、澳门首重 30 元/kg，续重 12 元/kg；到我国台湾地区首重 35 元/kg，续重 26 元/kg。如果你的店铺没有设置运费模板，就需要手动修改运费价格。

活动 5.2.1　了解商品销售款项的处理

做中学

● 请在你的家人、朋友和同学中做个小调查，了解他们在进行网上购物的过程当中，常用到哪些支付方式，将结果填写在表 5-2 中。

表 5-2　网购支付方式基本情况调查汇总

年龄段	第三方支付方式				其他支付方式			
	支付宝	快钱	财付通	其他	网银支付	邮局汇款	电子支票	其他
50 岁以上								
35～50 岁								
18～35 岁								
12～18 岁								

● 请你依据表 5-2，设计一份网购支付方式的基本情况调查表。

必备知识

1. 商品款项的含义

款项是指完成某种任务或者是为了某种用途而存储或者支出的钱。

商品款项是指卖家为了获得商品的所有权而对卖家支付的一定金额的钱。

2. 款项处理的原则

在电子商务中，所有的行为都是为达成货物的交易服务的。所以，款项处理的原则也是这样。

卖家尽量选择大众化的收款方式——如淘宝网一定要开通支付宝，在拍拍网、易趣网开通财付通及安付通的收款方式。

在卖家由于价格原因而对是否购买商品犹豫不决时——本着薄利多销的原则为卖家提供一定量的价格优惠，可以通过修改商品本身的价格或者是修改邮费来完成让利多销的目的。

3. 销售折扣

销售折扣可以分为商业折扣和现金折扣两种：商业折扣是指为薄利多销以低于正常的价格卖出商品，则是以折扣后金额开给对方发票的；现金折扣卖出商品为尽快收回欠款给予的现金折扣。

> **议一议**　电子商务商家在什么情况下会采取折扣策略？电子商务商家什么时候会采取现金折扣策略？

【案例 5-3】

卖家常见的六种折扣促销方案

方法一：错觉折扣——给客户不一样的感觉

人们普遍认为打折的东西质量会差一些，而我们换一种叙述方式：注重强调商品的原价值，让买家觉得花了更少的钱，买到了更超值的商品，效果往往大不同。

不同的让利方式给客户的感受是不同的。如果你打出"全场 7.7 折，99 元任选！"你把 130 元的宝贝 7.7 折后 100 元销售，买家就会感觉这个宝贝就值 100 块。但是如果你把方案改成"花 100 元换购价值 130 元商品"，买家就会觉得这个商品的价值还是 130 元，而他只要花 100 元就得到了。

方法二：一刻千金——让客户蜂拥而至

"一刻千金"的促销方案就是让买家在规定的时间内自由抢购商品，并以超低价进行销售。

例如，在你的店铺，周一早上 9:00～9:30 拍下的宝贝，可以以 5 元的价格成交。这个促销看似大亏本，但是实际上这一举动给你带来了急剧的人气提升和很多的潜在客户。30 分钟是很短暂的，30 分钟后还是会有很多客户来光顾，而那些因为得到 5 元成交的客户更会因此购买更多的东西。

方法三：超值一元——舍小取大的促销策略

超值一元，就是在活动期间，客户可以花一元钱买到平时几十元甚至上百元的商品。这种方法是赔本赚吆喝么？其实不然。店铺中有一件标价"一元"的商品会为你的整个店铺争取到大量的流量。而购买了一元产品的客户很有可能会购买其他的商品。也很有可能出现被这极低价格吸引进来的客户没有购买该商品而是购买了其他的商品。

方法四：临界价格——客户的视觉错误

所谓临界价格，就是在视觉上和感性认识上让人有第一错觉的那个价格。例如，以 100 元为界线，那么临界价格可以设置为 99.99 元或者是 99.9 元，这种临界价格最重要的作用是给买家一个视觉错误，这个商品并没有上百，也只不过是几十块而已。

方法五：阶梯价格——让客户自动着急

所谓阶梯价格，就是商品的价格随着时间的推移出现阶梯式的变化。例如，新品上架第一天按 5 折销售，第二天 6 折，第三天 7 折，第四天 8 折，第五天 9 折，第六天原价销售。这样给客户造成一种时间上的紧迫感，越早买越划算，减少买家的犹豫时间，促使他们冲动购物。当然阶梯的方式有很多，店家可以根据自己的实际情况来设定。宗旨就是既吸引客户又不让店里亏本。

方法六：降价加打折——给客户双重实惠

降价加打折实际上就是对一件商品既降价，又打折，双重实惠叠加。相比纯粹的打折或者是纯粹的降价，它多了一道弯，但是不要小看这道弯，它对客户的吸引力是巨大的。第一，对于客户来说，一次性的打折方案和降价加打折比起来，客户毫无疑问地会认为后者更便宜。这种心理使得客户丧失原有的判断力，被促销所吸引。第二，对于店铺来说，提高了促销的机动性，提高了因促销而付出的代价。以 100 元的商品为例，如果直接打 6

折，一件商品就会损失 40 元的利润。但是如果我们先把 100 元的商品降价 10 元，再打 8 折，那么一件商品损失的利润是 28 元。但是买家在感觉上会认为后者比较划算。

案例思考：

除了这 6 种折扣方式，你还知道其他折扣方法么？请模拟为你的店铺制定一套折扣方案。

拓展学习

- 登录百度，输入关键词"卖家折扣策略"与"卖家现金策略"进行搜索，填写表 5-3。

表 5-3　销售折扣策略实施需要考虑的因素

序号	商业折扣	现金策略
考虑因素 1		
考虑因素 2		
考虑因素 3		
考虑因素 4		

- 小组讨论：交流一下你知晓的商城或者网上商城中出现过的其他价格促销手段。

活动 5.2.2　掌握商品销售的改价技巧

做中学

查找相应的信息，了解不同平台的改价技巧。
- 登录百度，搜索京东、一号店、淘宝、天猫商城的商家如何进行改价的资料。
- 根据以上调查所收集到的资料，各小组讨论各个平台的改价方式的异同，并且将组内讨论结果形成汇报，与其他组进行讨论。

必备知识

1. 进行改价操作的原因

进行改价操作是商家进行促销的需要。为了为网店引进流量，增加点击量，从而增加成交量，很多卖家都会采用低价促销的方式。采用低价促销的方式，自然而然会需要修改商品的价格。

邮费是影响买家购买欲望的一个很重要的原因。所以，很多卖家为了达成交易，在与买家沟通的过程中都会做出"包邮"的让步。那么，就需要在客户拍下订单之后进行改价的操作。

价格是影响买家购买欲望的一个很重要的原因。所以，很多卖家为了达成交易会答应买家降低价格或者打折优惠的要求。这样的订单在下单之后也需要买家在商家运营后台修改买家的订单价格。

> 想一想 分组讨论，你认为除了上述情况，还有哪些情况卖家需要进行改价操作？

【案例 5-4】

怎样应对客户的议价

方案一：证明价格是合理的

举例：亲知道，价格和价值是成比例的，您虽然暂时买的比较贵，但是从长期来说还是很便宜的，优质材料的衣服成本高，但是比较耐穿，我不希望您买的衣服在您洗过一两次之后就放衣柜底了。

方案二：用比较法让客户相信价格是合理的

举例：这个产品亲可以用××年呢，按××年计算，××月××星期，实际每天的投资是多少，你每天花××钱，就可获得这个产品，值！

方案三：不要一开始就亮出底牌

有的商家会在一开始就亮出低价，这样会让自己处于很被动的局面。议价也是一项博弈，只有双方一步步地妥协，才能达成最后的价格。

方案四：适时地"装可怜"

举例：亲，非常抱歉，价格是公司规定的，作为小小的客服，我是没有办法改变价格的。那么，我想说的是，对于您真正喜欢的东西多付一点点钱，也是值得的。

案例思考：

除了这几种应对策略，你还知不知道其他的策略？

2. 以淘宝网为例的改价操作

1）买家拍下价格并且未付款前

第一步：登录淘宝网，进入卖家中心，查看已卖出的宝贝，如图 5-9 所示。

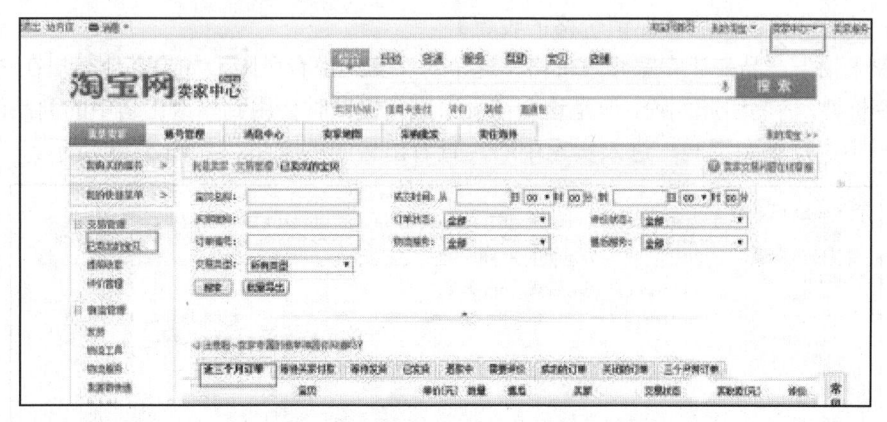

图 5-9 卖家中心

第二步：单击"近三个月订单"按钮，卖家可以查看到用户已经拍下他所需产品，如图 5-10 所示。

133

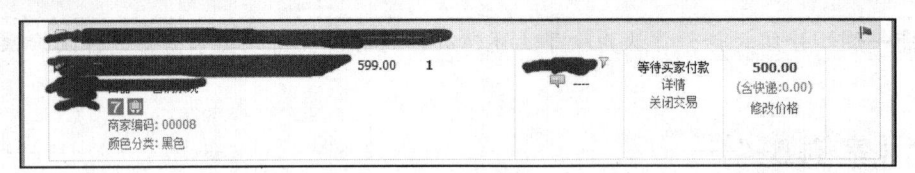

图 5-10　用户订单

第三步：单击"修改价格"按钮，进入修改价格界面，会看到涨价或折扣、邮费（元）等可以修改的信息，输入"-99"（减价 99 元），系统会自动填充折扣，若是打折，也会出现相应的价格，如图 5-11 所示。

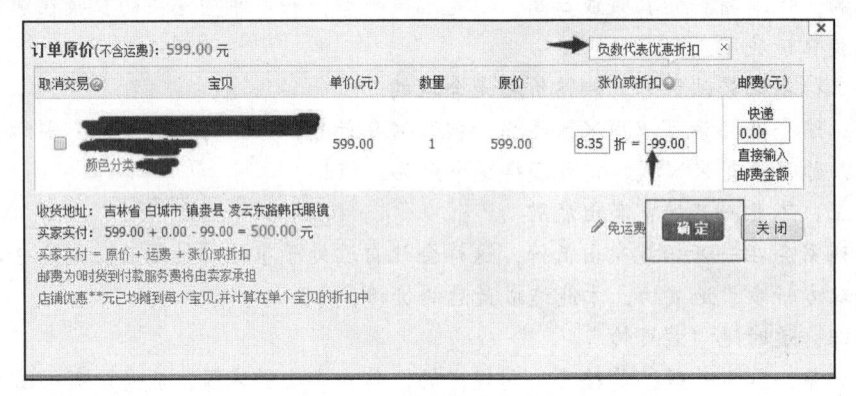

图 5-11　编辑价格操作

第四步：修改完后单击"确定"按钮，如图 5-12 所示。

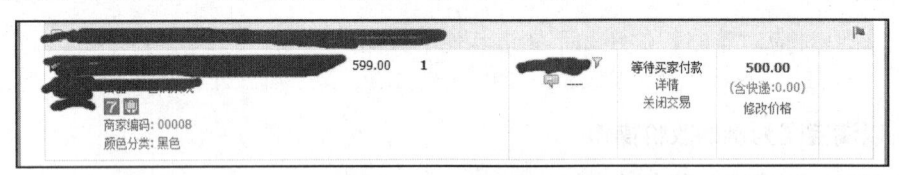

图 5-12　修改完成

2）买家未拍下商品（促销价格的设置）

买家未拍下产品，让卖家修改价格，这个对卖家来说有风险，如果其他客户在浏览时，来回改变价格，容易引起纠纷，但是这个在卖家进行促销时会用到修改出售中的商品的技能。

第一步：登录淘宝网，进入卖家中心，查看出售中的宝贝，如图 5-13 所示。

图 5-13　出售中的商品

第二步：单击产品价格后面的笔触，进入编辑模式，修改价格，完成后单击"保存"按钮，如图 5-14 所示。

图 5-14 编辑价格

活动 5.2.3　技能训练：商品运费的修改

小组合作开展训练，在淘宝卖家中心完成以下操作。

1．创建和设置运费

进入卖家中心，选择出售中的宝贝来创建和设置运费，如图 5-15 所示。

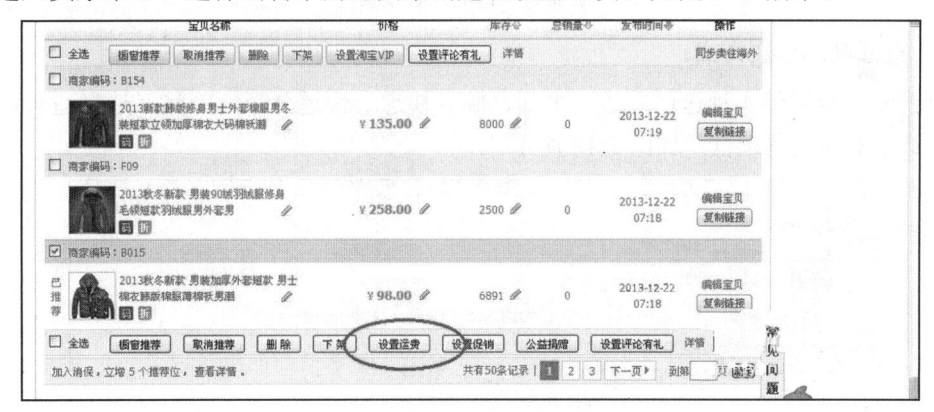

图 5-15　设置运费

2．新增运费模板

新增运费模板，如图 5-16 所示。

图 5-16　新增运费模板

3．为运费模板命名

为运费模板命名，如图 5-17 所示。

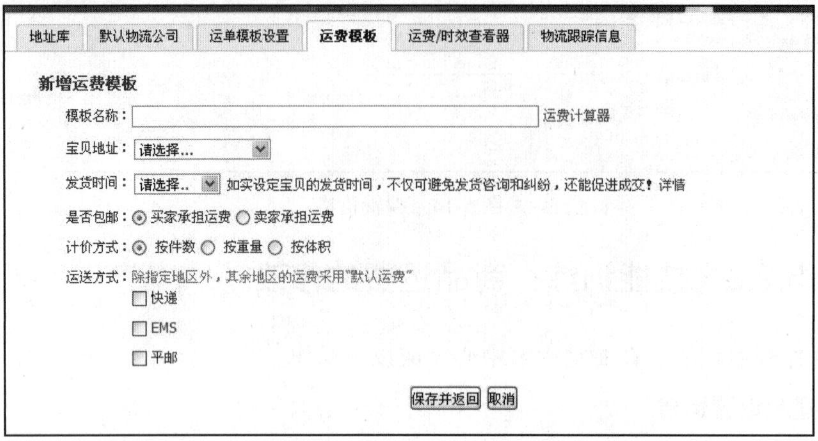

图 5-17　命名运费模板

4．选择商品运送方式

目前淘宝网提供 4 种运送方式：平邮、邮政快递、快递公司、EMS。选择适合自己的方式，选中对应的复选框，如图 5-18 所示。

图 5-18　选择运送方式

5．设置具体的运费

设置默认运费，如图 5-19 所示。除了特别指定地区的运费之外都将使用这个运费。"每超过一件需要增加运费"指的是如果卖家购买了 2 件商品，第一件商品按照默认运费收取，另一件商品的运费则是你设置的这个运费。也可以不设置这个值，表示每多一件商品仍按照默认运费收取。

设置指定地区的运费。单击"为指定地区设置运费"按钮，弹出一个包含地区信息的对话框，如图 5-20 所示。只需要在此选择指定的地区，单击"确定"按钮，这样运费就可以应用到指定地区了（虚线上面的地区为大范围区域，如选中"华中"复选框，虚线下的省份湖南、湖北、河南都会被选中）。

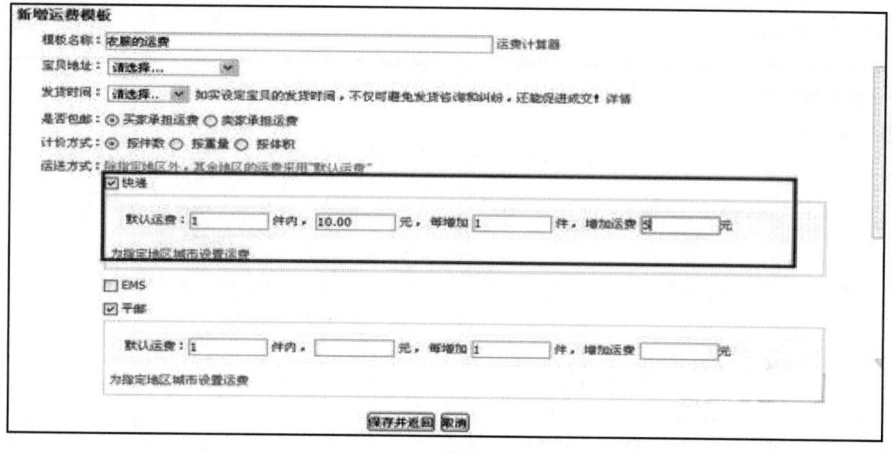

图 5-19　设置默认运费

图 5-20　设置指定地区运费

6．为运费模版添加一个特别说明

注意：这个特别说明买家是看得到的。卖家可以设置发货时间、到货时间及快递公司网址等内容，细致的说明有助于减少交易纠纷。设置运费特别说明如图 5-21 所示。

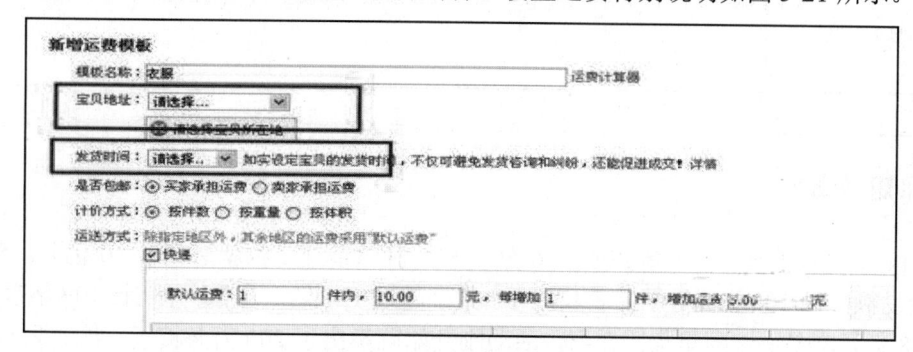

图 5-21　设置运费特别说明

7. 应用

运费模版添加好后，单击"保存并返回"按钮后，把这个运费模版应用到选择的宝贝上，如图 5-22 所示。

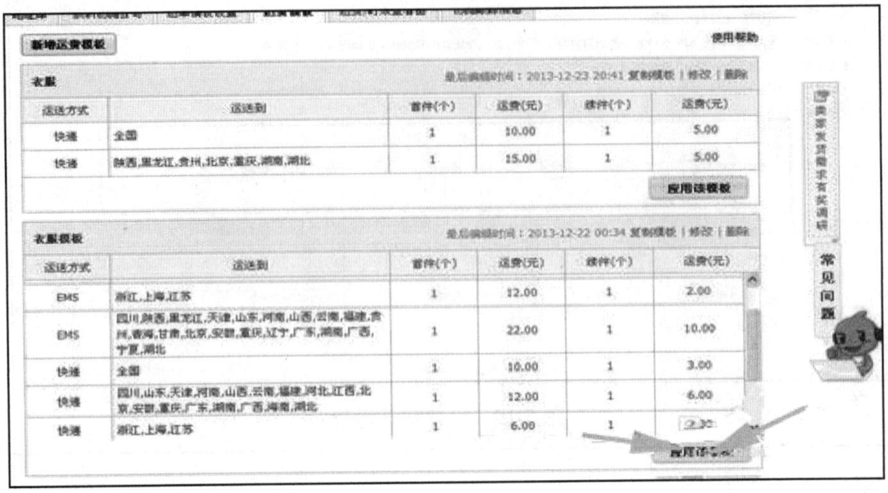

图 5-22　应用运费模板

教师点评

任务 5.3　掌握商品的备货发货

问题引入

顾客在客服的耐心引导下，终于下定决心拍下了商品，接下来的操作就是给顾客发货了。但是假设这件商品是你们店铺中的爆款，销量很好，你得时时留意这件商品的库存状况，那么，怎么查看商品的库存呢？查看库存之后发现库存充足，那又如何进行发货操作呢？

你知道么？

2014 年"双十一"当天零点刚过 6 分 7 秒，狂欢节交易额就达到了 10 亿元。5 小时 49 分交易额冲破 100 亿元。早上 8:42，这一数字越过 121 亿，成功秒杀美国"网络星期一"的 120.8 亿元交易额。阿里集团介绍，活动刚开始就卖出了 200 万条裤子，连起来有 3000

公里长。奶粉成交过亿，售出 50 万罐，这可以供全国 2 个月大的新生儿食用一个星期。纸尿裤销售额为 8700 万元，约 6600 万片，以一片吸水量是 1000mL 计算，大概能吸干 6 个西湖。

活动 5.3.1　了解商品库存状况

做中学

- 登录淘宝网，搜索衣服鞋帽等商品，注意页面上卖家的库存量，并且尝试拍下搜索到的商品，观察卖家库存量的变化情况。
- 请你根据观察到的情况，说说你对库存这一概念的理解。

必备知识

1. 卖家商品库存

卖家商品库存卖家为了满足客户的购买而拥有的实际商品数量。卖家的商品库存不是越多越好，库存越多意味着被积压着的资金越多，卖家的负担越重。当然也不是越少越好，库存太少，会出现不能满足客户的购买需求而发不出货的情况。这两种情况都应该避免。

2. 库存管理的目标

那么在电子商务中，卖家对库存进行管理需要达到怎样的目标？

谋求资本的有效运用——中小型卖家的资金往往都是有限的，如果过多地积压库存，势必影响到中小卖家的资金周转。

谋求店铺的持续发展——中小卖家还处于发展的上升期，过多的库存固然会造成资金周转困难而影响店铺的运作，同理，过少的库存也不利于店铺的持续发展。如果一个店铺持续地因为库存不足而发不出货物，那样也会影响到店铺的发展。

3. 库存管理的意义

在保证店铺经营需求的前提下，使库存量经常保持在合理的水平上。掌握库存动态，实时查看库存，避免出现缺货或者超储的情况。

【案例 5-5】

小卖家如何做好库存管理

库存管理是一项系统性较强的活动，它与企业的资金流、信息流、物流等环节息息相关、不可分割，可以这么说，库存管理的好坏可以关系到一家网店的生死。如果卖家的库存管理是杂乱无章的，卖家不能很好地了解自己还有多少存货，就很有可能出现客户拍下了货物却发不出货的情况。而中小卖家还处于上升期，每一个客户资源都是宝贵万分的，禁不起这种损失。那有什么办法可以很好地管理库存呢？大型卖家拥有一定的资金及运作团队，一般会选择一些专门的库存管理软件。应用了专门的库存管理软件，每件商品入库时录入相应条码，出库时只认条码，系统中也可随时查询商品库存，避免了错发、漏发、库存乱等问题，实现零错货率。

但是，小卖家由于刚刚起步，一切还处于不成熟的状态，资金匮乏，团队不完善，专门的库存管理软件显然不适合小卖家。那么有什么办法是适合小卖家进行库存管理的？

答案是 Excel。Excel 表格具有强大的分类、筛选、统计的功能，通常宝贝需要记录的项目有品牌、分类、名称、产品包装、包装颜色、生产日期、入库数量、入库日期、到期日期、产品编号、货位、剩余库存、出库日期、出库数量等内容，具体到不同的宝贝可能还有不同的项目，可以酌情增减。而且 Excel 作为最常见的办公软件，基本计算机上都有配备，不需要额外的资金投入。

案例思考：

为什么专门的库存管理软件不适合小卖家？为什么说 Excel 是适合小卖家进行库存管理的软件？

拓展学习

● 登录百度，输入关键词"Excel 进行库存管理"进行搜索，学习利用 Excel 进行库存管理的基本方法。

● 小组讨论：说说利用 Excel 进行库存管理需要对哪些项目进行统计及处理。

活动 5.3.2　熟悉商品的发货流程

做中学

利用搜索引擎查找不同的平台上的发货流程的异同。

● 登录百度，输入关键词"淘宝商家发货流程"，了解在淘宝平台上卖家的发货操作流程。

● 登录百度，输入关键词"京东商城卖家发货流程"，了解在京东平台上卖家的发货操作流程。

● 登录百度，输入关键词"一号店卖家发货流程"，了解在一号店平台上卖家的发货操作流程。

● 根据以上调查所收集到的资料，各小组讨论 3 个平台上卖家进行发货操作的异同。

必备知识

1. 卖家发货

卖家发货是指卖家在规定时间内，将商品交付给物流公司，并且将物流单号反馈给客户，以便客户查询自己所购买物品的物流动态。

2. 物流

2001 年 8 月公布的中华人民共和国国家标准 GB/T 18564—2001《物流术语》中将物流定义为：物品从供应地向接受地的实体流动过程。根据实际需求，将运输、储存、装卸、搬运、包装、流通加工、配送、信息处理等基本功能实施有机结合。

一般的中小商家应用的物流一般为第三方物流公司提供的第三方物流。

3. 选择物流公司的技巧

卖家在选择物流公司时需要考虑以下因素。

安全问题：物流公司提供的服务必须保证能把商品完好无损并且及时地送到客户手上。

诚信问题：诚信度高的公司更能赢得卖家及买家的信任。

价格问题：如果选择的物流价格太高，那么将会加重卖家的负担。

4. 淘宝商家常规发货流程

第一步，登录淘宝网，找到卖家中心，如图 5-23 所示。

第二步，在卖家中心选择"交易管理"→"已卖出的宝贝"选项，如图 5-24 所示。

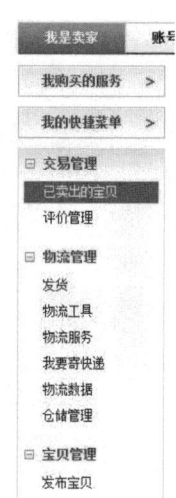

图 5-23　淘宝卖家中心　　　　　　　　　　图 5-24　已卖出的宝贝

第三步，查看未处理订单，单击"发货"按钮，如图 5-25 所示。

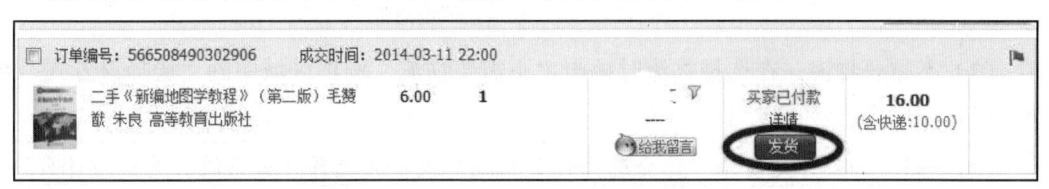

图 5-25　单击"发货"按钮

第四步，进入选择物流界面。在此，有 3 种物流方式可供选择，分别是使用淘宝网推荐的物流、自己联系物流和不需要物流，下面一一讲解。

（1）使用淘宝网推荐的物流。当你的鼠标指针移动到推荐物流区域时，此区域变成亮黄色，单击这个区域中的"选择该方式"按钮，如图 5-26 所示。

填写发货地址和卖家地址，并且约定快递上门取件的时间，然后根据价格对比选择物流，如图 5-27 所示。

最后填写好物流公司提供的物流单号。

（2）使用自己联系的物流（包括平邮）。选择物流时单击"自己联系物流"选项区域中的"选择该方式"按钮，在弹出的下拉列表中选择物流公司，输入快递单号，单击"发货"

按钮。

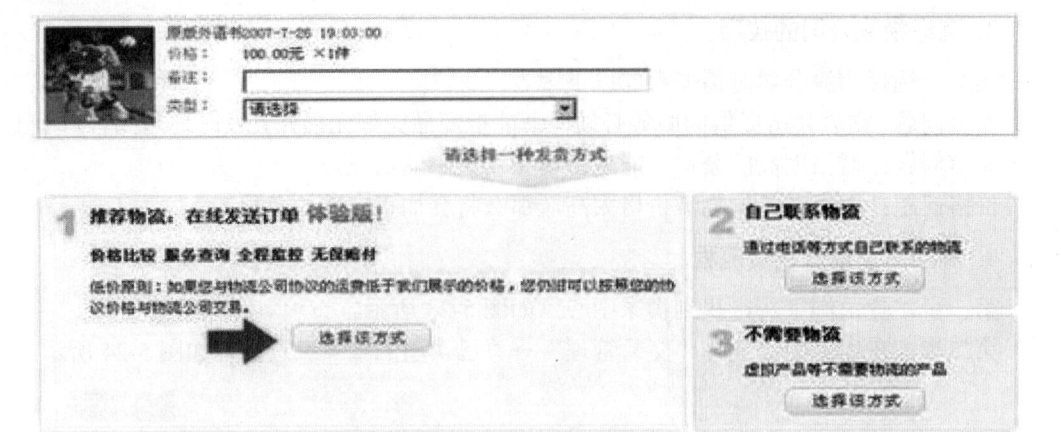

图 5-26　使用推荐物流

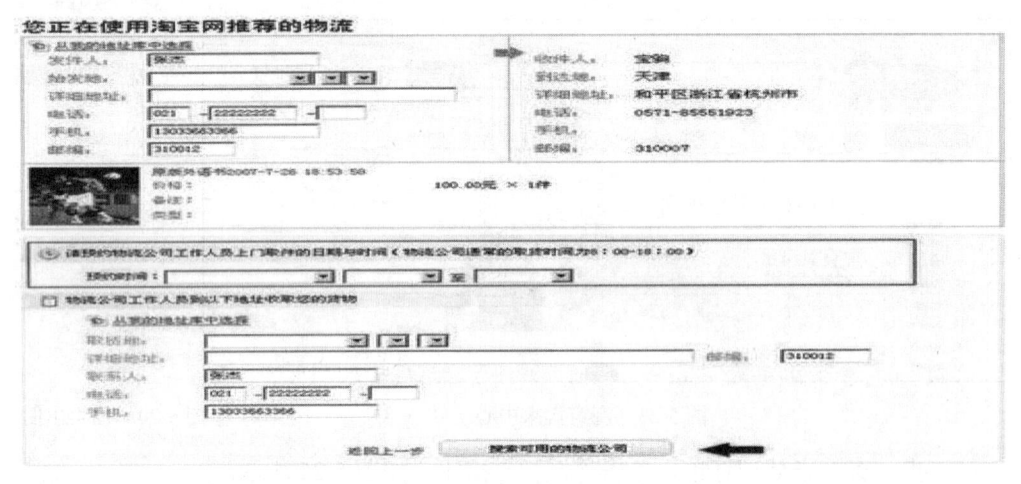

图 5-27　填写推荐物流信息表

（3）不需要物流。在选择物流时单击"不需要物流"选项区域中的"选择该方式"按钮即可。

> 想一想　如果你是卖家，你会选择什么物流方式？会选择什么物流公司？为什么？

【案例 5-6】

挑选快递公司的一些小提示

北京的宅急送：价格较贵，但是操作规范，信誉良好。

圆通、申通：圆通一般江浙沪很便宜，网点多；申通除了江浙沪，外围的网点多，而且服务好。

顺丰：顺丰速递是民营快递最好的，服务好，速度快，每天发 3 次，一般一二线地区隔天到，但是价格较高。

EMS：EMS 网点是最全的，几乎全覆盖。

平邮：平邮覆盖面广，但是速度慢，一般要 15 天左右，急件不建议用平邮。

案例思考：

如果你是销售化妆品的商家，并且位于长三角地区，你会选择什么物流？为什么？

拓展学习

通过上网搜索、查阅资料等方式，收集国内主要快递公司在网点布局、配送速度服务质量、费用高低等方面的优劣，形成调研数据报告。

活动 5.3.3　技能训练：网店交易纠纷处理

小组合作开展训练，针对以下几种情况，给出相应的应对方式。

1. 质量问题

客户投诉收到的货物开箱就是损坏的，你怎么处理？

客户抱怨收到的实物与网页上的照片颜色有出入，你怎么处理？

客户抱怨刚拿到手的产品，用了几次就坏了，你怎么处理？

客户抱怨拿到手的东西没有他想要的功能或者是没有达到他的期望，你怎么处理？

> **议一议**　怎么应对客户诸如此类的关于质量问题的抱怨与投诉？

2. 物流问题

客户向你抱怨说，商品是收到了，但是快递员的态度很差，你怎么应对？

客户要求查物流信息，并且抱怨快递速度太慢，你怎么应对？

客户威胁说"明天如果还不到，就不要这东西了，要求申请退款"，你怎么应对？

> **议一议**　怎么应对客户对于物流的抱怨？

3. 其他纠纷

在交易过程中还会存在哪些纠纷？＿＿＿＿＿＿＿＿＿＿＿＿＿＿＿＿＿＿

＿＿＿＿＿＿＿＿＿＿＿＿＿＿＿＿＿＿＿＿＿＿＿＿＿＿＿＿＿＿＿＿＿＿＿＿

＿＿＿＿＿＿＿＿＿＿＿＿＿＿＿＿＿＿＿＿＿＿＿＿＿＿＿＿＿＿＿＿＿＿＿。

> 教师点评

项目小结

通过本项目的学习,能理解衡量客服工作效率的公式,能正确而巧妙地应对客户的砍价;通过设置千牛的快捷应答语来应对客户多客服少而造成的繁忙状态,及时对客户的询问做出应答。了解款项处理的原则,能掌握淘宝的改价技巧,从而满足客户的改价需求,掌握修改运费的技能。能了解到库存对卖家的重要性,有效地进行库存管理。掌握淘宝的发货操作,并能正确地应对客户的交易纠纷。

项目 6
售后客服技巧

学习目标

通过学习本项目，你应该能够：
(1) 了解售后商品的退换货的流程；
(2) 能正确处理售后商品退换货的价差处理；
(3) 了解客户投诉的原因；
(4) 熟悉客户投诉的技巧；
(5) 能正确处理客户的中差评；
(6) 具有与客户良好沟通的能力。

近几年，随着电子商务的快速发展，网络购物逐渐成为主流购物方式之一，2014年开始实施的新《中华人民共和国消费者权益保护法》（以下简称新消法）针对网购做了多方面规范，消费者拥有7天"反悔权"是其中一大亮点。根据新消法，消费者可以在7天内无理由退货。在这样的购物环境下，对于部分冲动型的客户，会有更多的退货，从而增加了售后客服的工作量。因此售后客服将面临更多的交流沟通，提高自身的沟通能力，能有效提升店铺形象，减少退货率，确保店铺健康良好发展。

本项目主要完成两个任务：学会售后商品的退换货处理；学会正确处理客户投诉。

任务 6.1 学会售后产品的退换货处理

问题引入

2014年3月15日，随着新消法的实施，张明发现店铺的转化率上升了，但同时退换货的客户也在增加，那么在"七天无理由退货"的前提下，售后客服能否通过与客户的交流沟通，转变客户的退货本意，降低退货率，消除客户的不满意投诉，成为张明思考的重点，那么在这样的网络消费背景下，售后客服该如何提升自己的沟通技能？如何打造优质的售后客服？

你知道么？

2014年"双十一"，天猫单日总成交额达571.12亿元，创造了吉尼斯世界纪录"24小时内在线零售额最高的单一公司"的纪录。速卖通单日订单数超过680万个，包含国家或地区211个，其中有战乱中的伊拉克、埃博拉疫情严重的利比里亚，甚至还惊现朝鲜订单。京东当天的订单量超过1400万个，移动端单量占比超过40%，是2013年同期的8倍。服装是京东当天订单量最高的类目。然而就在这一数据令人惊叹的背后，却是"繁荣"的背后隐藏着秘密：截至2014年12月23日0:20，韩都衣舍近30天退货率为64.09%，退货次数超过18万次。其中因质量问题退款2752次，未收到货退款为9982次，买家无理由退款为101783次，这3种原因合计为114517次，不属于这3种原因产生的退款笔数为66164次，占比达到36.6%。

活动6.1.1　了解商品的退换货流程

做中学

● 请在你的家人、朋友和同学中做个小调查，了解他们2014年"双十一"上网购物是否有退换货，上网购物的网络平台主要选择在哪里。请将调查结果填入表6-1中。

表6-1　2014年"双十一"网购情况调查汇总

年龄段	调查人群		是否购物		选择平台	退换人数		退换原因	含运保险	
	男	女	是	否		男	女		有	无
50岁以上										
35~50岁										
18~35岁										
12~18岁										
沟通方式	电话人数			阿里旺旺人数		QQ人数			其他人数	

● 请你依据表6-1，设计一份网购基本情况调查表。结合教材中的必备知识理解电子商务售后客服的退换货工作流程。

必备知识

店铺经营过程，客服创造价值，但真正的销售始于售后。所谓售后服务，就是在商品出售以后所提供的各种服务活动。从营销工作来看，售后服务本身同时也是一种促销手段。在追踪跟进阶段，营销人员要采取各种形式的配合步骤，通过售后服务来提高企业的信誉，扩大产品的市场占有率，提高营销工作的效率及效益。

1．确立售后服务观念

售后服务是整个商品销售过程的重点之一，好的售后服务会带给买家非常好的购物体验，可能使这些买家成为你的忠实用户。服务观念是长期培养的一种个人（或者店铺）的魅力，卖家都应该建立一种"真诚为客户服务"的观念。在"真诚为客户服务"观念的指导下，问心无愧地做好售后服务，相信一定会得到相应回报的。卖家应该重视和充分把握与买家交流的每一次机会。因为每一次交流都是一次难得地建立感情，增进了解，增强信任的机会。买家也会把他们认为很好的卖家推荐给更多的朋友。

2．交易结束及时联系

商品成交后卖家应主动和买家联系，避免成交的买家由于没有及时联系而流失掉。商品成交的当天就发出成交邮件，避免冲动性购物的买家流失掉，趁热打铁至关重要。如果你的客户2天内没有回复你的邮件，你可以主动打电话询问是否收到成交邮件或者阿里旺旺留言。

3．售后服务的意义

（1）售后服务是一次营销的最后过程，也是再营销的开始，正所谓："良好的开端等于成功的一半"。

（2）售后服务过程中能够进一步了解客户和竞争对手更多的信息。

（3）售后服务能与客户进一步增进感情，为下一步合作打下基础。

（4）售后服务是一种广告，是为公司赢得信誉的关键环节。市场的规律已经证明，企业的信誉积累很大程度上来源于售后服务。

（5）售后服务的过程也是服务人员积累经验、提高技巧、增长才干的过程。

4．售后客服的职能

只要宝贝寄出，所有的问题都由售后客服来处理。售后包括退换货、物流问题、客户的反映和投诉、中差评等处理，要做到所有的售后问题全部不是问题，让客户感觉到我们优质的售后服务，提高客户忠实度。

5．售后客服每日工作流程

（1）查看客户的留言，并及时地跟进，每天需要将已经成交的订单进行物流跟踪，要做到抢在客户前面发现问题，疑难件发现以后，要做记录。并且定期跟踪，做好记录。

（2）查看评价管理，如果有评价内容需要解释的，及时处理，店铺的中差评要在一周之内处理完成。注意修改评价时间节点是一个月。

（3）客户催单，要在第一时间打电话给相关快递公司的客服，把物流信息反馈给客户，并且安抚客户的情绪。做好记录，及时跟踪。

（4）客户关怀，将客户档案库的分类客户进行分类关怀，如节假日、天气骤变、生日关怀，让客户感受到我们的温暖。

6．七天无理由退换货的定义

"七天无理由退换货"指用户（下称卖家）使用淘宝提供的技术支持及服务向其买家提供的特别售后服务，允许买家按本规则及淘宝网其他公示规则的规定对其已购特定商品进行退换货。具体为，当淘宝网买家使用支付宝服务购买支持"七天无理由退换货"的商品，在签收货物（以物流签收单时间为准）后7天内（如有准确签收时间的，以该签收时间后的168小时为7天；如签收时间仅有日期的，以该日后的第二天零时起计算时间，满168小时为7天），若因买家主观原因不愿完成本次交易，卖家有义务向买家提供退换货服务；若卖家未履行其义务，则买家有权按照本规则向淘宝发起对该卖家的投诉，并申请"七天无理由退换货"赔付。

卖家在申请"七天无理由退换货"服务之前，应仔细阅读本规则。一旦卖家申请该服务并成功提交相关信息，则默认为确认并接受本规则所有内容，同时默认为确认并接受《消费者保障服务之"商品描述属实保障"服务规则》。

7. 七天内无理由退换货责任范围

（1）买家在收到货品后因不满意货品希望退换货的。

（2）因质量问题产生的退换货，所有邮费必须由卖家承担，七天内无理由退换货质量问题的界定为货品破损或残缺。

（3）退换货要求具备商品收到时完整的外包装、配件、吊牌等；购买物品被洗过、穿过、人为破坏或标牌拆卸的不予退换；所有预订或订制特殊尺码的不予退换。

（4）非商品质量问题的退换货，应由买家承担往返运费。特别提醒：为避免由于商品滞留造成的经济损失，所有退换货商品，买家应在规定的时间内发回（以物流签收运单显示时间为准），超过规定时间仍不能将退换商品发出的，请买家与卖家自行协商处理办法。

【案例 6-1】

退货风波

一位买家在"聚划算"活动时在某商城购买了一件小孩子的衬衫，反映说衣领一大一小有质量问题，她拍照过来，我们从图片上看不出来。"聚划算"活动一过，售后的工作量是平时的几十倍，为了不耗费太多时间，售后客服就请客户将货先退回，若是质量问题，退货运费由卖家承担，若不是质量问题，出售时的包邮运费损失由卖家承担，退货时的运费由客户自己承担。卖家收到货后，发现货物并没有问题，还特意让其他同事和工厂的厂长都检查了，确定货物没有问题。于是卖家再次联系买家说明情况并拒绝其退款申请。买家却直接投诉了卖家。几天后，淘小二与卖家交涉，聊天记录截图如图6-1所示。

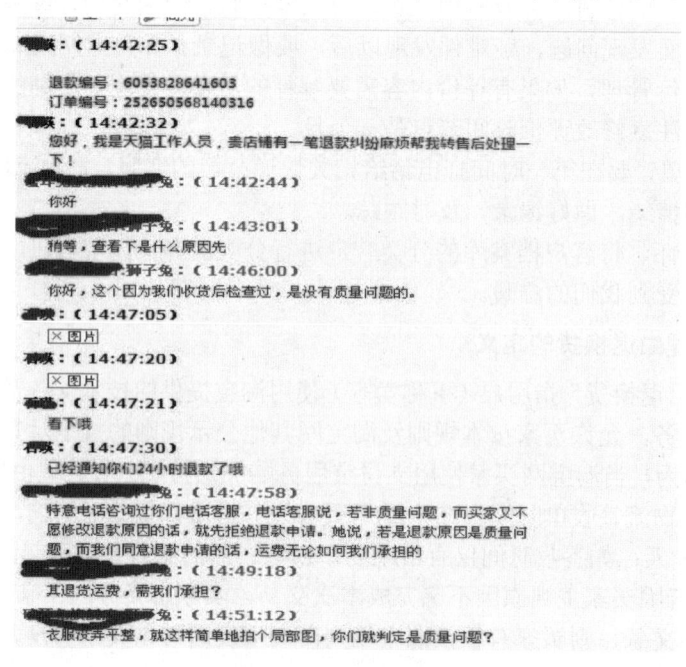

图6-1 聊天记录截图

项目 6　　售后客服技巧

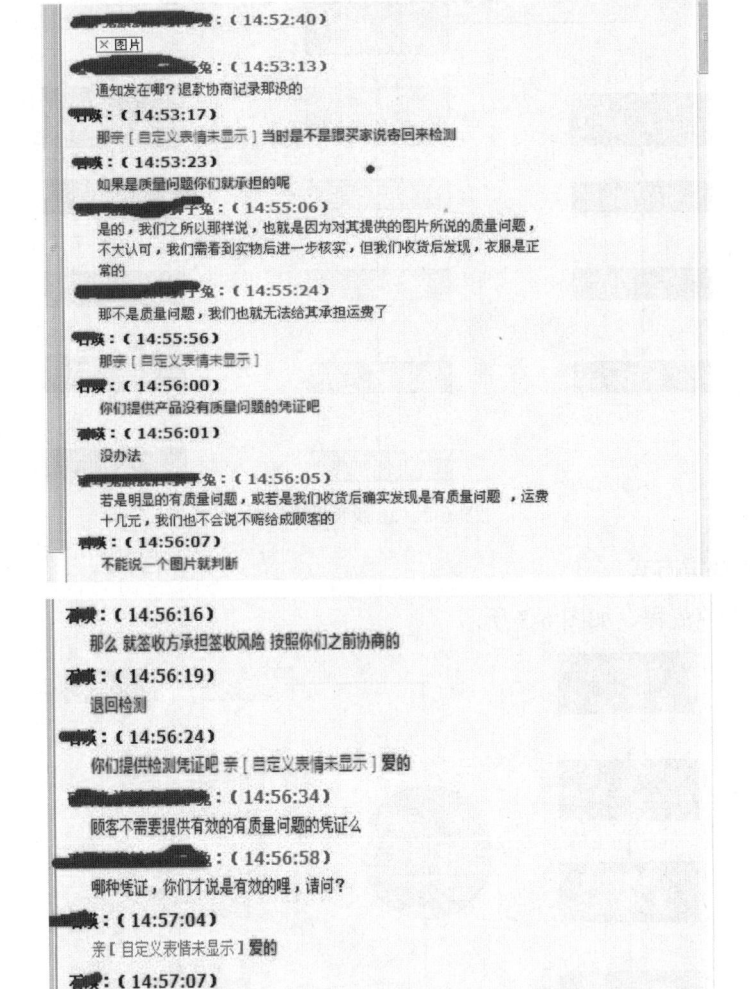

图 6-1　聊天记录截图（续）

案例思考：

整个事件的问题关键点是什么？淘小二说的其中这两句"不能说一个图片就判断"，"那么就签收方承担签收风险"，说明淘宝处理纠纷的原则是什么？举证方如何确定？损失如何承担？作为售后客服，你是否熟悉淘宝的退换货规则及申诉举证规则？

8．商品退换货流程

售后客服通过查证情况，区分 3 种不同的情况与客户达成退换货的程序，特别要注意因商品质量问题引发的退换货。退换货流程如图 6-2 所示。

149

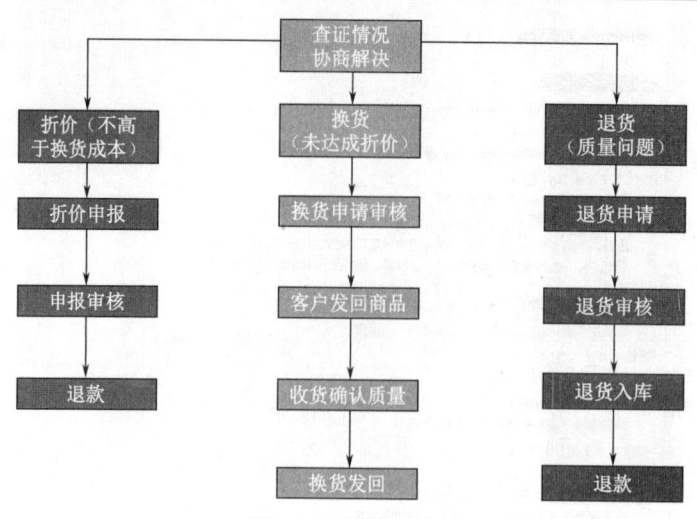

图 6-2 退换货流程

9. 商品退换货方式

（1）客户拒签流程，如图 6-3 所示。

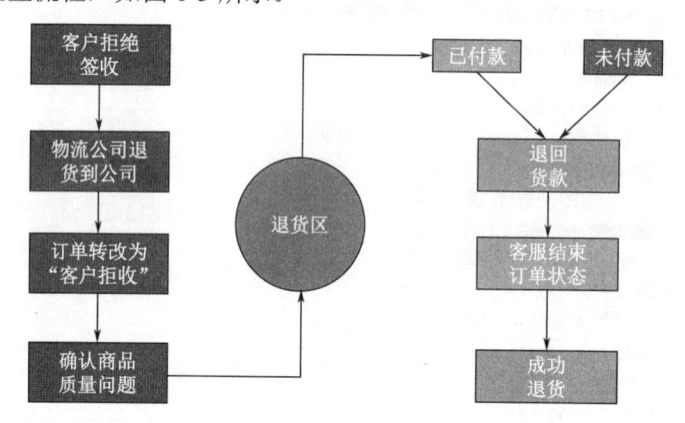

图 6-3 客户拒签流程

（2）主动退货流程，如图 6-4 所示。

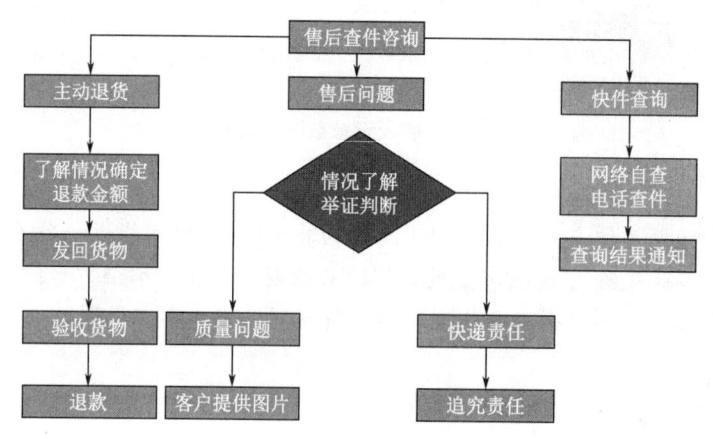

图 6-4 主动退货流程

议一议 客户不同的退换货方式对售后客服来说,要关注哪些问题?它们之间的区别是什么?

拓展学习

● 登录百度,输入关键词"淘宝交易规则"进行搜索,熟悉淘宝的各类规则,把与售后客服相关的淘宝规则填写在表 6-2 中。

表 6-2 售后客服需要了解的淘宝规则

项 目	内 容
交易规则	
超时规定	
评价管理	
市场管理	
违规处罚	

● 小组讨论:你了解 2014 年 3 月实施的新消法的具体内容吗?与网络消费相关的具体内容是什么?推选代表课内进行交流。

活动 6.1.2 熟悉商品退换货的价差处理

做中学

查找相应的信息,结合教材中的必备知识熟悉商品退换货产生的费用情况。
● 利用搜索引擎,或结合自己店铺的实际情况,列出网购商品退货产生的费用。
● 利用搜索引擎,或结合自己店铺的实际情况,列出网购商品换货产生的费用。
● 了解网购商品退换货中的运费险。
● 根据以上调查所收集到的资料,各小组讨论分析网购商品的退换货形成的相应费用情况,把搜集的数据整理好,推选代表课内交流。

必备知识

网购商品的退换货存在不同的原因,特别是新消法实施后,更是赋予消费者 7 天无理由退货的权利,在这样的背景下,售后客服如何通过自身的努力,降低退换货,提升店铺形象,就显得尤为重要。

商品的退换货产生的原因有很多,有客服自身的沟通交流、商品质量、客户本身等原因,更好地分析、了解客户退换货的原因,有助于售后客服的沟通过程更具针对性。

网购退换货率高的原因,从根本上说,是消费者的购物心理预期与实际货物相差过大导致的,恶意买货退货的人占少数,而且可以通过一定的技术手段防止其继续购买。

1. 商品质量问题

(1)商品质量有问题,买家要求退换货。

当这种情况出现后,买家与卖家协商退货事宜,根据淘宝的规定,退货的运费应该由买家承担。

(2) 商品有质量问题，买家不退货。

这种情况特殊但也多见，很多买家怕麻烦，或者照常使用商品，那么就不退货了，当然这样就不产生退货费用该由谁承担的问题。

> **想一想** 分组讨论，如果你是卖家，这样的客户你会选择如何处理？如果你是店铺的售后客服，你会与客户进行怎么样的沟通？如何增加客户的满意度，促使客户成为你的忠实"粉丝"？

2．非商品质量问题

(1) 店铺包装物选择不当造成商品受损。

不同的商品和不同的区域对于包装物的选择有一定的要求，合适的包装物会更好地保护商品，包装物选择不当容易造成商品的破损、污染等。

(2) 快递配送不当。

快递公司由于快递员工的素质形成的野蛮装卸、恶意换货、自己签收等，配送延时、商品滞留造成生鲜物品损坏，都会使得客户产生退换货。

3．买家"后悔"

买家在新消法七天无理由退货的影响下，购物的谨慎性降低，可能因冲动型购买形成不理性购买。

【案例 6-2】

可以拒绝吗

"双十一"购物节时，王小姐在某大型购物网站上看到一双高跟鞋，款式新颖，价格也很便宜，王小姐毫不犹豫地购买了。收到货后，王小姐觉得这双高跟鞋虽然新颖，但颜色跟网页上的图片出入很大，便联系网店店主要求退货，并愿意承担来往的运费，但遭到店主的拒绝。

案例思考：

作为客户，王小姐已经为自己的错误买单了，那么店家有理由拒绝吗？如果你是店铺的售后客服，你会怎么做？是简单的拒绝还是有效沟通？如果你是客户，你又会怎么做？

4．"缺斤少两"

店家在发货过程中因某种原因使得配件短缺、尺码错误等情况，造成客户退换货。

5．发货错误

店家在发货过程中因某种原因使得发货错误，客户接收的商品非购买品，造成客户退换货。

项目 6　售后客服技巧

【案例 6-3】

错发货的困惑

我在网上买了双女鞋 37 号码，回来后看见鞋底有纸标 37 号，我穿了大约 2 个小时感觉脚太挤，回来再检查鞋时发现纸标下面的鞋底上刻有 36 的号码，已向卖家告知此事，正提交照片，但不知，他应做出如何处理。在这件事中我应怎样维护自己的权益？

案例思考：

分组讨论，如果你是店铺客服，你会怎么做？怎样才能消除买家的不满心理？来回邮费由谁承担？

6. 价差处理

常见退换货产生的价差处理如表 6-3 所示。

表 6-3　价差处理

退换原因	费用处理
买家"后悔"	买家承担退换货的邮费
商品质量	卖家承担
包装不当	买家承担
野蛮快递	卖家承担，但向快递公司索赔
发货错误	卖家承担
"缺斤少两"	卖家承担

拓展学习

● 通过上网搜索、查阅资料等方式，每位同学收集各类退换货形成的原因、退换货的费用处理，至少 3 个案例，填写在表 6-4 中。

表 6-4　退换货处理案例

分类	案例名称	案例来源	启示

● 讨论：根据案例进行客服工作处理过程中的模拟训练，除了必备知识中的退换货原因外之外，还有其他问题吗？各小组汇总学习结果，选派代表在班级交流发言。

活动6.1.3　技能训练：女装的退换货处理

小组合作开展训练，针对商品退换货流程，依据不同的类别进行训练，其具体要求如下。

1. 换货处理

（1）能实行换货处理的女装，首先要满足的条件是_____
_____
_____。

> **议一议**　如果是客户本身选择不够精确的情况下，如尺码偏大、颜色不符、款式不对等情况，而客户也愿意承担相应的责任，但是他是以质量问题为由退还的，你认为可以吗？

（2）你认为哪些情况下可以不需要换货，说明理由_____
_____
_____。

2. 折价处理

（1）女装折价处理的条件是_____。
（2）折价处理过程中，售后客服应该与客户如何进行沟通？_____
_____
_____。

（3）折价处理过程中要注意什么问题？_____
_____
_____。

> **议一议**　怎样才能消除客户因换货而产生的不满？换货过程中如何引导客户给予好评？

3. 退货处理

（1）客户拒签的退货流程是_____
_____
_____。

（2）客户主动退货的流程是_____
_____
_____。

（3）退货的责任追究_____
_____
_____。

项目 6　　售后客服技巧

4. 退换货原因汇总

售后客服在发生客户退换货处理的过程中，要及时汇总处理、解决问题的具体原因和方法，特别关注产品质量导致的退换货原因。完成表 6-5 的填写。

表 6-5　退换货原因汇总表（次数）

类别	产品质量	图片处理	尺寸大小	软文描述	客服沟通	物流配送
换货处理						
折价处理						
客户拒签						
主动退货						

教师点评

任务 6.2　学会正确处理客户投诉

问题引入

越来越理性消费的买家，对网购的相关规则的重视、消费的投诉也在不断增加，电子商务客服采用即时聊天工具与客户进行有效沟通，及时处理各类投诉，树立企业的良好形象，张明对售后客服人员投诉处理还有很多不解，你觉得如何处理效果更好？

_____
_____

你知道么？

吸引一个新客户的费用是保持一个老客户费用的 5 倍；一个忠实的客户所带来的持续消费、关联性消费、介绍他人消费等是一次性客户消费量平均额的 N 倍；80%的生意来自于 20%的客户。调查资料表明：70%的消费者，如果在一个商店里的服务体验不好，那么他们将不再光顾那家商店。不满意的客户中只有 4%会投诉，96%的不开心的客户从不投诉，但是 90%永远不会再购买你的商品和服务了。不要以为没有投诉就万事大吉，而你可能不知道为什么客户都不来购买你的商品和服务了。客户不满不但要处理，还要及时处理。用适当的方式处理客户的投诉与问题，能让心灰意冷的投诉客人成为企业最忠实的客户。

活动 6.2.1　了解投诉的原因

做中学

● 小组合作，在百度或搜狗等搜索引擎进行资料查找，2014 年天猫"双十一"销售额前 10 名近 30 天退款及投诉情况，将搜索结果填入表 6-6 中。

表 6-6　天猫"双十一"销售额前 10 名近 30 天退款及投诉情况

销售排名	品牌或企业	退款率	退款次数	投诉率	投诉次数
1					
2					
3					
4					
5					
6					
7					
8					
9					
10					

● 讨论：在繁荣的"双十一"背后，居高的投诉率和投诉次数说明了什么问题？针对存在的问题，结合教材必备知识，售后客服应该如何处理？针对这样的情况，撰写你认为如何改变这一现象的短文。推荐小组代表课内交流。

必备知识

客户意识到不满抱怨（潜在化投诉），当有外界原因触发加剧不满的时候就形成了投诉。消费者遇到问题时就要进行投诉以保护自己的合法权益。

如今社会这种情况发生的频率越来越高，这是一种进步的表现。也促使竞争更为激烈，产品质量更好，服务态度更好。

1. 客户投诉

客户投诉是消费者由于商家的产品质量问题、服务态度等各方面的原因，向商家主管部门反映情况，检举问题，并要求得到相应的补偿的一种手段。

当客户购买或使用产品和服务时，对产品本身和企业服务都抱有良好的期望，当期望和要求都得不到满足时，就会心理失去平衡，由此产生的抱怨和不满行为就是客户投诉。

2. 投诉类型

投诉客户的种类有 3 类。第一种是事务型的，就事论事；第二种是态度型的；第三种是意见型的。

意见型的客户本身都是很挑剔的，但是往往这种人的投诉是最宝贵的，能有效解决企业自身没有发现的许多问题。

3．解决投诉客户的意义

（1）在没有平息委屈和解决困难的客户中有89%的人不会再回来。

（2）一个烦恼的客户会把他的不满意平均告诉9个人。

（3）如果你积极地解决了客户的抱怨，75%的客户会再回来寻求你的帮助。

（4）如果你当场积极地解决了客户的抱怨，95%的客户仍会寻求你的帮助。

4．解决客户投诉原则

解决客户投诉要秉承双赢原则。

（1）对客户投诉的正确认识：投诉客户的抱怨是很常见的。

（2）处理时一定树立"客户第一"的思想：处理时不能本能地为自己辩护，要让对方知道你确实在听，简要地重述对方的问题，并应感激对方提出了意见，询问他是否还有不满意的地方。

5．客户投诉处理要求

客户投诉处理解决可分为4个阶段：接受投诉阶段、解释澄清阶段、提出解决方案阶段、回访阶段，每个阶段的要求如下。

（1）接受投诉阶段的要求：①认真倾听，保持冷静、同情、理解并安慰客户；②给予客户足够的重视和关注；③明确告诉客户等待时间，一定在时限内将处理结果反馈客户；④注意对事件全过程进行仔细询问，语速不宜过快，要做详细的投诉记录。

（2）解释澄清阶段的要求：①不与客户争辩或一味寻找借口；②注意解释语言的语调，不要让客户有受轻视、冷漠或不耐烦的感觉；③换位思考，易地而处，从客户的角度出发，做合理的解释或澄清；④不要推卸责任，不得在客户面前评论公司/其他部门/同事的是非；⑤在没有彻底了解清楚客户投诉的问题时，不将问题反映到相关人员处，避免出现"车轮战"的局面；⑥如果确实是公司的原因，必须诚恳道歉，但是不能过分道歉，注意管理客户的期望，同时提出解决问题的办法。

（3）提出解决方案阶段的要求：①可按投诉类别和情况，提出相应解决问题的具体措施；②向客户说明解决问题所需要的时间及其原因，如果客户不认可或拒绝接受解决方案，坦诚地向客户表示公司的规定；③及时将需要处理的投诉记录传递给相关部门处理。

（4）回访阶段的要求：①根据处理时限的要求，注意跟进投诉处理的进程；②及时将处理结果向投诉的客户反馈；③关心询问客户对处理结果的满意程度。

6．客户投诉后期望得到公平的对待

公平对待的含义有3种：结果公平、过程公平、相互对待公平。

（1）结果公平：客户希望结果或赔偿能与其不满意水平相匹配，这种赔偿采用双方友好协商的形式商定。

（2）过程公平：除公平赔偿外，客户还希望抱怨过程的政策、规定和时限公平。

（3）相互对待公平：除对公平赔偿、快速处理的期望之外，客户还希望被有礼貌地、细心地和诚实地对待。

7．解决客户投诉的步骤

解决客户投诉时先处理心情再处理事情。解决客户投诉的步骤如下。

(1)迅速接受投诉,决不拖延。
(2)匹配客户的情况:平息怒气、怨气。
(3)总结并澄清问题,让客户把情绪宣泄出来。
(4)提供选择、关注解决方案:探讨解决问题的方式、方法,寻求补救措施。
(5)在方案上达成共识并采取行动。
(6)感谢客户,表示诚意(歉意)。
(7)跟踪并监控问题的执行。

8. 如何看待投诉者

(1)我们应该将投诉者视为感恩的对象。
(2)投诉是客户送给我们最宝贵的礼物。
(3)尤其是难缠的客户,你可以从中学到很多东西,从而反省自己、改变自己。
(4)如果不妥善解决,就会失去客户对公司的信任。
(5)投诉电子商务公司的客户都是一些收入、学历相对较高的群体,也是我们的重点消费群体。
(6)得当地处理客户问题可以成功地培育出一名忠实的高消费能力客户与其所在的客户群。
(7)客户投诉与需要处理的问题一般来讲都是我们一直在努力解决的事情。
(8)把客户的抱怨、倾诉、投诉当成客户与我们交流的渠道,此渠道中有不少有价值的信息。有时候这些有价值的信息还需要我们花重金去购买,客户反馈的一线信息正是我们一直在期盼的高价值信息。

读一读

来自"中国电子商务投诉与维权公共服务平台"的数据显示,2013年该平台接到来自全国各地的用户投诉近97350起,同比增长4.0%。而在电子商务领域的各类投诉中,网络购物占52.38%,网络团购占27.53%,移动电子商务占10.09%,物流快递占2.24%,B2B网络贸易占1.39%,第三方支付占1.07%,其他(如网络传销、网络集资洗钱等)占5.3%。其中,电商价格战、"双十一"、电商周年庆,均是用户投诉高峰期。

在投诉涉及的金额方面,电子商务用户投诉涉及金额分别为:100元以下占23.49%,100~500元占40.59%,500~1000元占12.20%,1000~5000元占19.95%,5000元以上为3.77%,投诉涉及金额较往年有所上升。

从投诉地域分布来看,北京、浙江、上海、广东等地区的消费投诉最为密集。据监测显示,其中来自北京的投诉量占比达14.64%,浙江占13.17%,江苏占11.12%,上海占11.01%,广东占10.33%,其次依次为湖北5.33%、山东4.43%、四川3.63%、福建3.41%、陕西2.95%。据研究员分析,根据数据表明,东部沿海地区及北京等经济较发达地区电商投诉相对较多,此外,湖北、陕西、四川等中西部地区电商投诉相比2013年增加明显,表明中西部地区的电商发展增速快,用户维权意识增强。

议一议 从上面的数据中你发现了什么问题?客户投诉的背后意味着什么?你觉得电子商务客服如何做才能减少客户的投诉?

拓展学习

小组合作学习，针对本身店铺的实际情况，了解客户投诉的原因。

● 登录百度、一搜、搜狗等搜索引擎，搜索"电子商务客户投诉案例"词条，查找相关案例进行点评。

● 利用以上搜索引擎中的一种，查找重大活动客户投诉增加的原因，将查找结果填写在表 6-7 中。

表 6-7　客户投诉原因

投诉类别	投诉原因	处理结果

将投诉原因归类后，小组交流形成处理结果，将各类不同原因的处理结果推荐代表在课内进行交流。

投诉原因描述：_____
_____
_____
_____。
处理结果：_____。
本小组推荐的代表：_____。

活动 6.2.2　熟悉客户投诉处理的技巧

做中学

● 结合自己店铺的商品实际状况，利用搜索引擎（如百度、搜狗等）查找有关客户投诉的处理案例，将售后客服处理的结果进行记载，小组同学之间进行相互交流，了解客户投诉后对结果的满意程度和店铺的影响。

案例摘录：_____；
投诉原因：_____；
处理结果：_____；
满意程度：_____；
店铺影响：_____。

● 结合教材中的必备知识，设计一份针对本网店的客户投诉处理工作手册，结合客户投诉的要点进行整理归类，推选小组代表课间交流。

必备知识

《三字经》上说，"人之初，性本善"。理解这句话的人是很容易来处理投诉这类的事情的。每个客户看似不讲道理，然而从根本上，他是理智的、讲道理的。只是缺少沟通，缺少客服与客户的深度交流。正确处理客户的投诉，可以让客户成为"口碑营销"的传播者。爱挑"刺"的客户不是因为产品出现了什么问题，而是太完美了，他们怕被骗，所以开始缺乏安全感，开始"理直气壮"地向我们的投诉部门进行投诉。

1. 投诉客户的一般分类

（1）易怒的客户：脾气比较暴躁。

处理方法：针对这样的客户，要"以柔克刚"，要多沟通，让客户认识到自己的错误，或是我们因什么原因造成的问题等，妥善地解决，这类客户最容易成为忠实的口碑传播者，所以，我们不要吝啬自己温暖的语言和道歉。

（2）古怪的客户：性情难以琢磨。

处理方法：任着他的性子来。越是来投诉的客户，越方便我们的客服与客户进行"感情"交流，恰当的时间往往增加客户对商品的认可程度。

（3）霸道的客户：强词夺理。

处理方法：这类客户霸道，也属于爱占小便宜之类的人物。因为贪图小便宜，所以表现自己"上帝"的地位，来"拿"认为是该拿的。应对此类的客户，道理讲不通，可以通过侧面来证实自己的实力和不抗的职业精神。

（4）知识分子的客户：不温不火，头头是道。

处理方法：这样的客户本身具有一定的知识，这就要求娴熟的店员从知识方面入手，与客户交流切磋，若处理得好，或许这样的客户还会给带来一些意想不到的收获。

（5）文化素质差的客户：不懂得欣赏。

处理方法：这样的客户文化素质差，不懂得欣赏或使用产品，遇到此类客户投诉，甚至还可能被骂得一文不值，但不要着急，他们缺少的只是对产品的认识和认可，客服可以根据其需要着重对其服务。

（6）喋喋不休的客户：总是说个没完。

处理方法：针对这样客户的投诉，我们要听他的"唠叨"，要让他感觉到，只要听到他的"唠叨"我们就能完美地解决事情。如果这类客户在精神上得到了满足，就可能会给你做免费广告。

2. 投诉处理技巧

（1）保持冷静，避免个人情绪受困扰。

（2）向积极方面去想，并采取积极的行动（一位真正的专业人员会认为投诉是一项专业的挑战，而不是讲你想讲的）。

（3）只讲客户希望知道的，而不是你想讲的。

（4）集中研究解决问题的办法，而不是运用外交辞令（熟记各种可行的办法，并向客户提出适当的建议）。

（5）避免提供过多不必要的资料/假设。

（6）要充满信心。
（7）即使客户粗鲁无礼，也要保持关注同情。
（8）多用类似下列的语句。
① 谢谢您的提醒，我们会注意的。
② 谢谢您告诉我们。
③ 我们明白您的困难/问题。
④ 如果我是您，我也可能会这么做。
⑤ 造成这样的问题我们非常抱歉。

3. 处理客户投诉的措施

先要找到最合适的方式与客户进行交流。客户在投诉时会表现出情绪激动、愤怒，甚至对你破口大骂。实际上这是一种发泄，把自己的怨气、不满发泄出来，客户忧郁或不快的心情便得到释放和缓解，从而维持了心理平衡。此时，客户最希望得到的是同情、尊重和重视，因此你应立即向其表示道歉，并采取相应的措施。

1）快速反应

客户认为商品有问题，一般会比较着急，怕不能得到解决，当然会不太高兴。这时要快速反应，记下他的问题，及时查询问题发生的原因，及时帮助客户解决问题。有些问题不是能够马上解决的，也要告诉客户我们会马上给您解决，现在就给您处理……

2）热情接待

客户收到商品后过来反映问题，要比交易时更热情接待，这样买家就会认同你，人的认同是良好有效沟通的开始，买家的满足感会带来再次购买的行为。

3）表示愿意提供帮助

"让我看一下该如何帮助您，我很愿意为您解决问题。"

客服人员解决客户正在关注的问题，体贴地表示乐于提供帮助，自然会让客户感到安全、有保障，从而进一步消除对立情绪，形成依赖感。

4）引导客户思绪

我们有时候会在说道歉时感到不舒服，因为这似乎是在承认自己有错。其实，"对不起"或"很抱歉"主要表明你对客户不愉快经历的遗憾与同情。同时，我们也可以运用有效的方法来引导客户的思绪，化解客户的愤怒。

（1）"何时"法提问。

降低客户的愤怒，能有效进行沟通，有利于矛盾的解决。对于那些抱怨，应当用一些"何时"问题来冲淡其中的负面成分。

客户："你们根本是瞎胡搞，不负责任才导致了今天的烂摊子！"

客服人员："您什么时候开始感到我们的服务没能及时替您解决这个问题？"

（2）转移话题。

当对方按照他的思路在不断地发火、指责时，可以抓住一些其中略为有关的内容扭转方向，缓和气氛。

客户："你们这么搞把我的日子彻底打乱了，你们的日子当然好过，可我还上有老下有小啊！"

客服经理:"我理解您,您的孩子多大啦?"

客户:"嗯……6岁半。"

(3)间隙转折。

暂时停止对话,特别是你也需要找有决定权的人做一些决定或变通。

(4)给定限制。

有时你虽然做了很多尝试,对方依然出言不逊,甚至不尊重你的人格,你可以转而采用较为坚定的态度给对方一定限制。

> **想一想** 分组讨论,如果你是店铺客服,你会怎么对话?减少客户的投诉你还觉得还有什么方法?

5)认真倾听

客户投诉商品有问题,不要着急去辩解,而是要耐心听清楚问题的所在,然后记录下客户的用户名、购买的商品,这样便于我们去回忆当时的情形。和客户一起分析问题出在哪里,才能有针对性地找到解决问题的办法。

在倾听客户投诉的时候,不但要听他表达的内容还要注意他的语调与音量,这有助于了解客户语言背后的内在情绪。同时,要通过解释与澄清,确保你真正了解客户的问题。

【案例6-4】

对客户的真诚和尊重

"王先生,来看一下我的理解是否正确。您是说,您一个月前买了我们的手机,但发现有时会无故死机。您已经到我们的手机维修中心检测过,但测试结果没有任何问题。今天,此现象再次发生,您很不满意,要求我们给您更换产品。"你要向客户澄清:"我理解了您的意思了吗?"

认真倾听客户,向客户解释他所表达的意思并请教客户我们的理解是否正确,都是向客户表明了你的真诚和对他的尊重。同时,这也给了客户一个重申他没有表达清晰意图的机会。

6)认同客户的感受

客户在投诉时会表现出烦恼、失望、泄气、愤怒等各种情感,你不应当把这些表现理解成对你个人的不满。客户的情绪是完全有理由的,理应得到极大的重视和最迅速、合理的解决。所以你要让客户知道你非常理解他的心情,关心他的问题:"王先生,对不起,让您感到不愉快了,我非常理解您此时的感受。"

无论客户是否永远是对的,至少在客户的世界里,他的情绪与要求是真实的,只有与客户的世界同步,才有可能真正了解他的问题,找到最合适的方式与他交流,从而为成功的投诉处理奠定基础。

7)安抚和解释

首先我们要站在客户的角度想问题,我们设想如果是自己遇到这个问题会怎么做、怎么解决,所以要跟客户说:"我同意您的看法","我也是这么想的"。这样会让客户对你的信任更多。

此外,沟通时的称呼也是很重要的,客服代表的是团队,所以对自己这边的称呼要以"我们"来称呼,对客户也可以说"我们",这样会更亲近,对客户也要以"您"来称呼,做到专业和礼貌。

8)诚恳道歉

不管是什么原因造成客户不满,都要诚恳地向客户致歉,对因此给客户造成的不愉快和损失道歉。如果你已经非常诚恳地认识到自己的不足,客户一般也不会继续不依不饶。

9)提出补救措施

对于客户的不满,要能及时提出补救的方式,并且明确地告诉客户,让客户感觉到你在为他考虑,为他弥补,并且你很重视他。一个及时有效的补救措施,往往能让客户的不满转化成感谢和满意。

针对客户投诉,客服人员在提供解决方案时要注意以下几点。

(1)为客户提供选择。通常一个问题的解决方案都不是唯一的,给客户提供选择会让客户感到受尊重,同时,客户选择的解决方案在实施的时候也会得到来自客户方更多的认可和配合。

(2)诚实地向客户承诺。因为有些问题比较复杂或特殊,客服人员不确信该如何为客户解决,不要向客户做任何承诺,诚实地告诉客户,会尽力寻找解决的方法,但需要一点时间,然后约定给客户回话的时间。客服一定要确保准时给客户回话,即使到时仍不能解决问题,也要向客户解释问题进展,并再次约定答复时间。客服的诚实会更容易得到客户的尊重。

(3)适当地给客户一些补偿。客服人员一定要灵活处理,更要注意的是,将问题解决后,一定要改进工作,以避免今后发生类似的问题。

10)通知客户并及时跟进

给客户采取什么样的补救措施、现在进行到哪一步,都应该告知客户,让他了解你的工作,了解你为他付出的努力。客户当发现商品出现问题后,首先担心能不能得到解决,其次担心需要多长时间才能解决,当客户发现补救措施及时有效,而且商家也很重视的时候,就会感到放心。

4. 处理投诉时应有的态度及常用语句

1)耐心聆听

让客户觉得你是关心其投诉并做出相应反应的,售后客服以不同的语句重复其主要论点,常用语句有:好的、我明白了;我明白您的意思;×先生/小姐,我很明白您现在的心情;明白了,您的问题我刚详细记录下来了。

2)投诉客户显示不快时

客服先应向对方致歉以平息其怒气,方便事件的处理,常用语句有:对不起;×先生/小姐,我非常抱歉,还请您原谅;×先生/小姐,我听到这件事也觉得非常抱歉,是我们做错了,让您的购买体验出现了瑕疵,对不起。

3)错在我方

必须向对方道歉并保证立即采取补救行动,常用语句有:×先生/小姐,发生这件事,我觉得十分抱歉，但我会马上尽力补救，尽力帮您解决这个问题。

4）当有需要承诺时

向客户保证不会发生同样错误，常用语句有：希望您能相信我，我保证不会有同样事情发生（此时可以告知客户你的工号，或是姓名，让客户增强信心，"我是××，出现任何问题您都可以找我"）。

5）亲近客户

要让客户明白你是真心帮助他/她的，提出各种可能解决问题的办法，常用语句有：先生/小姐，这其实是最好的解决方法，不过如您认为不方便的话，我建议……您看我们可不可以这样安排……。

6）婉转拒绝

售后客服要有礼地解释其中理由。常用语句有：×先生/小姐，真对不起，这件事只可以在……情况下才可以；×先生/小姐，真不好意思，请恕我们无法办到，因为……；×先生/小姐，真不好意思，这件事只怕暂时帮不了您，因为……；×先生/小姐，多谢您能打电话来，我很乐意向您解释这件事；×先生/小姐，这件事请恕我无法帮忙，希望下次可以办得到；×先生/小姐，您的问题我详细记录了，我会及时反映给相关部门，希望在您下次购买时能处理您遇到的同类问题。

7）婉转处理

若需比你级别高的人员来处理投诉，须让对方知道会找适当人选处理有关问题。常用语句有：×先生/小姐，这件事请恕我无法帮助您，不过我可以请我的上司×先生/小姐跟您谈谈，好吗？

5．处理反对意见

客户提出反对意见是常见的问题，但是我们会把反对意见视作考验而加以克服，对于一切反对意见，均应即时加以解决。反对意见的类型及处理方法如下。

（1）第一类：误会你的意见，起因在于缺乏沟通。

① 以发问方式重复客户所提出的反对意见，等待回答。

② 立即澄清（重复客户的意见可使对方知道你真正明白其反对理由，并唯有聆听其意见，才可帮助我们更加了解对方的反对意见及表示尊重）。

③ 加强沟通练习，提高沟通成效。

（2）第二类：合理的反对意见。客户认为建议对本身并无效益或对建议无好感。

① 以技巧的反问方式重复对方所提出的反对意见，等待回答。

② 强调适当的或对方曾经表示喜欢的效益。

③ 每次均以商议或发问作结。（把你的构思或解决方法及其他的效益提出，以减低反对意见的严重性。切不可与客户争辩，只可强调对方已经认同的效益，使他们着眼于这些效益之上，让客户知道你本身的建议充满热诚及信心）

（3）第三类：不合理的反对意见。客户只不过喜欢无中生有或纯粹为难你。

① 以发问方式重复客户所提出的反对意见，等待回答。

② 任由客户发表意见，切不可与对方争辩，只可重复对方已经认同的效益并加以加强。

项目 6　　　　　　　　　　　　　　　　　　　　　售后客服技巧

> **想一想**　客户投诉的处理是最具有技巧和挑战的，你觉得还有其他处理的技巧吗？你能把那些知识归并整理吗？针对自己的店铺，你认为还应该增加什么知识？

拓展学习

● 请利用小组合作的方式，线上线下查找不同类目的商品店铺客户投诉的成功处理案例，把结果填写在表 6-8 中。

表 6-8　不同类目商品的投诉处理

类目	店铺名称	投诉原因及处理结果
农产品		
日化用品		
服装		

● 查阅相关的教材和培训材料，摘录知识描述，小组讨论，结合自身店铺的实际，将你认为有帮助的知识进行整理，推选代表课内交流。

活动 6.2.3　打造优质售后服务

做中学

● 利用搜索引擎上网查找，并结合自身店铺的实际，小组进行交流，列出优质售后服务的关键点，以知识点或短文的方式进行课内展示。

● 你觉得优质的售后客服该做哪些事情？客户关怀该怎么做？

● 结合教材中的必备知识，依据自己店铺实际状况完成以下任务。

针对老客户采取的措施：_____

_____。

物流快递的沟通方式：_____

_____。

优质客户的关怀：_____

_____。

必备知识

作为网店，如果无法阻止客户的流失，那就意味着它将永远无法做大。那么如何才能阻止客户的流失呢？笔者认为：首先要弄清楚客户流失的原因，然后对症下药，采取相应的有效措施，加以阻止，具体如下。

1. 导致客户流失的因素

客户的需求不能得到切实有效的满足往往是导致企业客户流失的最关键因素，一般表现在以下几个方面。

（1）店铺商品质量不稳定，客户利益受损。

很多店铺开始做的时候会选择质量好、价位稍高的商品来销售，但时间久了，卖家会发现有些低劣商品，只要图片漂亮一样好卖，于是改换便宜的劣质品充当高档商品卖高价位，这样一来，客户肯定会流失很多。

（2）店铺缺乏创新，客户"移情别恋"。

任何商品都有自己的生命周期，随着网上购物平台市场的成熟及商品价格透明度的增高，商品带给客户的选择空间往往越来越大。若店铺不能及时进行创新，客户自然就会另寻他路，毕竟买到性价比最高的具有新意的商品才是客户所需要的。

（3）客服人员服务意识淡薄。

客服人员傲慢、客户提出的问题不能得到及时解决、咨询无人理睬、投诉无人处理、回复留言语气生硬、接听电话支支吾吾、回复邮件更是草草了事、员工工作效率低下也是直接导致客户流失的重要因素。

（4）员工跳槽，带走了客户。

电子商务卖家都是小规模雇人经营，员工流动性相对较大，而店主在客户关系管理方面不够细腻、规范，客户与店铺客服之间的桥梁作用就被发挥得淋漓尽致，而店主自身对客户影响相对乏力，一旦客服人员摸清进货渠道，在网上自立门户，以低价位进行恶性竞争，老客户就随之而去。与此带来的是竞争对手实力的增强。

（5）客户遭遇新的诱惑。

市场竞争激烈，为能够迅速在市场上获得有利地位，竞争对手往往会不惜代价搞低价促销、做广告、做"毁灭性打击"来吸引更多的客源，客户"变节"也不是什么奇怪现象了。

另外，个别客户自恃购买次数多，为买到网上的最低价格商品，每买一件商品都搜索最低价来对比，否则就以"主动流失"进行要挟，客服满足不了他们的特殊需求，只好妥协。

2. 防范客户流失的措施

找到客户流失的病因，至于如何防范，店主们还应结合自身情况"对症下药"才是根本。一般来讲，店铺应从以下几个方面入手来堵住客户流失的缺口。

1）做好质量营销

要明白质量是维护客户忠诚度最好的保证，是对付竞争者的最有力的武器，是保持增长和赢利的唯一途径。可见，店铺只有在产品的质量上下大功夫，保证商品的耐用性、可靠性、精确性等价值属性才能在市场上取得优势，才能为商品的销售及品牌的推广创造一个良好的运作基础，也才能真正吸引客户、留住客户。

2）树立"客户至上"的服务意识

重大活动期间，如"双十一"、"双十二"或者店庆等重大活动，销售量剧增，客服人员的工作压力增大，这时最能体现客服的服务水平，经历重大活动洗礼的客服人员是最能感受"客户至上"的含义的。由此可见，任何行业，服务质量好是最重要的，是留住客户的最重要因素。

3）强化与客户的沟通

首先客服人员在得到一位新客户时，应及时将店铺的经营理念和服务宗旨传递给客户，便于获得新客户的信任。在与客户的交易中遇到矛盾时，应及时地与客户沟通，及时处理、及时解决问题，在适当的时候还可以选择放弃自己的利益保全客户的利益，客户自然会感激你，很大程度上增加了客户对店铺的信任。

4）增加客户对店铺的品牌形象价值

这就要求店铺一方面通过改进商品、服务、人员和形象，提高自己店铺的品牌形象，另一方面通过改善服务和促销网络系统，减少客户购买产品的时间、体力和精力的消耗，以降低货币和非货币成本。从而来影响客户的满意度和双方深入合作的可能性，为自己的店铺打造出良好的品牌形象。

5）建立良好的客情关系

员工跳槽带走客户很大一个原因就在于店铺缺乏与客户的深入沟通与联系。客户资料是一个店铺最重要的财富，详细地收集好客户资料，建立客户档案进行归类管理，并适时把握客户需求，让客户从心里信任这个店铺而不是单单一件商品，这样才能真正实现"控制"客户的目的。

6）做好创新

店铺的商品一旦不能根据市场变化做出调整与创新，就会落于市场的后尘。市场是在不断变化的，只有不断地迎合市场需求、时代变化，才能真正赢得更多信赖你的客户，只有那些走在市场前面来引导客户驱使市场的发展的经营者，才能取得成功。

对于那些用"自动流失"来要挟的客户，尽管放弃吧，原则性问题，任何店铺、任何店主都应该遵守。防范客户流失工作既是一门艺术，又是一门科学，它需要店铺不断地去创造、传递和沟通优质的客户价值，这样才能最终获得、保持和增加老客户，锻造店铺的核心竞争力，使企业拥有立足市场的资本。

> **想一想** 一个优秀的售后客服人员应该具有哪些特质？该做哪些事情？你如何把自己打造成一个优秀的售后客服人员？

拓展学习

- 针对自身店铺或者你所熟悉了解的店铺实际状况，发生客户投诉的处理过程是怎样的？作为小组案例进行讨论。
- 当你的店铺中发生客户给予中差评的时候，你是如何进行有效沟通的？沟通的结果如何？作为小组案例写出反思。
- 你觉得对店铺的 VIP 客户在哪些时间点要做客户关怀，该做什么？

活动 6.2.4　技能训练：客户投诉的危机处理

1. 店铺中差评的修改

结合自身店铺实际，参照图 6-5，小组合作开展训练，具体要求如下。

```
            ┌──────────┐
            │ 收到中差评 │
            └────┬─────┘
                 │
        ┌────────────────┐
        │ 了解客户购买     │
        │ 信息,分析原因    │
        └────────┬───────┘
                 │
        ┌────────────────┐
        │ 及时与客户沟通   │
        │ (阿里旺旺优先)  │
        └────────┬───────┘
      ┌──────────┼──────────┐
  ┌───────┐ ┌───────┐ ┌────────┐
  │不接受修改│ │接受修改│ │暂时没有修改│
  └───┬───┘ └───┬───┘ └───┬────┘
  ┌───────┐ ┌───────┐ ┌────────┐
  │提供补充措施│ │感谢客户│ │备注二次跟踪│
  └───────┘ └───────┘ └────────┘
```

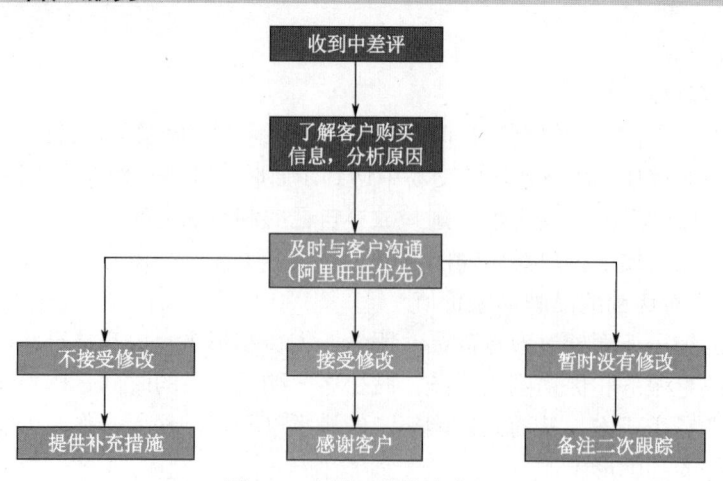

图 6-5　中差评的修改流程

（1）采用什么方法了解客户信息和分析原因？_____
_____。

> **议一议**　客户给予中差评的原因可能很多，如商品质量、反悔、物流问题、有意刁难等，你会如何确定？如果是恶意差评师，你该怎么办？

最终确定的原因是_____
_____。

（2）针对 3 种不同情况，你采取的措施分别是什么？

不接受修改的补救措施是_____
_____。

接受修改的感谢是_____
_____。

暂时没有修改的备注是_____
_____。

> **想一想**　换位思考，如果你是客户，发生中差评的事件，你希望客服人员怎么做？怎样才能消除你的不满换取好评？

2. 客户投诉

发生客户投诉时，你的处理程序和处理流程是_____
_____
_____。

> **议一议**　作为售后客服，你觉得最难处理的客户投诉是什么？怎样的处理客户接受的程度最好、最快？

3. 平台处罚

发生平台处罚时，你的处理程序和流程是 _____

_____

_____。

教师点评

项目小结

通过本项目的学习，我们认识到电子商务售后服务技巧的形成有助于店铺形象的提升，能更好地促进销售。但真正的销售始于售后。所谓售后服务，就是在商品出售以后所提供的各种服务活动。从营销工作来看，售后服务本身也是一种促销手段。在追踪跟进阶段，营销人员要采取各种形式的配合步骤，通过售后服务来提高企业的信誉，扩大产品的市场占有率，提高营销工作的效率及效益。

电子商务售后客服所提供的服务一般包括退换货处理、价差处理、解决客户投诉、打造优质售后等几个大的方面。即要做好以下事情：满足客户退换货的需求、做好价差处理、有效处理投诉、做好VIP客户关怀、提升店铺形象。优秀的售后客服要与售前、售中客服做好对接，与客户做好互动，同时更要熟悉平台处罚的规则，对于客户给予的中差评和投诉，要有良好的沟通解决方法，好的售后客服是企业成功的关键。

项目 7
电子商务客户风险防范

学习目标

通过学习本项目，你应该能够：
(1) 了解电子商务客服常见的一些交易风险；
(2) 掌握电子商务客服对于常见交易风险基本的防范方法；
(3) 了解电子商务交易安全技术；
(4) 能初步建立电子商务交易网络安全系统；
(5) 掌握数字证书的安装和使用方法；
(6) 了解电子商务交易立法现状；
(7) 掌握电子商务零售平台常见的交易规则。

  2014 年的"双十一"，中国互联网又经历了一场全民购物大狂欢，淘宝、天猫再次创造了 571 亿元的最高单日交易纪录。惊人的实时交易量也引发了一些不法分子对网购各环节的觊觎。中国网购钓鱼地图显示，"双十一"当天 360 安全卫士、360 手机卫士和 360 安全浏览器等安全产品共为全国用户拦截钓鱼网站攻击 1.97 亿次，相当于平时日均拦截量的 2.05 倍。在这场全民网购大狂欢背后，钓鱼网站攻击、网购欺诈等各种安全威胁仍是网民无法忽视的问题，各类网络诈骗或将集中爆发。360 互联网安全中心根据最近一年流行的网络诈骗形式及"双十一"网购的特点，提醒广大网民警惕"双十一"后可能大规模爆发的三类高危钓鱼网站诈骗：退款诈骗、二手交易及中奖诈骗。

  国际互联网的全球化热潮把人类的商务活动带入了一个新领域——电子商务时代，虽然诞生时间不算长，但它的发展方兴未艾，大有独领天下商务活动风骚之势。

  未来或许从事电子商务客服职业的你，知道目前我国电子商务客服存在哪些风险，这些风险该如何防范吗？希望通过本项目的学习，可以完成 3 个任务：分析电子商务客服的交易风险；实现电子商务客服安全交易保障；熟悉电子商务法律法规。

项目 7　　　　　　　　　　　　　　　　　　　　电子商务客户风险防范

任务 7.1　分析电子商务客服的交易风险

问题引入

作为一名客服专员，除了具备良好的语言能力、心理素质、服务态度、应变能力之外，还应具备哪些交易风险的防范能力呢？在交易过程中又会出现哪些风险？张明觉得需要进行认真的学习和领悟。

_____
_____

你知道么？

2014 年随着移动互联网的快速发展，通过移动智能终端进行网购的消费者也呈现爆发式的增长，360 互联网安全中心最新发布的《2014 年双十一手机网购安全研究报告》指出，在国内，与支付、网银、金融证券相关的各类移动应用的累计下载量已经超过 4 亿次。截至 2014 年 6 月，我国移动支付用户规模达到 2.05 亿个，手机支付的使用比例由 25.1%提升至 38.9%。但是通过手机等移动智能终端进行网购享受便利的同时，手机支付的安全性也日渐堪忧。腾讯移动安全实验室发布的《2014 年上半年手机安全报告》显示，2014 年上半年感染手机支付类病毒用户数就达到了 693.4 万个，其中二维码藏毒更是两年增长了 3 倍。

活动 7.1.1　识别电子商务售中客服的交易风险

做中学

● 以小组为单位，对当地一些从事电子商务客服的人员进行一个小调查，了解作为一名客服人员面临着哪些交易风险，以及他们是如何防范的，请将调查结果填入表 7-1 中。

表 7-1　电子商务客服风险调查表

店铺信誉	客服人数		客服面临的风险		对于风险客服的防范措施
	专职	兼职	售中	售后	

● 请你依据表 7-1，结合教材中的必备知识了解电子商务售中客服的交易风险。

必备知识

1. 电子商务交易面临的安全威胁

在电子商务交易过程中，除了自然灾害、意外事故；网络协议中的缺陷，如 TCP/IP 协

171

议的安全问题；人为行为，如使用不当、安全意识差之外，下面一些这些行为也属于电子商务交易中面临的安全威胁。

1）信息泄漏

在电子交易中商业机密被泄漏，主要包括两个方面：交易双方进行交易的内容被第三方窃取；交易一方提供给另一方使用的文件被第三方非法使用。

2）文件信息被篡改

当攻击者掌握了信息的格式和规律后，通过各种技术手段和方法，将网络上传输的信息数据在中途篡改，如修改消息次序、时间，注入伪造消息等，然后发向目的地，破坏数据的真实性和完整性。

3）身份识别问题

如果不进行身份识别，第三方就有可能假冒交易一方的身份，以破坏交易。破坏被假冒一方的信誉或盗取被假冒一方的交易成果等。进行身份识别后，交易双方就可防止"相互猜疑"。

4）病毒问题

病毒问世20多来，各种新型病毒及其变种迅速增加，互联网为病毒的传播提供了最好的媒介。不少新病毒利用网络作为自己的传播途径，很多病毒借助于网络传播变得更快，破坏性更大，造成的经济损失动辄达数百亿美元。

5）黑客问题

由于黑客的入侵或侵扰，如非法访问、拒绝服务计算机病毒、非法链接等，都会给企业带来损失。而各种应用工具的传播，黑客已经大众化了，不像过去那样非计算机高手不能成为黑客。曾经大闹雅虎网站的"黑手党男孩"就没有受过专门训练，只是下载了几个攻击软件并学会了如何使用，就在互联网上"大干了一场"。

6）诚信问题

电子商务的在线支付形式有电子支票、电子钱包、电子现金、信用卡支付等。但是采用这几种支付方式，都要求消费者先付款，商家再发货。因此，诚信安全也是影响电子商务快速发展的一个重要问题。

2. 电子商务安全其他方面的问题

1）数据库安全

电子商务在数据库中所面临的安全问题表现在非法入侵者对数据库的攻击，电子的交易信息在网络上传输的过程中，可能被他人非法地修改、删除或重放（指只能使用一次的信息被多次使用），从而使信息失去了真实性和完整性。例如，在淘宝交易中，要删中差评，必须进入淘宝数据库。

2）网络通信安全

电子商务在网络通信中所面临的安全问题主要体现在以下几个方面：交易的内容被第三方窃取；电子交易信息在网上传输过程中，可能被他人非法修改、删除或重放；信息的存储和传输受到恶意破坏的威胁（如病毒威胁）。信息破坏包括因网络硬件和软件的问题而导致信息传递的丢失与谬误；以及一些恶意程序的破坏而导致电子商务信息遭到破坏。例如，一些免费WiFi，其实暗藏风险，大多数公共场所的免费WiFi缺少安全防护措施，还有可能是黑客自行搭建的"山寨WiFi"，会导致账号密码被盗、个人信息泄露、网银盗刷等严重后果。

3）支付安全

电子商务离不开网上支付，随着电子商务的发展，几家大的第三方支付企业均通过各种方式开展网上支付、快捷支付等服务，其中最主要的形式是"快捷支付"。客户可通过将个人第三方支付账户关联自己的储蓄卡或者信用卡，每次付款时只需输入第三方支付账户的支付密码和手机校验码即可完成付款，从而绕开了银行支付网络。目前，支付宝、财付通等主要支付公司都推出了这项服务。

快捷支付的安全关键在于手机，要保证手机绝对安全，特别是保证短信安全，才能保证快捷支付的安全。如果有人知道了用户的支付宝或财付通账号，同时又掌握了用户的手机，那就意味着该用户账号中绑定银行卡的资金就很容易被盗用，即使用户修改了银行卡的密码也无法阻止。

4）物流安全

物流安全方面存在的问题主要有两个：一是货物丢失；二是货物在运输过程中破损。货物丢失的情况也一般分两种：一种是整件丢失；一种是"偷珠还椟"，也即内件丢失，就是客户收到货时，包装物里的东西已经被人拿走或调换了。

3. 电子商务售中客服常见的交易风险种类及预防措施

一般商家在大促前，对客服的培训不仅包括商品交易的培训，还包括对客服安全意识的培训，尤其是对新客服，售中必须关注以下几个方面，如表7-2所示。

表7-2 售中客服常见的交易风险及防范措施

序号	常见交易风险种类	交易风险的防范措施
1	钓鱼网站	在交易时，必须使用淘宝官方阿里旺旺\千牛，切忌使用第三方沟通工具（如QQ、MSN、微信、飞信等）。不要随意接收旺旺发送的文件，不要轻易打开阿里旺旺发送的链接
2	急于求成的心理，被诱骗	沉着冷静，不因小失大
3	泄露隐私	警惕阿里旺旺聊天以买家朋友身份、代购身份等原因找卖家进行地址信息核对的行为，不要将收货地址信息发给非购买者的旺旺账户
4	平台规则不熟悉，应急能力欠缺	多向有经验的客服学习，同时多熟悉相应的规则，按规定的程序来办事

【案例7-1】

"压缩包"惹的祸

李小姐是一位淘宝的皇冠级卖家，店铺一直经营得很好，可3月份来了一位"买家"，竟让如此成熟的皇冠卖家也上当受骗了！

3月17日，李小姐收到一位"买家"发来的消息，表示希望通过QQ进行沟通，比较方便。于是，李小姐满足客户的需求，加了对方的QQ。随之，"买家"传来一个压缩包，称里面有所需购买物品的清单，让李小姐看看是否有货。李小姐万万没想到自己接收压缩包后解压打开，打开 exe 文件后计算机立即就中了木马。

此时木马会弹出页面虚假提示"系统不支持"，如图 7-1 所示，使会员放松警惕，并单击"确定"按钮。

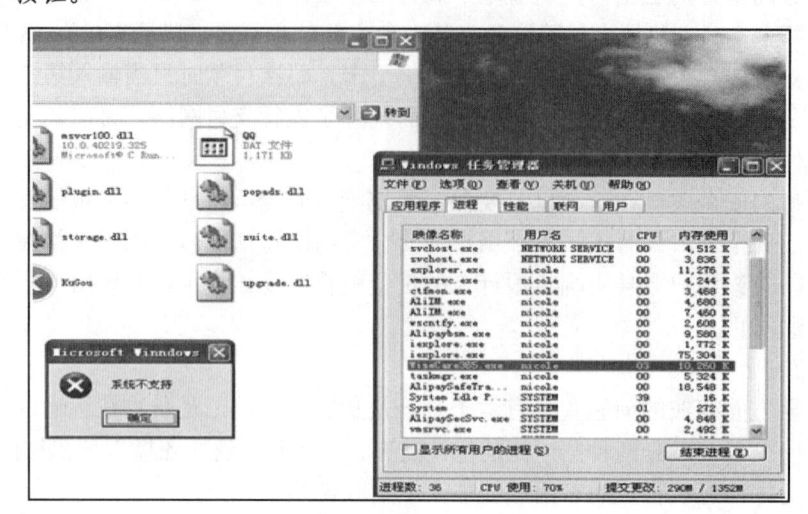

图 7-1　木马弹出的页面虚假提示

随之，账户被异常登录，创建收款，支付账户中的钱也消失了。

案例思考：

上述案例中，骗子用了什么招式，让我们的李小姐上当受骗了？如果是你，遇到这种情况，你会如何处理？

无论你是淘宝卖家还是买家，请使用阿里旺旺作为唯一的聊天工具，以保留有效的聊天凭证。

千万不要打开陌生人发送的可疑链接、二维码图片、压缩包文件等，避免计算机或手机中木马病毒。同时请给计算机安装杀毒软件并及时升级。

如果不小心打开了钓鱼链接或者其他可疑文件，请及时和公司 IT 或者淘宝客服联系，建议修改在此机器登录的所有淘宝卖家（子）账户密码，并重装系统。

【案例 7-2】

小心，用银行转账的伎俩忽悠你

下午，客服张明和往常一样坐在计算机旁，边接生意边优化宝贝。突然"叮咚"一声，生意来了，张明马上点开阿里旺旺查看并回复，客户一来就截图了 3 个产品询问是否有货（正常），张明回复有。对方马上截图说了数量，这个数量比一般客户要大，张明心中有点小窃喜，马上给他计算价钱和运费。

计算货物总价加运费大概 480 元，张明给他优惠价 470 元。对方说："我能不能先让财务转账到你卡上，你收到钱后，再帮我充到我支付宝，我付款给你？可以的话，我就跟你要，我需要支付宝交易记录，因为买您这些东西需要向公司报销。"张明想，既然他的钱可以转到我银行卡上，这笔业务为什么不做呢？于是张明就把手机号码和银行账户告诉了那

项目 7　　　　　　　　　　　　　　　　　　　　　　电子商务客户风险防范

个客人。果然，没多久，张明的手机上就收到了银行的短信："尊敬的××先生，中国××银行客户谢××使用尾号 290 账户于 05 月 27 日 15:59 向您尾号 278 的账户转入 470 元，请注意查收，金额以入账为准。本短信仅作为通知，不作为入账凭证。【××银行】"

案例思考：

如果你是客服张明，接下来你该怎么做呢？你又如何进行防范？

案例 7-3

提高警惕，不泄密

现在的骗子无孔不入，客服人员必须提高警惕，火眼金睛，识别那些企图套用买家交易信息的人。

骗子利用店铺成交记录中的信息，得知买家在店铺中的购买情况，随后联系客服说自己是买家的朋友，需要修改/核实收货地址，如图 7-2 所示。店铺的客服信以为真，将买家的收货地址、联系方式发给骗子确认，骗子借此过程获取买家的联系方式。骗子打电话给买家，称自己是店铺的客服，以各种名义诱导买家进行相关的操作，最终导致买家被骗被盗。

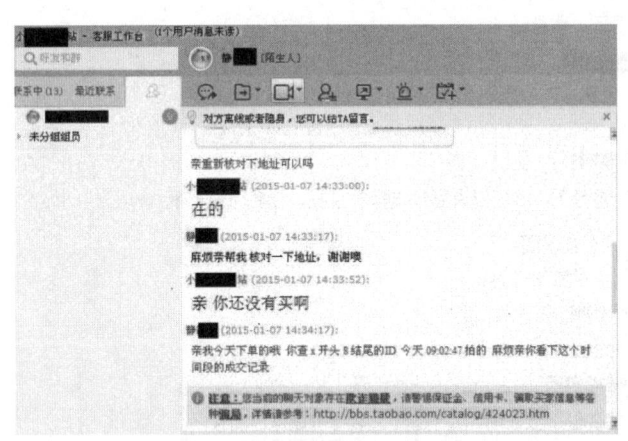

图 7-2　骗子企图套用买家交易信息

买家是卖家的上帝，保护买家的信息是卖家的基本职责。不能轻易泄露买家的联系方式，如确有需要请再三确认对方的身份。

读一读

1. 跟顾客自己核对地址算违规吗？

跟下单本人账号核对地址为正常服务流程，不算违规。阿里旺旺沟通中请明确对方的身份，对方必须为下单者本人账号才可以与对方核对地址。

2. 我遇到了骗子，不小心泄露了买家信息，我该怎么办？

亡羊补牢，犹未为晚。如果向非下单账号泄露了订单信息，请立即通过阿里旺旺、电话等手段通知真实买家谨防诈骗。

175

【案例 7-4】

沉着应对，心莫慌

"老板，我都已经拍好了商品，但怎么付不了钱啊？给你看截图。"客户的聊天截图及分析如图 7-3 所示。

```
亲 怎么付款失败的啊，          1. 骗子先说不能付款
您支付宝功能怎么关闭了啊
(18:07:19):
提示信息是什么亲
(18:07:19):
怎么这样的啊，              2. 开始让卖家进入他设计
付款失败。                    好的圈套
亲 。
你处理下。
(18:08:27):
稍等下，我看看
(18:10:50):
亲 我试了，，还是一样的啊，
失败
(18:11:22):
亲，您等下，我还没遇到过这样的事呢，让我研究下哦
亲 什么情况啊，
我用支付宝支付的。
(18:16:32):
照理说应该可以的啊
(18:16:35):
那怎么付不上去啊。         3. 骗子开始催促卖家，
对方向您发送了一个振屏。      让卖家感到紧张了，如果
(18:20:53):                  自己不理智下一步就中了
在吗                         骗子的圈套了
(18:21:05):
```

图 7-3 客户的聊天截图及分析

"由于你没有缴纳保证金导致买家不能正常付款，请尽快缴纳不然会被冻结店铺。"一边是火急火燎的客人，一边是步步紧逼的"淘宝客服"，如图 7-4 所示。

刚刚当淘宝掌柜兼客服的小佳一下子慌了手脚，赶紧按照"客服"的要求缴纳了保证金。可恶的"假客服"竟然还伪装系统发送邮件给客服小佳，指导其开通"消保"，如图 7-5 所示。

结果可想而知，钱没挣到，还被骗走了保证金。

项目 7 ———————————————————————————— 电子商务客户风险防范

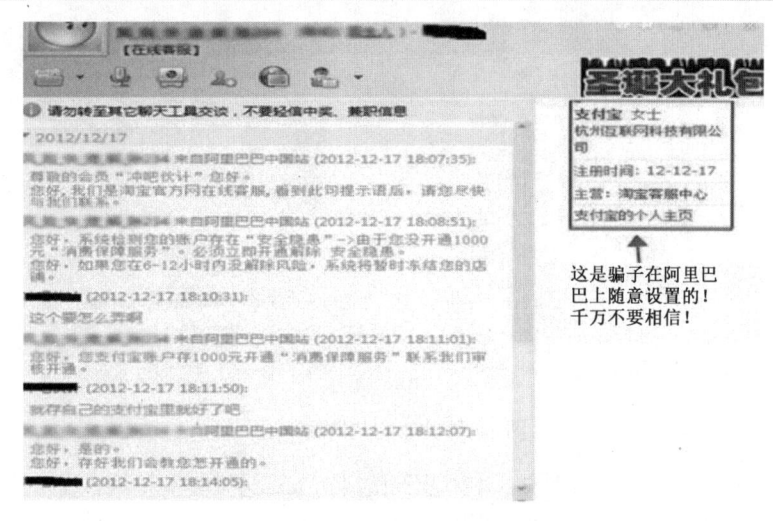

图 7-4 假客服，无孔不入

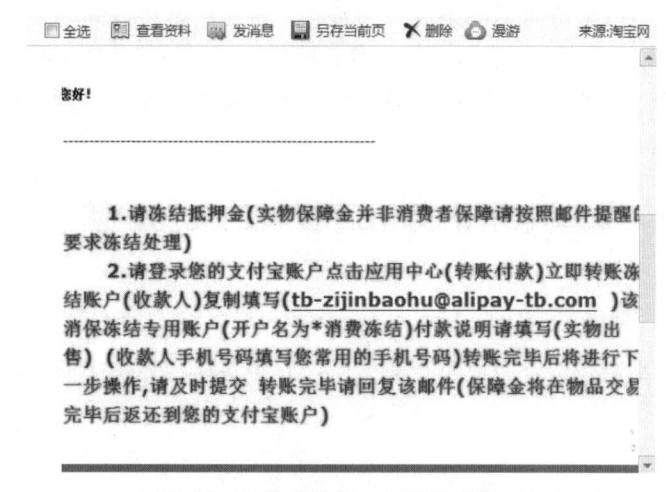

图 7-5 假客服伪装系统发送的邮件

案例思考：

1. 淘宝官方及工作人员会不会要求会员通过任何代付方式及打款方式缴纳保障金（保证金）？

2. 支付宝邮件发件人的地址末尾都是以"alipay.com"结尾的，且后面有黄色锁（QQ安全标志）。在该案例中，"假客服"发送的邮件有什么问题？

拓展训练

在实际交易过程中，我们通过千牛可以看到买家的信用及评价（图 7-6）和买家的聊天窗口，我们可以明确地看到，右侧的数据中有一个发出的好评率（给别人的好评率），从这个数据中我们可以看出这个用户最近一段时间内给出的评价的比率，如果好评率出奇得低，作为客服的你就要留意了。

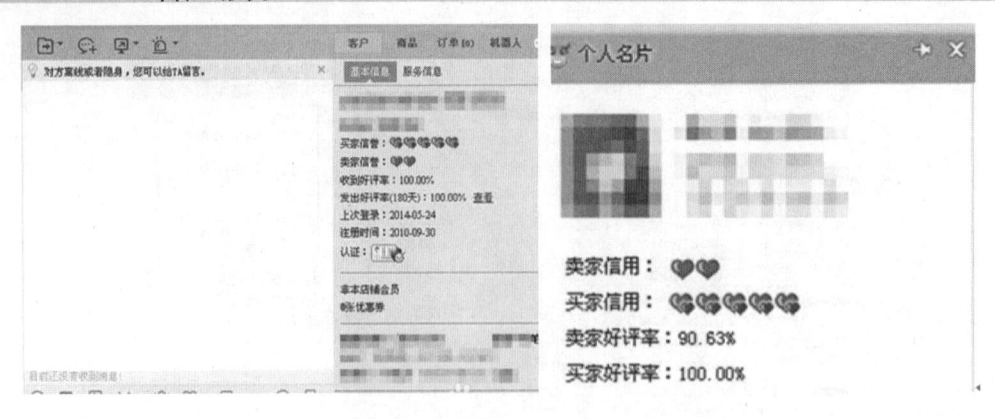

图 7-6　买家的信用及评价

除了在聊天窗口可以看到之外，我们还可以在个人资料页里看到，如在最近联系人中找到要查看的用户，将鼠标指针放在其头像上，就会显示个人资料信息。

做生意，客户当然是可遇不可求的。但是有一些真的是恶意的客户。例如，下单后收货地址不完整，导致 48 小时内不能发货，然后他们就投诉、诋毁店铺信誉等，对于这类的事，可以把他的 ID 设为黑名单禁止其下单。你知道淘宝买家黑名单怎么设置吗？动手试一试吧。

活动 7.1.2　掌握电子商务售后客服的交易风险

做中学

● 通过走访、上网搜索、查阅资料等方式，收集卖家在售后中面临的交易风险，填写在表 7-3 中。

表 7-3　电子商务售后客服的交易风险

姓名	案例名称	案例来源	售后风险	启示

● 讨论：案例中这些风险你曾遇见过吗？作为客服的你，该怎么处理呢？各小组汇总学习结果，派代表在班级交流发言。

必备知识

1. 做到"三勤"，降低售后风险

那么，如何才能避免以上后果的发生呢？

（1）勤留言。对于没有咨询客服而直接拍下的买家，要及时留言，如关于什么时候发货、发什么快递、大约要什么时候到货等。这样事先及时告知，有利于双方及时解决一些问题，如物流是否能到达、买家在某个时间能否收到货等。也就避免了买家由于你没有告诉他，而产生反感，或认为你的服务不周到。

（2）勤提醒。在与客人交流中，善于发掘买家不明白的问题，卖家要善于抛出一些问题引导客人。例如，亲，衣服合身吗？看了宝贝详情图和细节图吗？还有什么不明白的问题吗？以此提醒客人仔细对比尺寸，详细了解商品，使客人选到心满意足的宝贝。

（3）勤介绍商品的详情。特别是一些不容易从图片上了解的细节，如面料、里料、衣服的装饰是否包括在内等细节。在与买家聊商品时，最好能把商品具体尺寸、模特尺寸、出售宝贝的单品图逐一发一次。既是提醒买家引导购物，也是为售后买张保单。

2. 恶意评价

1）含义

恶意评价是指买家、同行竞争者等评价人以给予中差评的方式谋取额外财物或其他不当利益的行为。

2）发起条件

必须双方互评的订单；受理的时间范围为评价产生的30天内。

3）受理范围

不合理要求：提供双方聊天举证号，证明评价者以中差评要挟为前提，利用中差评谋取额外钱财或其他不当利益的评价。

买家胁迫：专业给中差评，且通过中差评获取额外钱财或不当利益给出的评价。

同行：与同行交易后给出的中差评。

第三方诈骗：第三方诈骗所产生的评价。

泄露信息辱骂或广告：评价方擅自将别人的信息公布在评语或解释中，或出现辱骂或污言秽语等损坏社会文明风貌的行为，淘宝网将删除评语或解释中涉及辱骂、污言秽语、泄露信息或广告的内容，但是评价不做删除。

3. 售后客服常见的交易风险及防范措施

售后客服常见的交易风险及防范措施如表7-4所示。

表7-4 售后客服常见的交易风险及防范措施

序号	常见交易风险种类	交易风险的防范措施
1	买家未真正付款就发货	一定要以账户中的交易状态为准，在"已卖出的宝贝"中查询交易为"买家已付款"时再行发货。不要轻信邮件中的提示
2	货物在运输途中，中途买家修改收货地址设骗局	请一定事先和原买家沟通，确认改地址的和拍宝贝的是同一个人后，再进行更改发货地操作
3	货物在运输途中，提出退款	双方协商处理，详见本节内容
4	买家在无任何沟通情况下拒签货物	双方协商处理，详见本节内容
5	遇到恶意评价	注意沟通、提高警惕，不掉入对方设置的陷阱中；还可以通过联系客服→自助服务→违规受理→不合理评价人工在线渠道进行发起
6	在物流面单上过多泄露买家信息	打印/填写的信息最小化，不要打印不必要的信息

（1）货到付款交易发货后买家拒签或联系不上，怎么办？

货到付款交易若发货后买家拒签或联系不上，卖家需要承担往返运费；为降低卖家为买家提供货到付款服务时被拒签的风险，保险公司针对卖家推出货到付款拒签运费险，简称拒签险，卖家可自主选择是否投保。投保后，针对卖家的每笔货到付款订单可进行承保，当货物抵达目的地买家拒签时，造成的卖家运费相关损失（包括发货运费和拒签后的返程运费）由保险公司承担。

（2）买家无理由拒收商品，需要卖家先提供买家无理由拒收货物的物流公章证明，如无法提供有效凭证，则支持全额退款买家。

（3）买家无理由拒收，卖家需要提供什么凭证？

请按以下要求提供买家无理由拒收的物流公司红章证明：需要包含参考凭证里的全部内容；右下角要填写完整的派件物流公司名称，并加盖圆形的红色公章（财务章、业务章等无效），凭证参考图7-7。

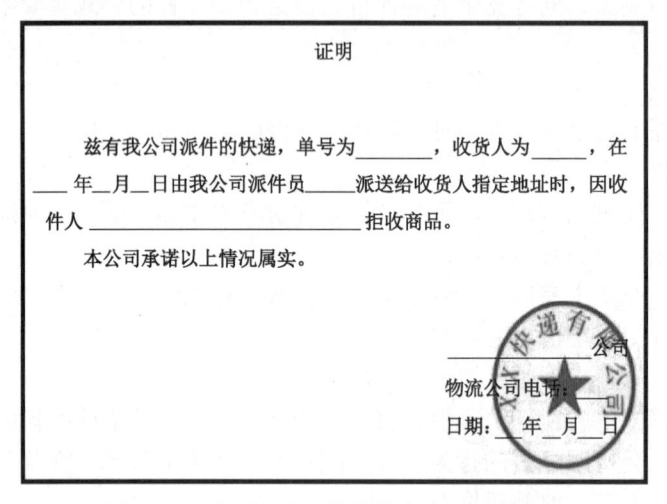

图7-7　买家无理由拒收的物流公司红章证明

现在，一种名为"支付宝高仿转账成功工具"的软件（图7-8）正不断"轰炸"朋友圈，该软件可以生成支付宝付款、转账截图。在大家玩得不亦乐乎的同时，也有一些人利用其来进行诈骗，骗取微商的货物，而一些微商则用晒截图的方式编造销量提高信誉度。

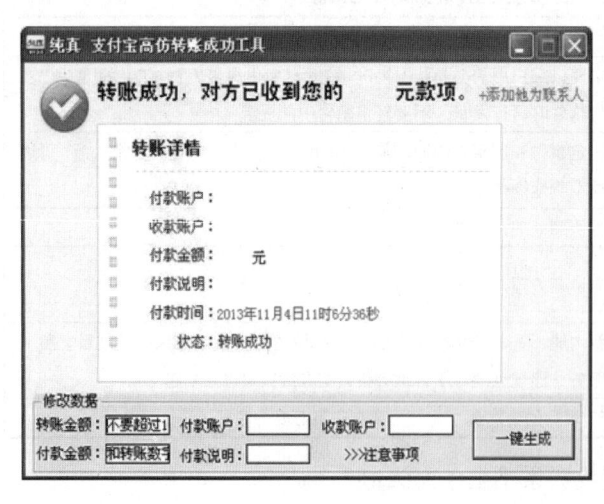

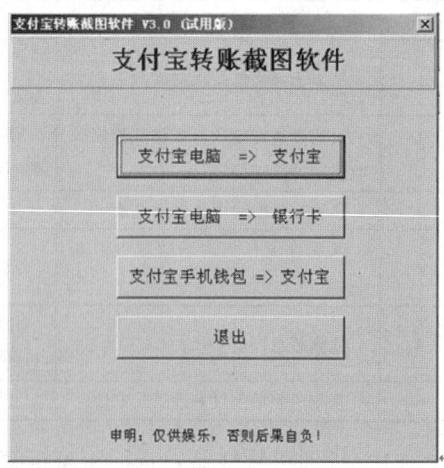

图7-8　高仿支付宝付款、转账截图软件

【案例 7-5】

微店主被假转账截图忽悠　几百元化妆品打水漂

安徽女孩小殷的微店主要销售护肤品，面对众多未曾谋面的客户和合作伙伴，使用手机支付宝转账成了每日必需。但不久前的一次被骗经历立马让她警醒起来。

小殷说，不久前，一名男子加了她的微信，主动跟她聊天，说要买一盒面膜和一瓶玻尿酸。当时小殷正在开车，随口通过微信语音告诉了对方支付宝账号，几分钟过后，对方就把 290 元的转账截图和她的收货信息通过微信传来了。小殷看了一眼截图，回到家就让助手给对方发货了。

当晚对账时，小殷查看支付宝钱包里的交易细账，发现早上对方并未把钱款打来，但货已经给对方发出了。通过同行她才知道，微信上的付款转账截图是一种软件模拟生成的。通过细查小殷得知，这种软件名叫"支付宝高仿转账成功工具"。

案例思考：

在上述案例中，买家真正付款了吗？在微店上买东西，卖家不能只看支付宝的转账截图，一定要亲自打开手机里的支付宝钱包，查看款项是否到账。那么在其他平台上，客服如何确定客户已经真正付款了呢？

【案例 7-6】

更改收货地址，请仔细辨认买家的旺旺名

最近淘宝网发现一种诈骗，骗子利用账户名的微小差异，如"己"和"已"，"A1"和"Al"等这种不轻易被发现的旺旺名，要求卖家修改地址以达到行骗的目的，也是"更改收货地址"骗局的升级版。

诈骗过程如下。

第一步：买家 A "我××自己 c1" 在卖家店铺拍下商品。

第二步：买家 B 用自己的账户"我××自己 cl"联系卖家，要求修改地址（两个账户如果不仔细看，一般卖家都无法马上发现，就会按照 B 的地址进行发货了）。

第三步：卖家按 B 提供过的地址发货，货物被签收后，A 来申请退款，表示没有收到货物。卖家去核对和 A 的旺旺聊天记录时，这才发现确实没有聊天过，无法举证。

聊天记录如图 7-9 所示。

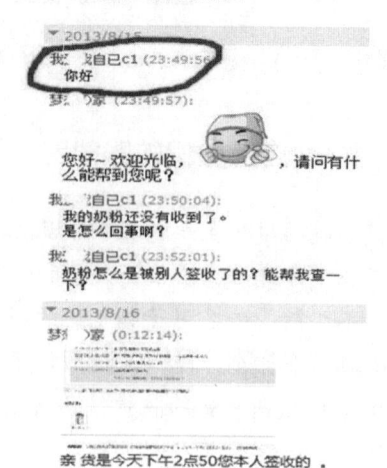

图 7-9　聊天记录

案例思考:

不仔细看，是不是很容易受骗？售后进行修改收货地址这一行为，客服应该关注些什么？

（4）货物在物流运输途中，但是买家申请退款，该怎么办？

如果买家已经申请退款，但是卖家已经发出了货物，建议卖家积极联系物流公司及买家确认具体货物情况，若买家收到货物无异议，直接单击"确认收货"按钮即可，此时退款将自动关闭。

若买家表示需要该商品，建议拒绝退款协议，关注超时，避免超时导致退款成功并告知物流情况，建议买家等待物流派送货物。

若买卖双方一时无法沟通协商解决，卖家可在"退款管理"中操作"拒绝退款协议"，并在退款中提供发货有效凭证，提醒及时关注交易退款超时状态，避免因系统超时造成不必要的损失。

拓展学习

作为卖家，最怕碰到客户在没有沟通的情况下，轻易给出中差评，甚至有些差评师，故意给客服设置陷阱，让客服掉入他们早已设置好的圈套中，对于给予中差评的三类客户，我们的客服该如何应对？请填写在表 7-5 中。

表 7-5　中差评的处理方法

序号	针对类型	策略	方法	关注点
1	新手买家，双 0 信誉	及时关注买方评价		
2	钻石级买手	用完备的售后服务去感染买家，让争议成为不断完善自我的动力		
3	同行及恶意差评师，以及十分挑剔的买家	火眼金睛，谨慎操作		

活动 7.1.3 技能训练：客户的退款处理

小组合作，查找有关买家申请退款，卖家是如何处理的相关资料，填写好表 7-6。

表 7-6 客户的退款处理

平台类型	退款条件	退款程序
淘宝网		
京东商城		
亚马逊		

读一读

一、买家表示未收到货

1. 客服应采取的措施

核对是否已将商品发出，如果还没有发出，建议直接退款。

已经发出，但是还没有签收，请联系买家确认是否还需要商品，如果不需要，建议直接联系物流取回，退款给买家。

如已经签收，向物流公司核实是谁签收的。

如果不是买家本人签收的，且没有买家的授权，建议直接操作退款并联系物流公司协商索赔，避免与买家之间的误会。

2. 后续的建议

确保按照约定及时发货。

委托服务质量高，尤其是对签收操作规范的物流公司。

提前约定送货过程中的商品破损、丢件等损失由谁承担。

二、买家收到货物

下面 6 种情况在实际中较为多见，同学们议一议，完成表 7-7。

表 7-7 买家收到货物后客服退款处理表

序号	出现的情况	处理过程	后续建议
1	货物破损、少件等		
2	描述不符		
3	质量问题		
4	收到假货		
5	退运费		
6	发票无效		

三、买家已退货

1. 客服应采取的措施

2. 后续建议

双方协商退货时，建议先确认货物状况，签收货物时注意验货，及时退款给买家。

四、退回来的商品影响二次销售

收到的商品影响二次销售，请第一时间联系买家协商如何解决问题。

（1）若双方协商一致，请卖家保留好相关的聊天记录，按照协商结果来处理。

（2）若双方无法协商，请_____

_____。

五、买家以消费者保障服务为理由申请退款

请同学们进入淘宝服务中心→常见问题→退款管理，学习并填写处理过程和相应的规则。

1. 七天无理由退货

处理过程：_____

_____

相应规则：非包邮商品买家承担来回邮费；包邮商品卖家承担发货邮费，买家承担退货邮费。

2. 假一赔三

处理过程：核对进货时的供应商是否具备相应资质。

相应规则：_____

3. 数码与家电 30 天维修

处理过程：_____

_____

相应规则：在交易成功后 45 天内，要向买家无条件提供免费维修服务，并承担维修后寄回的邮费。

4. 第三方质检服务

处理过程：_____

_____

相应规则：参加本项服务，商品质量不合格的，将做退一赔一处理。

5. 消费者购物保障

处理过程：_____

_____

相应规则："购物须知"是买卖双方对于消费者保障服务的有效约定，卖家有义务提供保障范围内的服务。

教师点评

项目 7　电子商务客户风险防范

任务 7.2　实现电子商务客服安全交易保障

问题引入

同学们，你有用手机购物的习惯吗？你知道手机支付宝账户怎么转账到支付宝账户吗？京东、小米、酷派都有自己的微信商城了，那么，作为 O2O 的代表，微信购物，你知道它的流程和支付平台是什么吗？它和 B2B、B2C 有何不同？

_____

_____

_____

你知道么？

网络安全划分为广义和狭义的网络安全。广义的网络安全是指网络与信息安全，包括物理安全和信息安全。狭义的网络安全是指行业上的安全，主要指的是物理的运行安全。此外，网络安全还包含 3 个层面：一是国家安全层面，如"棱镜门"事件；二是社会稳定层面，如有一年云南发生地震，有人恶意篡改当地地震局网站页面，并发布谣言称马上又将发生地震，造成社会动荡不稳定；三是用户信息保护层面，如最近长沙一个黑客，在一个商场里以商场的名义架设了免费 WiFi，一位用户使用这个 WiFi 进行网络交易，导致银行账号密码被盗，损失 6 万元多人民币。

中国已成为黑客攻击的主要目标之一，来自国际反网络诈骗组织的报告显示：中国已成为世界上仅次于美国的第二多拥有仿冒域名及假冒网站数量的国家，占全球域名仿冒总量的 12%，与此同时，各类假冒网站、邮件恶意欺骗事件也直线飙升。

活动 7.2.1　了解电子商务交易安全技术

做中学

● 走近电子商务园，了解从事电子商务的企业在交易的过程中遇到过哪些安全威胁；为了保证企业网络和交易的安全，通常安装哪些软件，其主要作用是什么。请将调查结果填入表 7-8 中。

表 7-8　电子商务企业安全技术情况调查汇总

企业名称	电子商务交易过程中遇见过的安全威胁：病毒、木马、黑客、钓鱼平台、信息泄露、诚信等	所采用的安全技术	效果

185

- 请你依据表 7-8，结合教材中的必备知识，理解相应的电子商务安全技术知识。

必备知识

1. 电子商务系统中使用的安全技术

信息安全技术在电子商务系统中的作用非常重要，它守护着商家和客户的重要机密，维护着商务系统的信誉和财产，同时为服务方和被服务方提供极大的方便，因此，只有采取了必要和恰当的技术手段才能充分提高电子商务系统的可用性和可推广性。电子商务系统中使用的安全技术包括加密技术、数字签名、数字时间戳、数字证书、防火墙技术、入侵检测技术、VPN 技术、防病毒技术及相关的一些安全协议标准等。

1）加密技术

加密技术是电子商务采取的主要安全措施，贸易方可根据需要在信息交换的阶段使用。任何一个加密系统至少包括：未加密的报文——明文；加密后的报文——密文；加密解密设备或算法；加密解密的密钥 4 个部分。

目前，加密技术分为两类：对称加密和非对称加密。

（1）对称加密：又称私钥加密。即对信息的加密和解密都使用相同的密钥。也就是说，一把钥匙开一把锁。

（2）非对称加密：又称公钥加密。密钥被分解成为一对，即一把公开密钥或加密密钥和一把私有密钥或解密密钥。这对密钥中的一把作为公开密钥，通过非保密方式向他人公开，而另一把则作为私有密钥加以保存。

2）数字签名技术

在日常的社会生活和经济往来中，签名盖章和识别签名是一个重要的环节。数字签名和书面签名有相同之处，采用数字签名，能确认信息是由签名者发送的、信息从签发后到收到为止未曾做过任何修改。

数字签名技术是将摘要用发送者的私钥加密，与原文一起传送给接受者，保证信息传输过程中信息的完整和提供信息发送者的身份认证。使用公开密钥算法是实现数字签名的主要技术，此外，双重数字签名是保证在电子交易过程中三方安全地传输信息的技术。

3）数字时间戳技术

在电子商务交易的文件中，时间是十分重要的信息。而数字时间戳服务（Digital Time Stamp，DTS）就能够提供电子文件发表时间的安全保护。

书面签署文件的时间是由签署人自己写上的，而数字时间戳则不然，它是由认证单位 DTS 来加的，以 DTS 收到文件的时间为依据。

4）数字证书

数字证书（Digital Certification）也叫数字凭证、数字标识，是指利用电子信息技术手段，确认、鉴定、认证互联网上信息交流参与者或服务器的身份，是一个担保个人、计算机系统或者组织（企业或政府部门）的身份，并且发布加密算法类别、公开密钥及其所有权的电子文档。

数字证书通常分为 3 种类型，即个人证书、企业证书和软件证书。它由权威机构电子商务认证中心——CA（Certificate Authority）证书授权中心发行，CA 承担着网上安全电子交易认证服务、签发数字证书并确认用户身份的功能。

5）防火墙技术

防火墙是一种将内部网和公众访问网分开的方法，实际上是一种隔离技术，是安全网络和非安全网络之间的一道屏障，以防不可预测的、潜在的网络入侵。

6）入侵检测技术

入侵检测系统是近年出现的新型网络安全技术，目的是提供实时的入侵检测及采取相应的防护手段，如记录证据用于跟踪和恢复、断开网络连接等。

7）VPN技术

VPN（Virtual Private Network，虚拟专用网）是一种"基于公共数据网，给用户一种直接连接到私人局域网感觉的服务"。我们可以把它理解成虚拟出来的企业内部专线。它可以通过特殊的加密的通信协议在连接在互联网上的位于不同地方的两个或多个企业内部网之间建立一条专有的通信线路，VPN可以帮助远程用户、公司分支机构、商业伙伴及供应商同公司的内部网建立可信的安全连接，并保证数据的安全传输。VPN极大地降低了用户的费用，而且提供了比传统方法更强的安全性和可行性。

8）防病毒技术

计算机病毒在《中华人民共和国计算机信息系统安全保护条例》中被明确定义为："编制或者在计算机程序中插入的破坏计算机功能或者破坏数据，影响计算机使用并且能够自我复制的一组计算机指令或者程序代码。"

从反病毒产品对计算机病毒的作用来讲，防病毒技术可以直观地分为：病毒预防技术、病毒检测技术及病毒清除技术。

2．电子商务的安全交易标准

（1）安全套接层协议（SSL）。SSL协议基于TCP/IP，SSL连接可以看成在TCP/IP连接的基础上建立一个安全通道，在这一通道中，所有点对点的信息都将加密，从而确保信息在互联网上传输时，不会被第三方窃取。提供信息保密、信息完整、相互认证等安全服务。

（2）安全电子交易协议（SET）。SET协议是B2C（Business to Customer，企业对消费者）上基于信用卡支付模式而设计的，它保证了开放网络上使用信用卡进行在线购物的安全。解决用户、商家、银行之间通过信用卡的交易，它具有保证交易数据的完整性、交易的不可抵赖性等种种优点，因此它成为目前公认的信用卡网上交易的国际标准。

3．其他安全协议

（1）安全超文本传输协议（SHTTP）。

（2）安全交易技术协议（STT）。

（3）UN/EDIFACT标准。

（4）《电子交易贸易数据统一行为守则》（UNCID）。

读一读

钓鱼网站通常指伪装成银行及电子商务窃取用户提交的银行账号、密码等私密信息的网站，"钓鱼"是一种网络欺诈行为，指不法分子利用各种手段，仿冒真实网站的

URL 地址及页面内容，或利用真实网站服务器程序上的漏洞在站点的某些网页中插入危险的 HTML 代码，以此来骗取用户银行或信用卡账号、密码等私人资料。假网址如图 7-10 所示。

图 7-10 假网址

1. 用傲游浏览器识别钓鱼网站

用遨游浏览器访问真实的支付宝、淘宝网站时，地址栏填充色为绿色，同时地址栏末尾还会出现盾牌形图标，如图 7-11 所示。

真实的支付宝 　　　　　　　　假冒的支付宝

真实的淘宝 　　　　　　　　　假冒的淘宝

图 7-11 绿色盾牌形图标

2. 用 360 浏览器识别钓鱼网站

用 360 浏览器访问真实的支付宝、淘宝网站时，前面有个官网认证标志（图 7-12）；用户可以对访问的网站进行鉴定（图 7-13），几秒钟后便会有结果（图 7-14）。如果是钓鱼网站，还可以举报该网站。建议打开有官网标志的网站。

图 7-12 360 浏览器访问支付宝、淘宝

项目 7　电子商务客户风险防范

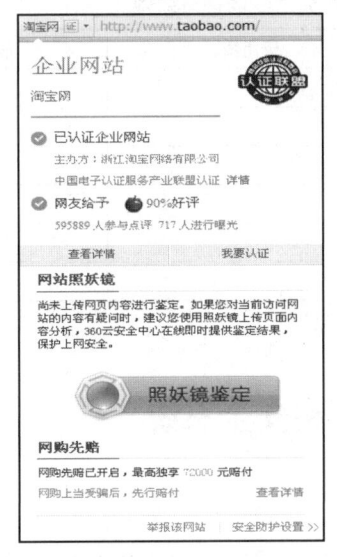

图 7-13　照妖镜鉴定辨真伪　　　图 7-14　照妖镜鉴定结果

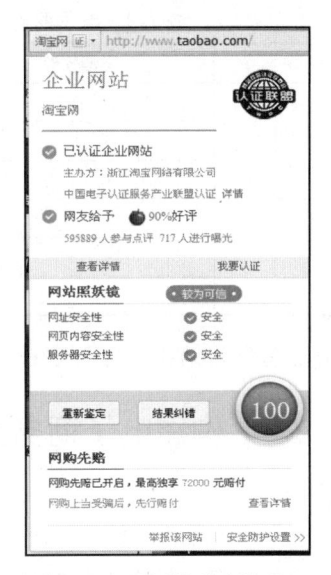

> **想一想**　下面的链接安全吗？
> - http://bak.lvy.cc/item.taobao，com/item.htm.id=258677958/YTFB5
> - http:/bak.lvy.cc/item.taobao，com/item.htm.id=258677958/YTFB5
> - http:bak.lvy.cc/item.taobao，com/item.htm.id=258677958/YTFB5

已经在钓鱼网站输入了密码怎么办？

（1）如果还能登录您的支付宝账户，请立刻修改您的支付密码和登录密码，并进入安全中心检查上一次登录地。进入交易管理查看是否有可疑交易。如果有请立刻致电支付宝 95188。

进入安全策略中心（http://safe.alipay.com/）进行举报。

（2）如果您还输入了银行卡的信息，请立刻致电银行申请临时冻结账户或电话挂失（此时您的银行账户只能入账不能出账）。

（3）如果您已经不能登录，请立刻致电支付宝 95188 申请对您的账户进行暂时冻结。使用最新版的杀毒软件对计算机进行全面扫描，确保钓鱼网站没有挂木马。如果发现有，请在确认计算机安全后再次修改登录与支付密码。进入安全联盟下载正版杀毒软件。

> **练一练**　初步了解了电子商务的安全技术，作为客服的你，知道如何给自己的手机或计算机"查毒"、"杀毒"吗？如果已经安装了相应的杀毒软件，请升级杀毒软件，动手试一试吧。

拓展学习

- 观看电影《非法入侵》。
- 通过上网搜索、查阅资料等方式，每位同学收集至少 3 个目前在电子商务领域中，运用得较为广泛的查毒软件，填写在表 7-9 中。

表 7-9　电子商务领域运用较为广泛的查毒软件

小组成员	查毒软件	运用情况	软件特色

- 各小组汇总学习结果，派代表在班级交流发言。

活动 7.2.2　构建电子商务交易网络安全系统

做中学

- 查找相应的信息，结合教材中的必备知识初步了解电子商务安全体系。
（1）登录百度，了解计算机浏览器安全等级的设置。
（2）收集有关黑客攻击的新闻，查找如何防范黑客的相关知识。
（3）收集支付宝、财付通是如何保障支付安全的相关资料。
- 各小组把搜集的数据整理好，推选代表课内交流。

必备知识

在前面一节中，我们学习了电子商务主要涉及的安全技术及相关的一些安全协议标准等。根据电子商务活动的过程，把这些安全技术归结为三类：客户端安全技术、支付安全技术、信息传输安全技术，它们和电子商务安全协议一起构成了网络安全体系。

1. 客户端安全技术

1）计算机病毒防范技术

计算机病毒防范技术主要针对的是目前流行的计算机病毒与木马，通过安装反病毒软件、反木马软件等技术手段防范病毒和木马对客户端造成的破坏。

（1）杀毒软件的使用。

目前中国市场上运用的最普遍的 3 款反病毒软件如下。

① 360 杀毒软件。

360 杀毒软件拥有超大的百万级病毒库和云安全技术，免费杀毒、实时防毒、主动防御一步到位，保护计算机不受病毒侵害。360 杀毒软件每小时升级病毒库，可有效防御最新病毒入侵，360 杀毒软件和 360 安全卫士配合使用，是安全上网的"黄金组合"。

② 金山毒霸杀毒软件。

金山毒霸是世界首款应用"可信云查杀"的杀毒软件，颠覆了金山毒霸 20 年传统技术，全面超于主动防御及初级云安全等传统方法，采用本地正常文件白名单快速匹配技术，配合金山可信云端体系，实现了安全性、检出率与速度。

③ 卡巴斯基反病毒软件。

卡巴斯基杀毒软件是一款来自俄罗斯的杀毒软件，该软件能够保护家庭用户、工作站、邮件系统和文件服务器及网关。除此之外，还提供集中管理工具、反垃圾邮件系统、个人防火墙和移动设备的保护，包括 Palm 操作系统、笔记本式计算机和智能手机。

（2）常见木马的防范方法。

现今流行的很多木马病毒都是专门用于窃取网上银行密码而编制的，木马会监视 IE 浏览器正在访问的网页，如果发现用户正在登录个人银行，直接进行键盘记录输入的账号、密码，或者弹出伪造的登录对话框，诱骗用户输入登录密码和支付密码，然后通过邮件将窃取的信息发送出去。因此，需要做好自身计算机的日常安全维护，注意以下几点：一是经常给计算机系统升级；二是安装杀毒软件、防火墙，经常升级和杀毒；三是平时上网选大型知名度比较高的网站；四是尽量不要在公共计算机上使用自己的有关资金的账户和密码；五是在初装系统后确认计算机安全后，给自己的计算机文件备份，在使用资金账户前做一次系统恢复。

2）操作系统安全技术

2014 年 4 月，微软取消了对 Windows XP 的官方支持，但它是最流行的微软操作系统之一，推出的十余年来，其应用仍非常广泛，拥有庞大的用户群体。不管是 Windows 7 系统，还是 Windows XP 系统，我们都可以使用一些策略让它更加安全快速。

（1）关闭没有使用的服务。

具体的操作方法为：首先在控制面板中找到"服务和应用程序"图标，然后弹出"服务"对话框，在该对话框中选中需要屏蔽的程序，并右击，从弹出的快捷菜单中依次选择"属性"→"停止"命令，同时将"启动类型"设置为"手动"或"已禁用"，这样就可以对指定的服务组件进行关闭了。

（2）及时使用 Windows Update 更新系统。

通过它，我们不但可以获得提升系统功能和性能的组件 Service Pack（如目前流行的 Windows XP Service Pack2），同时也可以获得最新安全漏洞的补丁，当然你也可以获得最新的硬件驱动。

（3）对重要信息进行加密。

打开 Windows XP 的资源管理器，在资源管理器操作窗口中找到需要进行加密的文件或者文件夹，右击选中的文件或文件夹，从弹出的快捷菜单中选择"属性"命令，随后 Windows XP 会弹出文件加密对话框，选择"常规"选项卡，然后依次选择"高级"→"加密内容以便保护数据"就可以了。

（4）使用"连接防火墙"功能。

依次选择"开始"→"设置"→"网络连接"命令，然后从弹出的对话框中选择需要上网的拨号连接，然后右击该连接图标，并选择"属性"命令，在随后弹出的拨号属性对话框中选择"高级"选项卡，在对应选项卡中选中"Internet 连接防火墙"复选框，然后单击对应防火墙的"设置"按钮，根据自己的要求设置防火墙，以便防火墙能更高效地工作。

（5）安装第三方的杀毒程序、防火墙程序及上网安全保护程序。

防火墙软件的选用，首先要看实际的防护效果，能否有效及时地在程序访问外界的第一时间发出提示询问，并且在受到外界的各类攻击时能否有效地屏蔽、过滤掉数据包。杀毒程序是必须要安装的，杀毒的效率是值得考虑的问题，另外实时防毒效果更应该受到关注。

（6）为自己分配管理权限。

分配管理权限时，先以普通用户身份登录到 Windows XP 的系统中，然后右击程序安装文件，同时按住键盘上的"Shift"键，从随后出现的快捷菜单中选择运行方式，最后在弹出的对话框中输入具有相应管理权限的用户名和密码就可以了。

（7）经常备份重要数据。

备份你的数据，这是你可以保护自己在面对灾难的时候把损失降到最低的重要方法之一。一些重要的数据，必须经常备份，如重要的图片、个人信息等。大概一个月要刻录一次重要的资料，以防万一。

（8）不双击U盘。

如果你没有禁止所有磁盘自动运行，又或者你在别人的计算机上使用U盘，最好不要双击U盘。这很容易触发U盘病毒，最好的方法是先用杀毒软件扫描。

U盘里的病毒一般清除方法是，通过资源管理器进入U盘，若U盘里有autorun.inf文件，删除autorun.inf文件及它所指向的程序，然后重新拔插U盘。

（9）经常检查开机启动项。

经常在"运行"对话框中输入"msconfig"查看启动项，发现有异常的马上在网上找资料，看看是否为病毒。还可以使用"regedit"，找到"Run"选项，检查启动项目。

（10）对系统进行跟踪记录。

为了能密切地监视黑客的攻击活动，用户应该启动 Windows XP 的日志文件，来记录系统的运行情况，当黑客在攻击系统时，其踪迹都会被记录在日志文件中。为了保证日志的安全，必须限制对日志文件的访问，禁止一般权限的用户查看日志文件。小心保护好具有根权限的密码和用户，一旦被黑客知道，他们就可以修改日志文件来隐藏其踪迹。

当然，如果你不想这么麻烦，可以使用第三方软件去优化系统，如 360 安全卫士、QQ腾讯管家、百度卫士等软件，都可以对系统进行优化和加固。

试一试　从上面的10个策略中选择2或3个策略，动手试一试吧。

3）应用软件安全技术

（1）浏览器安全配置。

用户在浏览网页的时候，通常都是通过IE浏览器进行的，为了网页的安全，可以设置IE安全级别。下面介绍一些常用的IE浏览器的安全配置方法。

① 安全级别的设定。

IE 的安全机制共分为高、中、中低、低 4 个级别，分别对应不同的网络功能。高级是最安全的浏览方式，但功能最少，禁用 Cookies（小型文字档案）后，可能造成某些需要进行验证的站点不能登录；中级是比较安全的浏览方式，中低级的浏览方式接近于中级，但在下载潜在的不安全内容之前不能给出提示，适用于内部网络；低级的安全机制不能屏蔽任何活动内容，大多数内容自动下载并运行，安全防护措施不够。另外，IE 浏览器提供了"自定义级别"安全等级设置，可以根据需要来设置安全等级。具体方法如下。

打开 IE 浏览器之后，选择"工具"→"Internet 选项"命令，弹出"Internet 属性"对话框。选择"安全"选项卡，如图 7-15 所示。可以选择安全等级，也可以单击"自定义级别"按钮来进行设置，弹出"安全设置"对话框，如图 7-16 所示。

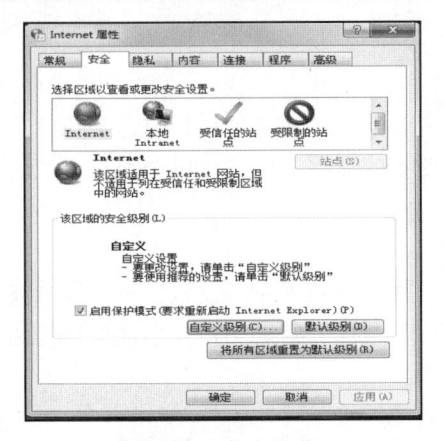

项目 7　　　　　　　　　　　　　　　　　　　　　　电子商务客户风险防范

图 7-15　安全选项 　　　　　　　　　　　　　图 7-16　安全设置

② 下载安装 IE 零日补丁。

IE 零日攻击是 2014 年 4 月底由微软曝光的，该漏洞破坏性强，曾一度导致微软发布公告：在推送零日补丁前，禁止使用 IE 浏览器！那么，如何下载安装微软推送的重要更新——IE 零日补丁呢？

打开微软自带的"Windows 更新"功能，所有平台都可以通过控制面板找到"Windows 更新"，或者："控制面板"→"系统与安全"→"Windows 更新"，如图 7-17 所示。如果你是 Windows 8、8.1 用户，你也可以通过"WIN+S"组合键打开"搜索"窗口，然后搜索"Windows 更新"即可，如图 7-18 所示。

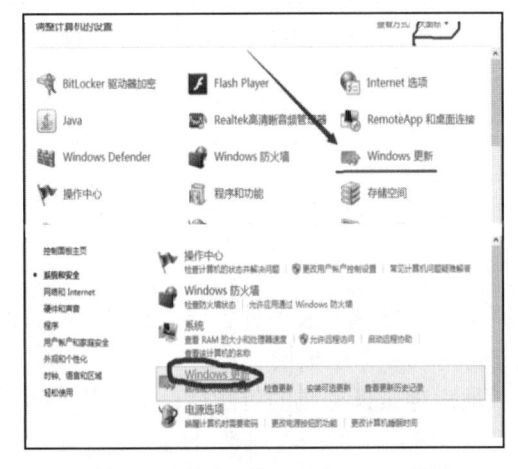

图 7-17　控制面板—Windows 更新 　　　　　图 7-18　搜索"Windows 更新"

如果没有推送更新，可以先单击"检查更新"按钮，再单击"1 个重要更新可用"按钮，可以看到，这个就是针对 IE 的补丁。然后单击"安装"按钮，会进入我们所需要的一个界面。安装完毕，提示重启，这样，IE 零日补丁安装完成。

（2）即时通信软件 QQ 的安全设置。

① 通过 QQ 配置提供的安全保护。

访问不良网站会导致用户的计算机被植入木马等严重后果，为了确保 QQ 用户安全地访问消息中的网站，QQ 在消息中的网站地址前添加了网站安全图标。当 QQ 识别到聊天消息中含有可点击的网站链接时，将根据后台记录的安全类型自动显示安全提示。建议用户

193

不要打开不安全的网址或消息。

② 消息记录安全设置。

如果用户在网吧或其他公共场所使用 QQ 进行登录或者其他操作时，会在计算机中留下消息记录的信息，为了防止这些消息被恶意查看或使用，用户可以对消息记录进行安全设置，具体设置如图 7-19 所示。

① 传送文件安全设置。

QQ 设置中心提供了"文件接收安全级"设置，进入"系统设置"→"安全设置"→"文件传输"进行传送文件处理。用户可以根据使用场景，帮助用户安全地处理传送文件的请求，如图 7-20 所示。

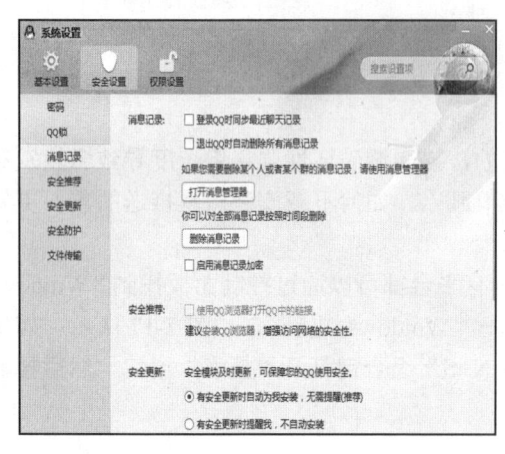

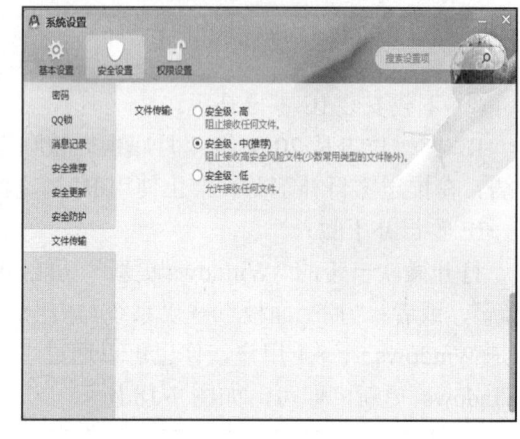

图 7-19　消息记录安全设置　　　　图 7-20　传送文件安全设置

> **练一练**
> 1. 把 IE 浏览器的安全级别设置为"中级"。
> 2. 把 QQ 设置中心的"文件接收安全级"设置为"中"。

2. 电子商务支付安全技术

网络天生具有不安全性，特别是其网上支付领域有着各种各样的交易风险。但无论是何种风险，其根本原因都是登录密码或支付密码泄露造成的。

因此建议用户使用复杂的密码，降低被病毒破译密码的可能性，提高计算机系统的安全性。需要注意：一是密码不要设置为姓名、普通单词一、电话号码、生日等简单密码；二是结合字母、数字、大小写共组密码；三是密码位数应尽量大于 9 位。

在登录支付资金时，应注意：一是确认该网是否是官方网站；二是仔细核对该网的域名是否正确，注意"1"与英文"l"、"字母 O"与"数字 O"等情况；三是保证良好的上网习惯，收藏常用的网址，减少网上链接。

（1）数字认证——U 盾。

数字证书的引入是在线支付安全问题的最终解决方案之一。它可以确认一个发送数字签字信息的人的身份，网上支付不安全，选择网下加以弥补。以工商银行推出并获得国家专利的客户证书 U 盾为例。从技术角度看，U 盾是用于网上银行电子签名和数字认证的工具，它内置微型智能卡处理器，采用 1024 位非对称密钥算法对数据进行加密、解密和数字

项目 7　　电子商务客户风险防范

签名。确保网上交易的保密性、真实性、完整性和不可否认性。它顺利地解决了当前网银密码泄漏的问题。有了硬件数字证书的应用，即使你的密码泄露了。没有证书，黑客还是不能使用你的账户。

（2）动态电子密码。

动态电子密码的应用也可以确保电子银行账号的安全。现行的有两种方式：一种是在使用时查看当前的动态电子密码；另一种是临时通过绑定手机、密宝等通信工具，向账户所在银行申请临时密码。由于具有较强的时效性，从而保障账户资金的安全。还有其他消极的防护措施。例如，某些网上银行交易金额限制，单次为 300 元，每日限额为 3000 元。主要是为了降低电子支付交易风险，但在一定程度上会给大额交易带来不便。这种措施治标不治本。

（3）"数字签名"及"信息摘要"可以证实一个信息是否被篡改。

（4）"双重加密"可以实行在线订货付款，而不让卖方看到信用卡号。

总之，技术的发展进步已经为电子商务支付安全技术提供了可能的解决方案。

> **温馨提示**：上述有关数字签名、信息摘要、数字证书、双重加密等术语，请读者参照本书 7.2.1 相关内容。

拓展学习

● PGP（Pretty Good Privacy）是一个基于 RSA 公钥加密体系的邮件加密软件。可以用它对邮件保密以防止非授权者阅读，它还能对邮件加上数字签名从而使收信人可以确认邮件的发送者，并能确信邮件没有被篡改。它可以提供一种安全的通信方式，而事先并不需要任何保密的渠道用来传递密匙。它功能强大，有很快的速度。而且它的源代码是免费的。目前，PGP10.0.2 以后的版本可以在 Windows 7 系统中安装。

● 加密软件 PGP 详解分析与示例：http://jingyan.baidu.com/article/f96699bbab82c0894f3c1b55.html。

活动 7.2.3　　技能训练：数字证书的安装和使用

数字证书就是互联网通信中标志通信各方身份信息的一串数字，提供了一种在互联网上验证通信实体身份的方式，其作用类似于司机的驾驶执照或日常生活中的身份证。它是由一个由权威机构——CA 机构发行的，人们可以在网上用它来识别对方的身份。

在客服工作过程中，使用最多的是哪种数字证书？课前，请同学们以小组为单位，上网搜集资料，回答以下几个问题。

（1）什么是账户安全保护？
（2）支付宝证书支持的操作系统和浏览器分别有哪些？
（3）子账号安全保护方式有哪些？哪些操作是需要强制验证的？

各小组汇总学习结果，选派代表在班级交流发言。

试一试 选择一种方法，给自己的账号安装上数字证书，具体的操作流程记录在表 7-10 中。

表 7-10　安装数字证书方法

序号	选择安装数字证书的方法	具体操作流程
1	通过手机短信	
2	接收邮件并回答安全保护问题	
3	提交客服申请单	

温馨提示：每个账户安装数字证书的方式不一样，请您根据页面上提示的安装方法安装数字证书，优先推荐"通过手机短信"安装。

子账号的证书需要子账号自己安装，主账号要先为其打开证书保护开关，从 2013 年 11 月 22 日开始，异地登录的子账号需要进行手机验证或者子证书验证。

练一练 安装子账号数字证书（包括绑定手机）的操作流程是：
_____
_____
_____

二维码一扫，钱没了；手机丢了，账户里的钱也跟着被盗了；收到伪装成银行官方客服的号码……当手机变成钱包给我们的生活带来诸多便利的时候，手机支付安全问题也日益凸显。我们该如何保障手机支付的安全呢？

保障手机支付的安全，你的做法是_____
_____。

教师点评

任务 7.3　熟悉电子商务法律法规

问题引入

2014 年 3 月 15 日起开始实施的新消法实施后，淘宝网为了更好地保护消费者的利益，默认为不支持"七天无理由退货"的有哪 7 个类型的商品？
_____
_____

活动 7.3.1　了解电子商务立法现状

你知道么？

2014 年新修改的《中华人民共和国消费者权益保护法》（以下简称新消法）于 2013 年 10 月 25 日经第十二届全国人大常委会第五次会议表决通过，2014 年 3 月 15 日起将开始实施。针对新消法，专家进行了权威解读。

（1）网购平台承担先行赔付责任。
（2）经营者义务被强化，电器等商品或者服务有问题，商家要"自证清白"。
（3）消费者享有 7 日"后悔权"。
（4）禁止泄露消费者个人信息。

做中学

● 在百度或搜狗等搜索引擎使用"电子商务立法"、"电子商务消费者权益"、"网上购物维权"等关键词搜索，在收集案例的过程中，把案例进行分类整理，把整理结果填入表 7-11 中。

表 7-11　搜索结果整理表

小组成员	案例	涉及的法律知识

● 讨论：在收集整理的案件中，主要涉及的法律法规有哪些？

必备知识

2013 年 12 月 27 日，全国人大财经委召开电子商务法起草组成立第一次全体会议，首次划定中国电子商务立法的"时间表"，2015 年 1 月～2016 年 6 月，开展并完成法律草案起草。

2013 年以来，我国在电子商务方面出台了一系列的法律法规，部分法律法规如下。

1. 电子商务篇

海关总署：《关于跨境贸易电子商务进出境货物、物品有关监管事宜的公告》（2014 年 7 月）。

国家食品药品监管总局：《互联网食品药品经营监督管理办法（征求意见稿）》（2014 年 5 月）。

国税总局：发布《网络发票管理办法》（全文）（2013 年 3 月）。

2. 网络购物篇

工商总局：关于发布《网络交易平台合同格式条款规范指引》的公告（2014 年 7 月）。
国家工商总局：《网络交易管理办法》（2014 年 1 月）。

3. 物流快递篇

国务院：《物流业发展中长期规划（2014—2020）》（2014 年 10 月）。

国家邮政局:《寄递服务用户个人信息安全管理规定》(意见征求稿)(2014年3月)。

国家邮政局:《无法投递又无法退回邮件管理办法》(2013年12月)。

国家邮政局:《快递业务旺季服务保障工作指南》(2013年9月)。

工信部:《关于推进物流信息化工作的指导意见》(2013年1月)。

交通运输部:《快递市场管理办法》(2013年1月)。

4. 网络金融篇

保监会:《互联网保险业务监管暂行办法(征求意见稿)》(2014年12月)。

中国人民银行:《中国人民银行关于手机支付业务发展的指导意见》及起草说明(2014年3月)。

《支付机构网络支付业务管理办法征求意见稿》(2014年3月)。

央行等五部委发布:《关于防范比特币风险的通知》(2013年12月)。

5. 互联网篇

最高人民法院:《最高人民法院关于审理利用信息网络侵害人身权益民事纠纷案件适用法律若干问题的规定》(2014年10月)。

工信部:《加强电信和互联网行业网络安全工作指导意见》(2014年8月)。

国信办:《即时通信工具公众信息服务发展管理暂行规定》(2014年8月)。

银监会:《关于加强商业银行与第三方支付机构合作业务管理的通知》(全文)(2014年4月)。

工信部:《电信和互联网用户个人信息保护规定(征求意见稿)》(2013年4月)。

【案例 7-7】

维护权益,小二在行动

张明是一专门经销某品牌汽车零部件的3钻卖家,虽然店铺开张时间不算长,可是,凭着他的努力和对顾客的热忱服务,店铺还算经营得顺风顺水。

一天,张明遇到一个买家,说张明的产品成色不好,张明清楚对方的目的,经过几个回合的谈判,双方谈妥价格,很快张明就让客服人员给对方发货。原本以为事情这样就结束了,没想到3天以后,买家快递还没签收就直接发短信他,说他的零部件上有划痕,张明毫不犹豫地让买家直接把货退回来,来回的运费卖方承担。不料下午6点买家又签收了,说张明的零部件是假货,还让淘宝小二介入,如图7-21所示。

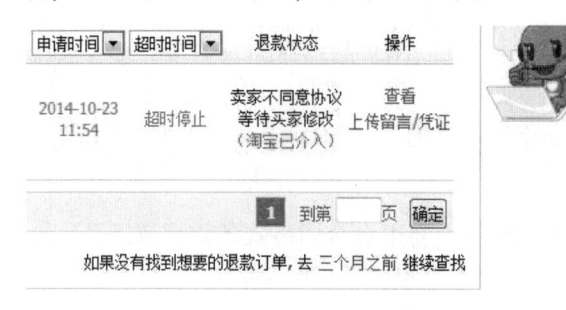

图7-21 淘宝小二维护权益

拓展学习

小组合作学习，掌握网络商务信息的方法。

● 登录百度、一搜、搜狗、中国搜索、3721 搜索、网易搜索、雅虎中国等搜索引擎，学习上面介绍过的任意一部法律法规，了解其具体的内容。

● 结合生活中看到的一些电子商务法律案件，初步分析原因，小组交流后推荐代表在课内进行交流。

我们小组学习的一部法律法规是_____

_____。

这部法律法规的相关内容是_____

_____

_____。

相关的案例是_____。

本小组推荐的代表：_____。

活动 7.3.2　学习网络零售平台规则

做中学

● 通常，你会在哪些网络零售平台购物？为什么？

_____

● 在网络零售平台购物，你觉得最大的问题是什么？为了避免麻烦问题，你会怎么做呢？

_____

必备知识

1. 目前国内比较成功的网络零售平台

目前国内比较成功的网络零售平台有淘宝、京东、拍拍、易趣、亚马逊、当当网、美丽说、苏宁易购、唯品会、聚美优品、国美在线、乐蜂网、1 号店、凡客诚品、蘑菇街、中酒网、酒仙网。

2. 淘宝平台规则

淘宝平台规则可登录网址：http://rule.taobao.com/detail-62.htm 查看。

作为全国知名的电子商务网站，阿里巴巴形成了比较完整的平台交易规则，其中，淘宝平台从注册流程、交易流程、支付宝与淘宝账号的绑定、橱窗推荐位、信用炒作、社区发帖、投诉与举报等共 14 个方面做了明确的规定。

1）信用炒作和侵犯他人知识产品的处罚规则

（1）信用炒作用户被查封，如图 7-22 所示。

卖家可以通过"我是卖家"→"交易管理"→"评价管理"→"炒作信用"如何处罚，进行相关的学习。

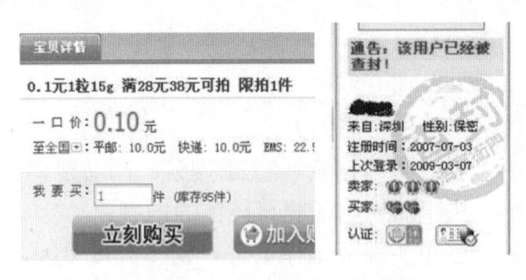

图 7-22 信用炒作用户被查封

侵权行为处罚规则：卖家可以进入"帮助中心"首页→"常见问题"→"我是卖家"→"知识产权侵权"→"知识产权侵权申诉"→"帮助内容"中查看。

2）阿里旺旺使用规则

所有用户均可以通过淘宝网提供的信息沟通渠道进行信息发布或交流沟通，但是不得通过此渠道发布违法、违规信息，如兜售侵权产品，群发链接式邮件、垃圾电子邮件、虚假中奖信息等，如图 7-23 所示。

图 7-23 在阿里旺旺上违规发布广告

3）投诉与举报规则

在淘宝网首页的左下角，"消费者保障"→"服务中心"→"常见问题"→"退款&维权举报"→"投诉管理"中有投诉和举报的相关内容。

【案例 7-8】

行为类投诉成立，赔付金额的计算

买家以"未按约定时间发货"为由进行投诉，一旦投诉成立，卖家需要赔付买家该商品实际成交金额的 5%作为违约金，且金额最低不少于 1 元，最高不超过 30 元；买家发起投诉后卖家未在淘宝网人工介入且判定投诉成立前主动支付该违约金的，除须赔偿违约金外，每次扣 3 分。赔付公式：1 元≤商品金额×5%≤30 元。举例：买家购买了一件衣服，订单金额为 710 元，其中有 10 元是邮费，当买家投诉卖家"未按约定时间发货"成立，卖家需要赔偿给买家的违约金是（710-10）×5%=35（元），因赔偿最高不超过 30 元，所以，这笔交易卖家需要赔偿给买家 30 元。

案例思考：
买家发起投诉后，卖家该如何处理？依据的相关规则是什么？后续要关注哪些问题？

描述不符、代购商品、商品质量问题等争议处理，在"服务中心"→"常见问题"→"淘宝规则"→"争议处理（卖家版）"中找到处理的方法。

4）2015 年淘宝部分新规则

（1）对虚假交易进行重拳出击，如果发现卖家有刷单行为，将在以前扣 48 分的处罚基础上，另给予 30 天的全店商品淘宝网搜索降权和天猫搜索降权的处理。

（2）同时调整淘宝排名规则，淘宝排名因素有动态评分、收藏人气、发货速度、销量、转化率、是否橱窗推荐、浏览量、下架时间、是否公益宝贝、是否打新品标、价格、是否交保定金，这些因素形成一个综合人气，淘宝排名默认综合排名。

（3）对于交易诚信记录良好的买家申请退款的，如买卖双方自行约定发货时间的卖家未按照约定在承诺时间内发货；或买卖双方无约定发货时间卖家未在买家付款后 72 小时内发货的，默认达成退款申请，按退款申请的金额直接退款给买家。

（4）对手机、女装/女士精品、男装、保健食品/膳食营养补充食品的商品描述不符规则的进行调整。针对同一商品描述不符的采取首犯从轻累犯从重的原则，同时增加了卖家同一商品 3 天内只扣一次分的保护措施。例如，卖家未对商品瑕疵等信息进行披露或对商品的描述与买家收到的商品不相符，且影响买家正常使用的，针对同一商品，第一次下架扣 3 分；第二次及以上删除扣 6 分。卖家未对商品瑕疵等信息进行披露或对商品的描述与买家收到的商品不相符，但未对买家正常使用造成实质性影响的，针对同一商品，第一次下架不扣分；第二次下架扣 3 分；第三次删除扣 6 分。

（5）为了督促卖家更好地提升店铺的退款、售后服务能力，为消费者提供优质的服务，淘宝网推出了"售后评价"，由买家对为其提供过退款、售后服务的卖家做出。"售后评价"将优先在"手机"和"童装/婴儿装/亲子装"两个类目进行试点，同时，为了帮助买卖双方对淘宝网评价体系建立整体认知，淘宝网拟将《淘宝规则》中的评价相关内容独立出来，与"售后评价"的相关规则共同组成《淘宝网评价规则》。

处理速度和服务态度在不同的售后服务类型下，展现的评分项略有不同，具体如表 7-12 所示。

表 7-12 处理速度和服务态度评分项

售后类型	显示状态	处理速度评分项	服务态度评分项
仅退款	退款成功	卖家退款速度	卖家退款态度
退货退款	退货退款成功	卖家退货退款速度	卖家退货退款态度

3. 京东商城平台规则

（1）如何区分京东销售和第三方卖家销售的商品？发票由谁开具？

① 京东销售：商品从京东库房出库，由京东安排配送，且商品发票由京东提供。如在211 服务承诺范围内的订单，可享受限时达服务。可通过商品编号区分：价格上方的商品编号为 6~7 位、8 位（图书音像）；可通过商品库存显示信息区分：库存信息中显示发货方为"京东"，如图 7-24 所示。

② 第三方卖家销售：商品由第三方卖家直接安排快递公司发货，且商品发票由第三方卖家提供。暂不支持 211 限时达服务。可通过商品编号区分：价格上方的商品编号为 10 位；可通过商品库存显示信息区分：库存信息中显示发货方为第三方卖家，如图 7-25 所示，且发票由第三方卖家提供（个别商品可能由京东发货，详见商品页面信息）。

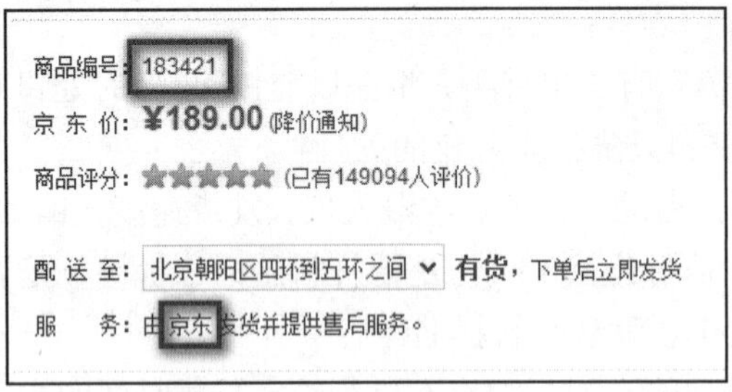

图 7-24 京东销售 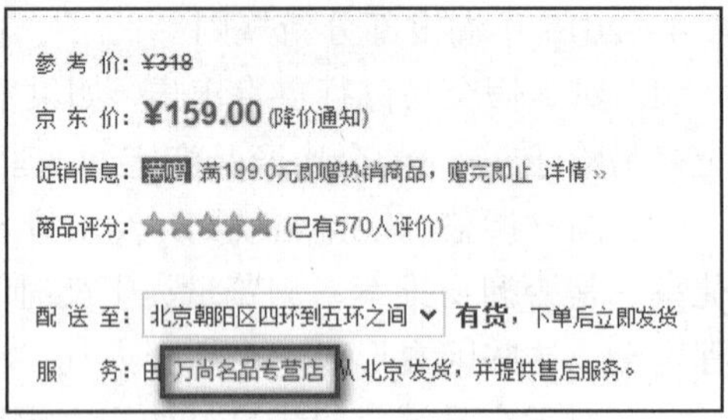   图 7-25 第三方卖家销售

（2）售后服务。

> **议一议**　查看京东开放平台总则（http://help.jd.com/Vender/question-851.html），了解京东《售后服务》及京东《售后特色服务》相关内容。在售后服务上，京东商城与淘宝、天猫有何异同？

（3）配送。

京东推出了"当日达"、"次日达"、"隔日达"3 种配送服务。

（4）支付。

可以选择：货到付款、快捷支付、邮局汇款、支票支付、扫描支付等方式。

"京东开放平台行业标准"主要规范了服饰行业标准、箱包行业标准、鞋类行业标准，以及户外运动行业标准和母婴行业标准。

值得注意的是，在"京东开放平台卖家积分管理规则"中，京东首先做了卖家违规行为管理规定，重点界定了卖家严重违规行为说明。出售假冒商品、出售未经报关进口商品、盗用他人账号、假冒材质成分、扰乱市场秩序、扰乱市场秩序、虚假宣传、泄露他人信息等共 12 项严重违规行为说明。同时，对新入驻商家，也有相应的鼓励办法规定。

拓展学习

● 电商零售平台新"四化"。

（1）内容运营 O2O2M（Offline to Online Mobile，线下实体店+线上电商+移动终端）化。

目前实际运营结果看，大多 O2O 模式准确地说只是 O+O，线上线下双轨而已，各自为营，难以产生协同和杠杆效应。O2O 的本质应该是 O 融 O，融生乘数效应。融之道在移动。

（2）电商品牌化。

相信未来零售平台之争必将是品牌之争，任何电商平台必须回答"我是什么"、"我代表什么"的问题。

（3）购物体验化。

研究表明，顾客购物行为正发生着三大变化。

① 移动购物呈后来居上之势。这是电商之所以必须2M的内在驱动因素。

② 购物不只是购"物"，购物= Go WOW，是为了满足参与、分享、犒赏和惊喜。这是电商平台需要"营销社会化"的内在驱动因素。

③ O2O不只是渠道，更代表体验空间，购物由重"体量（店大、商品多、价低）"到重"体验"，顾客体验为王。对于电商平台而言，未来竞争在于顾客体验之争，谁赢得最佳顾客体验口碑，谁将成为真正王者。

（4）营销社会化。

品牌商在O2O社会化营销方面日趋成熟，零售平台进行社会化营销有天然的优势，因为有坚实的大数据基础。要做的是将大数据背后的人还原出来，联结起来，根据不同的标签形成一个个活生生的社区，鼓励社区成员参与、分享和内容创造。

社会化营销的思维是：顾客买了只是开始，将顾客转化为活跃"粉丝"才是结束。

> **议一议** 拍拍是京东大战略一部分，京东固有用户将开放给拍拍，在京东主站搜索商品时，拍拍的商品也会出现在其中。同时，拍拍将与微信微店进行一键打通，卖家的拍拍店铺允许为微信店铺导流，微信店铺则帮助商家实现更好的客户维护。请你结合上面的知识，说说京东为什么和拍拍微信合作。

● 请利用互联网查找在聚美优品、蘑菇街、顺丰优选3个零售平台上开设店铺，对店家有什么要求，把结果填写在表7-13中。

表7-13 入驻要求

平台	入驻要求
聚美优品	
蘑菇街	
顺丰优选	

活动7.3.3 技能训练：客服交易风险的防范

采用采访和上网搜集资料的形式，小组合作开展训练，具体要求如下。

（1）分组分任务收集客服在电子商务交易中面临的风险，填写完成表7-14。各组长负责整理好相关的资料，课前，小组代表在全班进行交流。

表7-14 客服面临的交易风险

客服	平台	交易风险	处理方法	对应的规则

续表

客服	平台	交易风险	处理方法	对应的规则

（2）淘宝网"七天无理由退货"服务的商品品类划分如表 7-15 所示。

表 7-15 淘宝网"七天无理由退货"服务的商品品类

分类	类型	商品举例
默认不支持"七天无理由退货"	消费者定做的，定制类商品	个性定制、设计服务（要求属性为：定制）
	鲜活易腐类商品	鲜花绿植、水产肉类、新鲜蔬果、宠物
	在线下载或者消费者拆封的音像制品、计算机软件等数字化商品	网游、话费、数字阅读、网络服务
	交付的报纸、期刊、图书	订阅的报纸、期刊、图书
	服务性质的商品	本地生活、服务市场等，如家政服务、翻译服务等
	个人闲置类商品	个人闲置，一级类目为自用闲置转让
可选支持"七天无理由退货"（即默认支持"七天无理由退货"，卖家可根据商品性质选择不支持"七天无理由退货"）	非生活消费品，如商业用途类商品	房产、新车、网络服务器、商用物品等
	代购服务商品	采购地为海外及港澳台且库存类型为海外代购（无现货，需采购）
	二手类商品	二手商品，宝贝类型为二手
	成人用品，有包装的保险套除外	成人用品
	贴身衣物	内裤、内衣、泳衣、袜子、打底裤等
	古董孤品类	古董、邮币、字画、收藏类等
	食品保健品类	食品（含婴幼儿食品、零食、冲饮、酒类、粮油米面、干货、调味品）、保健品（含中药、膳食营养补充剂）、宠物医疗用品等
	贵重珠宝饰品类	珠宝、钻石、翡翠、黄金等
	家居、家电类商品	家具、大家电（电视、空调、冰箱等）等
必须支持"七天无理由退货"	除以上 15 类商品外的所有品类外，均须支持"七天无理由退货"服务	服装服饰、数码产品及配件、家纺居家日用、化妆品、婴童用品（除食品）等

想一想 关于邮费争议问题：

由买家发起的"七天无理由退货"服务的邮费承担原则：交易中的运费争议，根据"_____"的原则处理。

（1）若淘宝判定卖家责任（如商品存在质量问题、描述不符合等），来回运费都需要由_____承担。

（2）买家责任（不喜欢/不合适等），买家承担_____；如商品为卖家包邮商品，买家只需要承担_____。

（3）如果交易存在约定不清的情形，淘宝无法确定是谁的责任，交易做退货退款处理，发货运费由_____承担，退货运费由_____承担。

（3）淘宝网对商品完好的定义如表 7-16 所示。

表 7-16　淘宝网部分商品完好定义表

一级类目	商品完好定义[自 2014 年 9 月 26 日（含）后执行]
男装	
女装、童装、运动服	
箱包皮具、服饰配件	
鞋子	
茶、咖啡、冲饮、奶粉	

议一议

1. 买家退货时换了商品，低于店铺出售的商品价格怎么办？

2. 按照买家要求的新地址发货，现在买家说未收到货怎么办？

3. 买家因卖家拒绝退款而给的差评是否属于恶意评价？

拓展学习

"双十一"那天小林在××官方旗舰店买了几片××面膜，是××补水保湿面膜组合 30 片深层滋润正品。可把买到的东西跟官网上的商品一对比，发现套餐中的海洋冰泉补水面膜与官网上的不一致。再对比其他平台的这一款面膜，包装与官网的无差别。小林怀疑自己买到假货，随后联系所谓××官方旗舰店的客服，得到的回复是产品换包装了。可是小林在××官方旗舰店的页面上并没有此项说明，于是，小林决定维权。

如果你是××官方旗舰店的客服，你会怎么做呢？

教师点评

项目小结

通过本项目的学习，我们认识到作为客服，在售中、售后都会面临着各种交易风险（木马病毒、骗取保证金、客户提前申请退款、发货后修改收货地址等），客服既要有一定的心理素质，又要具备根据具体情况灵活处理事务的能力，希望同学们在实际操作中能向有经验的客服多学习，熟悉相应的操作规则，学会保护自己。电子商务系统中使用的安全技术包括加密技术、数字签名、数字时间戳、认证技术、防火墙技术、入侵检测技术、VPN技术、防病毒技术及相关的一些安全协议标准等。根据电子商务活动的过程，把这些安全技术归结为三类：客户端安全技术、支付安全技术、信息传输安全技术。这些安全技术和电子商务安全协议一起构成了网络安全体系。通过钓鱼网站的识别、常规杀毒软件的介绍、数字证书的安装和使用等，初步实现保障电子商务客服的安全交易。通过最后一节对电子商务法律法规的了解，使每个客服在交易风险中学会一些基础的应对方法和防范措施。

项目 8
电子商务客服职业倦怠调整

学习目标

通过学习本项目，你应该能够：

（1）了解电子商务客服人员所承受的各种压力，通过对各种压力成因的分析，能正确地对待客服工作；

（2）了解电子商务客服人员的情绪周期，在各种压力面前，能进行自我舒缓与调适；

（3）理解职业倦怠的含义，把握职业倦怠的外在表象；

（4）了解电子商务客服人员出现职业倦怠，对企业和个人造成的危害；

（5）了解电子商务客服人员职业倦怠的类别，掌握有效消除职业倦怠的技巧与方法。

你知道么？

近几年，我国的电子商务市场正处于爆发性的增长阶段。艾瑞咨询数据显示，2012 年中国网络购物交易规模突破 10000 亿元大关，达到 13040 亿元。中国网络购物已经进入高速增长期，成为最具代表性的新型消费模式，而依托于电子商务经营的新职业——电子商务客服（图 8-1）也正在迅速崛起。

图 8-1　电子商务客服

电子商务客服是基于互联网的一种客户服务工作，是网络购物发展到一定程度下细分出来的一个工种。电子商务客服的工作内容多样，但主要包括引导客户购物、解答客户问题、提供技术支持、消除客户不满情绪等。其工作方式主要是通过各类聊天通信工具，在线上和买家实时交流及资料传送等。

随着电子商务行业的迅速发展,企业对服务质量关注度的逐渐提高,客户服务中心已成为企业加强与顾客关系、维系和提升服务质量的重要部门。

本项目主要完成现两个任务:了解电子商务客服的压力;了解职业倦怠。

任务 8.1　了解电子商务客服的压力

电子商务客服在电子商务推广产品的销售及售后的客户维护方面均起着极其重要的作用,而这个职业群体因为工作的特殊性,也经受着不同于其他行业的心理压力,身心健康受到了不容忽视的影响。

📝 问题引入

当地一家电子商务企业到学校招聘客服人员,听说工作环境不错,整天与计算机打交道,许多同学跃跃欲试,恨不得早日去上班。你也在录取之列,在上班之前,请思考下列问题:电子商务客服人员要面临哪些方面的压力?这些压力对人的身心健康有什么影响?应该如何正确对待这些压力?

_____

_____

活动 8.1.1　分析电子商务客服压力的来源

🔍 做中学

● 请在你认识的从事电子商务客服工作的家人、朋友和同学中做个小调查,了解她(他)们对这份工作的认识,从事这项工作要经受哪些方面的压力,她(他)们是如何缓解或消除这些压力的。请将调查结果填入表 8-1 中。

表 8-1　电子商务客服人员的压力来源及缓解办法调查表

调查人群	性别	压力来源	缓解压力的办法
20~30 岁	男		
	女		

● 请你依据表 8-1,设计一份电子商务客服人员的压力来源调查表。结合教材中的必备知识理解电子商务客服人员承受的各种压力及其对身心的影响。

> 教师点评

项目 8 —— 电子商务客服职业倦怠调整

必备知识

1. 电子商务客服人员的心理压力表现

电子商务客服人员的心理压力具体表现在以下几个方面：一是生理方面，表现为一系列的生理症状，如失眠、入睡困难、头晕头痛、疲倦、肠胃失调、血压增高等，有时严重到需要就医；二是情绪方面，表现为焦虑、急躁、紧张等情绪过敏症状，同时可能会出现退缩、犹豫、自信心不足、孤独感和厌倦感等，严重时会导致抑郁症的发作；三是思维方面，表现为注意力不集中，思维涣散，大脑常常会进入迷茫状态，无法进行常规思考；四是行为方面，长期或过激的消极压力可能会导致一系列的不良行为，部分人会以抽烟、酗酒，甚至攻击、破坏行为来缓解或转移压力。

2. 电子商务客服人员心理压力成因分析

> **议一议**　造成电子商务客服人员心理压力大的内在原因有哪些？电子商务客服人员应该具备哪些心理素质以缓解内心的压力？

1）内在主观因素

一是网络客户服务技能不足。网络服务工作看似简单，实际操作却不易。电子商务客服多为文字客服，不但需要较高的计算机操作能力，还需要一定的语言组织能力和良好的沟通技巧。网络客服技能的不足常常使客服人员手忙脚乱，不断体验挫折感和沮丧感，从而造成了巨大的心理压力。二是自我职业生涯发展规划经受阻碍。电子商务客服是近年来的新兴行业，因其工作方式的特殊性，对从业人员的能力和技能都有较高的要求，从业者多为20~30岁年龄阶段的人群，正处于职业生涯的打基础阶段。但电子商务客服行业内目前仍缺乏健全的职业晋升机制，大多数从业人员都感到个人发展空间不足，自我职业生涯规划发展缓慢或受阻。三是性格职业匹配性低。客户服务工作最主要的工作内容就是和客户打交道，电子商务客服更是多以视频、言语或文字的形式与客户针对产品和服务进行沟通。要进行良好有效的沟通，要求其从业人员必须具有开朗、隐忍、善于倾听、思维敏捷、具有同理心等性格特质。

2）外在客观因素

> **想一想**　造成电子商务客服人员心理压力大的外在原因有哪些？企业应该如何为电子商务客服人员减轻来自外界的压力？

客户服务人员面临的外在的压力主要来自7个方面：顾客期望值的提升、服务失误导致的投诉、超负荷工作的压力、同行业竞争加剧、不合理的顾客需求、服务技能不足及服务需求变动。

（1）顾客期望值的提升。

> **议一议**　时下尽管企业的服务水平较之前有了很大的提升，顾客获得的服务越来越多，但其满意度不但没有提升，反而在下降。我们一起来讨论一下，顾客为什么会变成这样？

企业的服务水平不断提高，顾客的满意度不升反降的原因在于顾客对于服务的期望值越来越高，以及顾客的自我保护意识在不断加强。顾客期望值提高是与行业竞争加剧分不开的，顾客每天都被优质服务所包围，如此一来，他们对服务的要求也就越来越高了。

（2）服务失误导致的投诉。

一般情况下，应对顾客投诉可以通过一些技巧方法，很好地化解顾客的抱怨。但是，有些投诉是非常难解决的，如服务失误导致的投诉就属于这一类。例如，飞机延误给顾客造成损失，尽管机场会按保险金额赔给顾客，但是顾客的实际损失和因为行李丢失而造成的不便是机场不能弥补的，即使有服务人员道歉，也并不是所有顾客都会接受，这给服务人员造成了巨大的压力。

（3）超负荷工作的压力。

顾客需求的变动会给服务人员带来更多的工作压力。现在很多公司的服务人员都在超负荷的工作压力之下，一个人做两个人的工作是很常见的。需求的变动使企业很难按照顾客最大的期望值来安排自己的服务。因此，调整心态、提升解决难题的能力，是服务人员面临的又一个挑战。

【案例 8-1】

36 岁淘宝"达人"猝死　电商圈引发"震荡"

淘品牌御泥坊前董事长吴立君于 2013 年 7 月 15 日下午突发脑疾在长沙去世，年仅 36 岁。昨天这条消息在电商圈引起"震荡"，不少电商行业的人一方面对这位敢吃苦的创业型人才英年早逝扼腕叹息，另一方面很多人也在对照自己繁重的工作压力，对连续加班的状态表达不满。

人称"网络第一承包商"、"淘宝大将军"的吴立君生前是湖南三创电子商务公司董事长，2005~2010 年连续 6 年被评为百强网商、淘宝网湖南商盟创始人之一。据公开资料显示，2006~2008 年 9 月，吴立君任"御泥坊"董事长兼营销总监，开业半年时间获得淘宝最佳面膜排名第一，最终收购生产厂家，成为淘品牌 50 强。

2012 年 7 月，一名年仅 24 岁的淘宝杭州卖家突然离世，曾引发了社会对淘宝店主这个群体健康状况的讨论。当时淘宝网官方曾发微博表示惋惜和哀伤，并呼吁店主们事业再重要，也不要透支生命，要多注意自身的健康问题。

电商行业是加班的重灾区。一家电商网站负责人透露，电商行业基于客户服务、市场推广的需要，企业要面对订单大量增长的情况，往往为了保障良好的用户体验，员工不得不连夜加工订单、发货，确保客服顺畅，以及配合促销调整网站页面等。加班已经成为这个行业的文化。

"电子商务的业态，改变了人们的生活方式，也改变了很多人的工作方式，它使得改变成为了一种常态。在这种变化以日计量的行业及时代，往往牺牲的是平常的休息及幸福的家庭生活。"本来生活网市场部负责人邹一波表示。

案例思考：

又一位电商倒下！接连出现的淘宝店主猝死事件引发了社会对这个群体关注。淘宝网曾对 74 名淘宝卖家取样为身体状况专门做了健康调查，结果不容乐观。淘宝店主为什么容易猝死？淘宝店主们的生存状态令人堪忧。

（4）同行业竞争加剧。

竞争导致的结果就是需要企业做得越来越好、提供的服务越来越优质。在这种背景下，服务人员的工作压力增大是必然的。

（5）不合理的顾客需求。

有时候顾客提出的不合理要求也会给服务人员造成很大的压力。企业不允许那么做，顾客却偏要那么做，满足了顾客，就违反了企业规定；遵守了企业规定，又会得罪顾客。如何在遵守企业规定的前提下，让顾客接受服务人员的合理解释，这就成了服务人员的又一道难题。

（6）服务技能不强。

服务工作看似简单，实际上却并不简单，尤其是在处理很棘手的投诉时，如果服务技能不强，将使服务人员陷入困境，不但不能得到工作的满足感，还会更加失望和沮丧，这也间接成为服务人员的压力源之一。

> 议一议　电子商务客服人员需要具备哪些服务技能？

（7）服务需求波动。

几乎所有的行业都会有服务的高峰期。当高峰期出现的时候，由于客户人数众多，服务人员的服务热情很难长期维持，但顾客不会理解这些，他们要求在高峰期同样享受到优质服务，如其不然，就会表示不满，甚至向服务人员施压。对于上面的压力，一线的服务人员如果不能很好地应对，就无法提供令顾客满意的优质服务。从另一个角度来讲，企业也无法获得真正的服务竞争优势。

3. 压力对工作绩效的影响

压力是指个体在环境中受到各种因素刺激的影响而产生的一种紧张情绪，这种情绪会正向或负向地影响到个体的行为。工作压力过大往往导致员工出现经常性旷工、心不在焉、创造力下降、离职流失，最终造成企业生产力的损失。据统计，仅美国因员工压力过大每年造成的企业损失就超过 1500 亿美元。当员工感觉压力越来越大时，企业应该想方设法减轻员工的压力，降低压力对员工的负面影响。

压力与绩效的倒 U 形关系如图 8-2 所示。

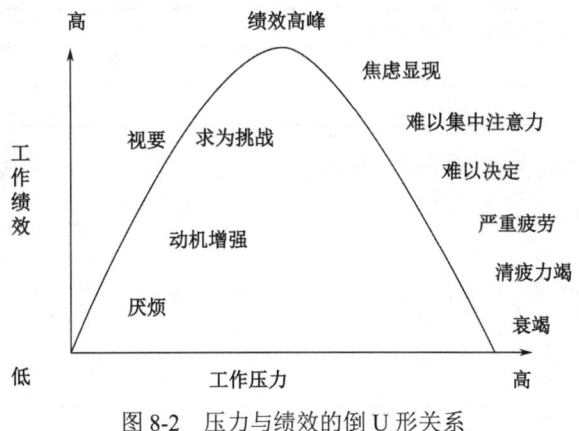

图 8-2　压力与绩效的倒 U 形关系

当我们完成工作任务的压力非常小时，会觉得工作乏味、缺乏挑战性，集中干劲和注意力到工作上的动机很小，从而绩效很低。

随着工作压力的逐渐增大，我们受到激发，绩效得到提高。在压力达到最佳点之前，工作压力越大，绩效越高。

当工作压力超过最佳点后，压力越大，绩效越低。随着压力增加，依次出现过压、急躁、焦虑等状态，甚至使人崩溃。

在绩效最高点附近的绩效区，称为最佳绩效区。在绩效最高点附近的压力区，称为最佳压力区。如何通过压力管理，将工作压力保持在最佳压力区，进而使绩效处于最佳绩效区，是压力管理的主要任务之一。

你知道么？

经调查，员工的压力主要源自以下 4 个方面。首先，压力来源于工作本身。员工个人能力和个性与工作要求不匹配，可能给员工带来压力。企业发展目标不明、部门间协调配合不力、员工角色定位模糊、岗位职责不清，可能导致员工无所适从。对员工工作成果评价机制不健全，缺少有效的绩效反馈信息，也会给员工带来工作压力。其次，压力源自工作中的人际关系。工作中，员工之间人际关系紧张，不能处理好与客户的关系，下级不能适应上级的领导风格，以及上级不能有效管理下属，这些人际关系因素都会给员工带来精神压力。再次，压力来源于职业发展前景。企业没有为员工提供有力的工作保障，企业没有充分考虑员工的职业发展需求，员工自身没有明确的职业生涯定位，职业发展前景方面的困境会使员工陷入心理泥沼。最后，压力来源于工作环境。企业文化氛围、企业内部管理制度、企业组织结构，甚至工作物理环境，这些因素都会影响员工情绪的变化。

拓展学习

● 登录百度，输入关键词"电子商务客服的基本要求"、"电子商务客服技巧"、"当网店客服要注意什么"等进行搜索，了解企业对电子商务客服人员的素质要求，从而推断其压力来源，填写表 8-2。

表 8-2　电子商务客服的素质要求及带来的压力

电子商务客服的素质要求	造成的压力

● 小组讨论：电子商务客服面临的压力除了上述几项以外，还有其他方面的压力吗？推选代表课内进行交流。

教师点评

项目 8　电子商务客服职业倦怠调整

【案例 8-2】

孩子刚满月，每天客服工作到 22:00，最忙的时候一天只睡三四个小时。

"脚打后脑勺。"淘宝店主李刚这样形容自己忙碌时候的状态。"由于是自己开的小店，从进货、拍照、宝贝描述、上架，都是我一个人在做，刚进货的时候会很忙，要亲自去批发市场挑选货源，然后打包发货回来，有时候都顾不上吃饭，一天只吃一顿晚饭的时候也是有的。"

不进货的日子，他也要从早上 6:00 一直忙到 0:00，中间只有一个小时的午休时间，基本上全天都守候在计算机旁，做客服、检查库存、订单整理。周末进货和周一、周二上新货更忙，最忙的时候他一天只睡三四个小时。"忙起来就不觉得饿"，他也因此患上了胃病。

皇冠级别卖家小曹，最忙的一天要发 40 个快件。"衣服要去市场拿货回来，然后要熨烫、检查质量、修剪线头，40 件一般要中午边做客服边发货，发到晚上七八点才能发完。"

记者调查发现，一天工作 12 个小时以上，对淘宝店主来说是家常便饭。淘宝店主"夏天的梅园"的孩子刚满月，她现在一边照顾孩子，一边做客服，每天忙碌到 22:00，22:00 以后丈夫接班继续做客服。做活动时，连续几天忙到半夜更是常有的事情。平常孩子哭了，她就去隔壁房间给孩子喂奶，孩子吃饱不闹了，她又接着去做客服。生孩子之前，她和老公每天都工作 14~16 个小时。

担心差评和库存的压力让他们没法停下来。

从去年开始，李刚找了一份工程项目部预算员的工作，淘宝店就作为兼职在做，可疏于打理的淘宝店的生意很快冷淡下来。之所以会放弃淘宝店，李刚说，是因为工作辛苦又赚不到钱，让 25 岁的他看不到希望。

但像"夏天的梅园"和小曹这样的皇冠级信誉的店铺，他们却很少有放弃的打算。他们把淘宝店作为他们的全职工作，"夏天的梅园"夫妇两人将全部的家当都投进淘宝店，挣了钱就进货，现在他们手里没有现金，但有价值 20 余万元的库存。好不容易用几年时间做起来的皇冠级信誉，也让他们没办法舍弃，这些都逼着他们做下去。

虽然是皇冠级的店铺，但小曹还是很担心中差评。"中差评累积多了，好评率也会下降，肯定会影响生意的。"小曹说，"竞争太大了，这是没办法的事情。"

案例思考：

在电子商务行业风生水起之际，网店卖家的工作压力如此之大，即将走上电子商务客服岗位的你，做好充分的准备了吗？

活动 8.1.2　熟悉电子商务客服的情绪周期

做中学

查找相应的信息，结合教材中的必备知识掌握情绪周期的定义与调整方法。

213

- 登录百度，输入关键词"情绪周期"，掌握情绪周期的概念。
- 登录百度，输入关键词"人的情绪周期"，了解人的情绪周期有哪些具体表现。
- 小组讨论：根据以上调查所收集到的资料，针对人的情绪周期对工作有哪些影响展开讨论，推选代表课内交流。

必备知识

1. 情绪周期的概念

所谓"情绪周期"，是指一个人的情绪高潮和低潮的交替过程所经历的时间。它反映人体内部的周期性张弛规律，亦称"情绪生物节律"。人如处于情绪周期的高潮，就表现出强烈的生命活力，对人和蔼可亲，感情丰富，做事认真，容易接受别人的规劝，具有心旷神怡之感；若处于情绪周期低潮，则容易急躁和发脾气，易产生反抗情绪，喜怒无常，常感到孤独与寂寞。

你知道么？

人的情绪周期与生俱来。从出生的那一天开始，一般28天为一个周期，周而复始。每个周期的前一半时间为"高潮期"，后一半时间为"低潮期"。在高潮与低潮之间，即由高潮向低潮或由低潮向高潮过渡的时间，称为"临界期"，一般是2～3天。临界期的特点是情绪不稳定，机体各方面的协调性能差，易发生事故。

2. 调整人的情绪周期

> 议一议 电子商务客服人员应该如何正确认识人的情绪周期理论？在工作中应该怎样调整情绪周期，以提高工作效率？

情绪周期是人生情感的晴雨表，我们可据此安排好自己人生耕耘的茬口。情绪高涨时安排一些难度大、较烦琐的任务，而在情绪低落时多出去走走，多参加体育锻炼，放松思想、放宽心情，有了烦心的事多向亲人、同学、朋友倾诉，寻求心理上的支持，安全地渡过情绪危险期。同时，遇上低潮和临界期，我们要提高警惕，运用意志加强自我控制，也可以把自己的情绪周期告诉自己最亲密的人，一方面也让他们能提醒你，帮助你克服不良情绪，另一方面避免不良情绪带来的误会。

切记：阴影和光明一样，都是人生的财富。

你知道么？

一个最重要的心理规律是，无论多么痛苦的事情，都是逃不掉的。只能勇敢地面对它，化解它，超越它，最后和它达成和解。如果你自己暂时缺乏力量，可以寻找亲友的帮助，或寻找专业的帮助，让你信任的人陪着你一起去面对这些痛苦的事情。

【案例8-3】

美国心理学家罗杰斯（Rogers）曾是最孤独的人，但当他面对这个事实并化解后，他成了真正的人际关系大师；美国心理学家弗兰克（Frank）有一个暴虐而酗酒的继父和一个糟糕的母亲，但当他挑战这个事实并最终从心中原谅了父母后，他成了治疗这方面问题的专家；日本心理学家森田正马曾是严重的神经症患者，但他通过挑战这个事实并最终发明出了森田疗法……他们生命中最痛苦的事实最后都变成了他们最重要的财富。

案例思考：
当你的生活中出现类似的问题和困难时，你该怎么解决？

教师点评

活动 8.1.3　技能训练：压力的自我舒缓与调适

你知道么？

调查显示：超半数店主颈椎异常。

据了解，2011 年 11 月，淘宝网曾对 74 名淘宝卖家取样为身体状况专门做了健康调查，其中：颈椎异常 38 人，超过 50%；女性乳腺增生 37 人，占女性人数的 94%；视力屈光不正 26 人，占 35%；慢性咽炎 21 人；血脂异常 19 人；脂肪肝 18 人；甲状腺异常 17 人。这些结果显示，淘宝店主们的健康状况不容乐观。

做中学

- 登录百度，输入关键词"心理压力调适"，掌握有关心理压力调适的相关知识。
- 小组讨论：怎样从企业和个人的角度来缓解客服人员的心理压力？小组代表课内发言。
- 登录百度，输入关键词"放松训练"，收集各种放松训练的方法，并进行练习。

必备知识

1. 电子商务客服人员的心理压力调适

客户服务中心的成功运作主要依赖于服务人员的工作热忱和专业技能。因此，降低服务人员的压力、提高服务人员的工作满意度和工作投入度是客户服务中心重要的管理内容。

1）企业方面

网购企业的领导者和人力资源部门应该充分关心一线客服人员的压力现状，从组织层面拟定并实施各种减压措施，有效管理和缓解员工压力。

（1）改革不良工作制度、工作环境和条件。企业应该力求设置一套合理、高效的工作制度，鼓励良性内部竞争，营造和谐的工作氛围，塑造积极向上的企业文化。

（2）通过多种方式，提高客服人员心理健康水平。企业应该通过定制有关心理健康的书籍、杂志，开设宣传专栏，开设压力管理课程，请专家来做报告和提供免费心理咨询等方法，向一线客服人员普及压力管理知识和心理健康知识。运动和保健是宣泄和转移压力的良好方式，企业还可以开展保健或健康活动，建立专门的保健室，让员工免费使用各种锻炼、放松或宣泄器材（图8-3），鼓励服务人员养成良好、健康的生活方式。

图8-3 压力宣泄

（3）加强过程管理，消除各类不利影响。企业在招聘环节需注意选拔与工作要求相符的人力资源，避免上岗后因为无法胜任工作而产生心理压力。在人员配置中要做好人与事的搭配，清楚定义岗位角色，可减轻因角色模糊、角色冲突引发的心理压力。在人员培训中，需同时进行岗位技能、时间管理和职业规划等的培训，提前帮助新就业客服人员消除各类潜在的压力源。在工作过程中，领导者和一线客服人员要充分沟通，从而增强其可知感和可控感，减轻不确定性带来的压力。

2）个人方面

一是不断提高岗位工作技能。网购客服人员只有不断提高自己的岗位技能，全面掌握产品知识和销售情况，熟悉公司各类最新信息和网购流程，注重细节，才能从容面对客户的咨询和疑问，提高客户的满意度，避免因服务工作失误带来的公司和个人损失，以及服务失败带来的挫败感和沮丧感。

二是改善性格-职业匹配度、培养积极心态。除岗位能力外，客服工作因其特殊性，对从业者的性格也有一定要求。因此客服人员需要注重自我性格的塑造和改善，重点是加强沟通能力的培养。要建立良好的沟通，客服人员需要耐心倾听客户需求、保持同理心，面对客户的不良情绪时要做到处变不惊、态度隐忍，同时也要灵活应变。繁重琐碎的工作势必会影响到个体的心态，因此客服人员还要注重积极心态的培养。培养积极心态主要从感性和理性两个层面着手。感性层面如保持微笑、经常锻炼、保证睡眠、多吃健康食品等，理性层面如多角度看待问题、采用积极的思维模式、保持高度的自信心、保持心胸宽广等。

三是积极进行身心调适、缓解压力。客服工作中的压力在所难免。压力有好有坏，有的可以促进个体成长，有的也可能破坏身心平衡。因此客服人员在正确认识压力的前提下，要主动学习负性压力的调适方法，在遇到急慢性压力事件时，及时进行调适和缓解。

压力的缓解可以从生理放松、心理调节两方面来进行。生理放松可以采用运动、音乐欣赏、阅读和观看视频等多种方式进行。适当的舒展运动和户外活动，简单的保健操，轻柔舒缓的音乐，优美的文字和赏心悦目的视频，都能让人暂时放下心中的压力，得到身体感官的放松。心理调节是更有效的压力缓解方式，个体可以通过调整思维模式、改变对事物的认知和情绪的宣泄来减轻或消除压力。对压力的辨别和评价会直接影响到个体对其的感知和心理、行为反应，同样的压力事件在不同的个体身上会出现迥异的结果。因此面对压力时，建立积极的思维模式和正确的认知相当重要，客服人员需逐渐建立起良性的思维和认知模式，以增强自己的压力承受能力。

在感知压力后，个体还可以通过向他人倾诉、写日记和微博等多种方式宣泄不良情绪，必要时寻求心理医生的帮助，以避免负性压力累积，导致抑郁心境。

2．保持健康的心理状态

认识自己的内心，主动调适心理压力，积极舒缓精神紧张，发挥自身的心灵潜能，让久违的笑容重新回到脸颊，让失去色彩的生活永远充满阳光。

健康的心理状态具体表现为以下几点。

（1）充分的安全感。如果惶惶不可终日就会出现抑郁、焦虑等心理，并引起消化系统功能的失调及导致病变。

（2）充分了解自己。勉强做超越自己能力的工作，就会显得力不从心，于身心大为不利。

（3）生活目标切合实际。如果生活目标定得太高，必然会产生挫折感，不利于身心健康。

（4）与外界环境保持接触。与外界接触一方面可以丰富精神生活，另一方面可以调整自我行为，更好地适应环境。

（5）保持个性的完整和和谐。个性中的能力、兴趣、性格与气质等各种心理特征必须和谐而统一，方能得到最大的施展。

（6）具有一定的学习能力。为适应新的形势，就必须不断学习新东西，使生活和工作能得心应手。

（7）保持良好的人际关系。人际关系中有正向积极的关系，也有负向消极的关系，而人际关系的协调与否，对人的心理健康有很大的影响。

（8）能适度地表达和控制情绪。不愉快的情绪必须释放，以求得心理上的平衡。但不能过分发泄。

（9）有限度地发挥自己的才能与兴趣爱好。人的才能和兴趣爱好应该充分发挥出来，但不能妨碍他人利益或损害团体利益。

（10）在不违背社会道德规范的前提下，个人的基本需要应得到一定程度的满足。但必须合法，否则将受到舆论的压力乃至法律的制裁，自然毫无心理健康可言。

你知道么？

官方说法： 人社部门正研究为电子商务店主上工伤保险。

针对电子商务店主猝死，是否会得到工伤保险的赔付，记者采访了市人力社保局相关负责人。该负责人表示，未办营业执照的个人电子商务店主，可以以自由职业者的身份参加社会保险，包括养老、医疗、失业3个险种，并不包括工伤保险。

另据透露，随着这种个人开电子商务等新型劳动者人数的增加，下一步，人力社保部将对其是否可以纳入工伤保险、如何确定缴费费率进行研究。

【案例 8-4】

专家：应减少长时间熬夜，合理调节工作强度

近日，有媒体报道，根据 2012 年媒体与知名企业联合进行的一项名为"2012 关爱职场白领·关注白领健康"的统计显示，在巨大的工作压力下，我国每年"过劳死"的人数已达 60 万人，平均每天有约超过 1600 人因劳累引发疾病离世，已超越日本成为"过劳死"第一大国。

结合某电商"过劳死"案例，中国健康教育中心相关专家告诉记者，引发"过劳死"的主要原因是由于工作时间过长，劳动强度过重，心理压力得不到释放，加上饮食无规律，运动较少或基本没有，在长期违反生物钟正常运行的情况下，血管出现沉积问题。在久坐不动时下肢出现血栓，突然站起后有可能引发心梗、脑梗等突发疾病，引起猝死。

专家建议，电商、外企职工、医护工作者等工作强度大、工作时间长的工作人员应该合理调节工作强度，根据身体的反馈来调整工作时间，尽可能减少长时间熬夜或久坐等情况。

案例思考：

在从事电子商务客服工作的过程中，应如何处理好工作与生活的关系，做到劳逸结合，以保持健康的心理与生理状态？

3．心理放松训练

在生活中每个人都会紧张。当处于紧张的状态时，我们全身的肌肉都会变得紧张起来，而肌肉的紧张会引起身体上的各种反应：脸红、心跳、额头和手心出汗、手发抖、身体僵硬或颤抖等。这些反应也会进一步导致紧张，形成一种恶性循环。缓解身体紧张的最有效方法就是学会进行放松训练，身体放松后，就能消除或者缓解焦虑，以及身体不适感，而且此时你的心理也能得以放松。

做中学

简易的放松练习

（1）预备（1分钟）：找一个舒适的姿势坐着或平躺着，放松你的手脚；掌心向上；轻轻转动脚踝；头慢慢侧向一边；感觉整个身体深深沉入地下；闭上双眼；全身放松。

（2）深呼吸（2分钟）：开始第一个深呼吸，首先深吸气，使身体内充满空气，然后让气体从胸腔流动到喉部，再流动到鼻腔；保持（大约 5 秒钟），然后突然收腹，将胸腔、喉部和鼻腔内的气体全部吐出，感受一下全身放松的感觉；现在开始第二个深呼吸，慢慢地深吸气，呼气；然后第三个深呼吸，静静感受全身舒适放松的感觉。

（3）收紧脚趾（1分钟）：现在将脚趾弯曲，紧紧抓住地板；保持紧张状态（10秒钟）；松开脚趾，放松；深呼吸；然后将脚趾尽量张开，向上向外伸展；保持紧张状态（10秒钟）；恢复原状；放松；体会脚部那种舒适温暖的感觉。

（4）收紧腿部（30秒钟）：突然收紧双腿的肌肉；保持紧张状态（10秒钟）；松开；让

双腿充分放松；深深沉入地下；继续缓慢地深呼吸（5秒钟）。

（5）收紧臀部（30秒钟）：收紧臀部肌肉；保持（5秒钟）；然后松开；让整个身体深深沉入地下；缓慢地深呼吸，全身放松。

（6）收紧腹部（30秒钟）：收紧腹部肌肉；挤出那里的紧张感；保持状态（10秒钟）；松开肌肉；感受温暖放松的感觉。

（7）收紧双臂和肩膀（30秒钟）：高高耸肩，紧握双拳，拉紧手臂肌肉；保持状态（10秒钟）；突然松开这部分肌肉；背部沉入地下；感受放松和舒适的感觉。

（8）收紧全身肌肉（1分钟）：收紧全身每一部分肌肉；拉紧面部肌肉，皱眉；保持状态（10秒钟）；突然同时放松；身体深深沉入地下；全身充分放松，四肢放松；静静地躺上一会儿。

（9）使注意力集中在眉间（30秒钟）：现在，让你的头轻轻侧向一边，下巴放松；嘴唇张开；闭上眼睛，将注意力集中在眉间；慢慢地深呼吸；放松；让自己所有的注意力、思想、感觉都集中在眉间；整个人沉入到那个空间中去。

（10）想象自己置身于一个美丽的地方（2分钟）：在眼前开始出现你一直渴望见到的最美丽的景色；让景色逐渐变得越来越清晰；慢慢进行；让那个地方聚焦（10秒钟）；现在看到你已置身其中，进入了那个仙境一样的地方；感受身临其境的美好感觉；体验全身心的放松和舒适；静静地待在那个地方；像先前那样慢慢地进行深呼吸（60秒）。

（11）结束（60秒钟）：现在让你脑海中的美丽画面慢慢隐去（15秒）；睁开双眼；慢慢坐起来；结束放松训练。

练一练 在教师的指导下，开展心理放松训练，边练边体会。

放松训练的一般原则如下。
（1）坚持每天练习，才能起到较长期的效果。
（2）每天练习2或3次。不要空腹和饱餐后练习，房间里也不要太冷或太热。
（3）练习时需找一个安静的环境，穿着宽松的衣服。要以"自然"的态度去练习，投入地体验，而不是时刻顾虑"我是否能达到放松"。
（4）练习时，请注意通过鼻子呼吸。深呼吸时注意要缓慢、均匀，而不是快速地呼吸。

拓展学习

● 通过上网搜索、查阅资料等方式，结合平时的学习与生活实践，每位同学收集至少3种放松训练的方法，记录下来，课内与同学分享。

● 讨论：根据案例中客服人员的生存现状，国家应该制定哪些政策以保障客服人员的权益？企业在管理方面应该做出哪些努力，以减轻客服人员的各种压力？各小组汇总学习结果，派代表在班级交流发言。

教师点评

任务 8.2 了解职业倦怠

📓 问题引入

小明从事电子商务客服工作两年了，近段时间感觉对工作总提不起兴趣，对于目前的职业状态，充满了厌倦情绪，曾经效率极高的他，现在的工作绩效却明显降低，而且总感觉身体疲惫。你觉得他是否生病了？他应该如何做呢？

_____
_____
_____

🔍 做中学

小组合作，在百度或搜狗等搜索引擎使用"职业倦怠"、"客服人员职业倦怠"、"电子商务客服职业倦怠"等关键词搜索，进行资料查找，把不同的搜索结果填入表 8-3 中。

表 8-3 搜索结果汇总表

搜索内容	定义	具体表现
职业倦怠		
客服人员职业倦怠		
电子商务客服职业倦怠		

📝 必备知识

1. 职业倦怠概述

职业倦怠（Burnout）是指个体在工作重压下产生的身心疲劳与耗竭的状态。

> **想一想** 你是不是对工作总提不起兴趣？对于目前的职业状态，你是不是充满了厌倦情绪？曾经效率极高的你，现在是不是工作绩效明显降低，而且身体疲惫？
>
> 如果你有上述"症状"，说明你已面临职业倦怠的危机。意识到这些危机并积极进行调节，将有助于你重新找到工作的激情。

人的行为背后，都存在着一种动力，心理学称之为动机。

动机具有激起、调节、维持行为的功能，它的产生和人的需要、兴趣有密切的联系。当动机消失时，被它所推动的行为就会终止。因此，当人对所从事的工作没有兴趣或缺乏动机，却又不得不为之时，就会产生厌倦情绪，身心陷入疲惫状态，工作绩效将会明显降低。长此以往，人将面临职业倦怠的危机。

职业倦怠一般包括情感衰竭、去人格化、无力感或低个人成就感三类。

职业倦怠因工作而起，直接影响到工作准备状态，然后又反作用于工作，导致工作状态恶化，职业倦怠进一步加深。它是一种恶性循环的、对工作具有极强破坏力的因素。因此，如何有效地消除职业倦怠，对于稳定员工队伍、提高工作绩效有着重要的意义。

2. 职业倦怠的表现

（1）工作满意度低，出现离职和旷职现象。由于丧失了工作热情和兴趣，员工一旦产生职业倦怠就会在工作中缺乏职业道德和敬业精神，敷衍了事，甚至另谋他职。

（2）在人际关系方面表现出对同事和工作对象有情感上的疏远和冷漠。出现职业倦怠后，员工往往感到同事之间有太多的竞争，太多的矛盾；客户不好合作，故意刁难等。这样员工就会不愿意与同事和客户交往，把自己封闭和孤立起来，严重妨碍了工作效率。

（3）有巨大的压力感。心理学研究表明，适度的压力能使员工处于合理的应激状态，对员工的行为表现有积极作用。而过度的职业压力如果得不到合理释放和缓解，就会引起他们心理和生理上的不适和疾病。

例如，生理上的症状包括疲劳、食欲下降、睡眠质量变差、容易生病等；心理上的症状有挫折、愤怒、紧张、焦虑、神经质、恐惧等。对员工有重大意义的突发事件引起的压力或长时间的过度压力，将极有可能影响员工的身心健康甚至生命。

> **测一测** 针对职业倦怠的三方面表现，测一测你在平时的学习和生活中是不是也存在这些反应。

3. 职业倦怠的成因

导致职业倦怠的因素是多方面的，既有客观的，也有主观的。这些因素大体可以分为职场因素和个体自身因素两大类。职场因素是指产生职业倦怠的客观因素，包括工作任务过重、难度较大、晋升无望、工作前景不好、人际关系紧张、工作环境不利等。个体自身因素指员工因年龄、性别、动机、能力、意志等方面存在个体差异对上述职场因素的感觉和评价有所不同，如成就动机强的员工喜欢承担有挑战性的工作；意志力强的员工更看重难度大、强度大的工作；与男性员工相比，女性员工更容易因工作和家庭的冲突产生职业倦怠。

> **想一想** 工作中还有哪些因素会引起职业倦怠？

活动 8.2.1 把握客服人员职业倦怠的外在表象

任何市场波动带来的客户波动都会通过客户的种种行为直接作用于客服人员，给客服人员带来巨大压力。加之企业内部在机构设置、人员调配、决策机制、激励机制等方面的匹配度问题，也使客服工作人员出现心理失衡等负面情绪劳动问题，因此近年来客服工作人员在以下方面呈现出越来越明显的工作倦怠问题。

你知道么？

电子商务客服人员会面临哪些职业倦怠问题？

做中学

在百度搜索栏中输入关键词"客服人员职业倦怠",查找关于客服人员职业倦怠的外在表象的相关知识,结合必备知识进行本节内容的学习。

必备知识

客服人员职业倦怠的外在表象如下。

1. 缺乏工作责任感造成工作低效能

工作效能即单位时间内的产出水平,一般是指工作的投入与产出之比,通俗地讲就是,在执行某个任务时,或在特定的时间内,取得的成绩与组织投入的各种时间、精力、金钱等的比值。效率与投入成反比,与产出成正比,即产出大于投入,就是正效率,产出小于投入,就是负效率。提高工作效率就是要求正效率值不断增大。

工作效能可以作为评价一个员工工作能力的重要指标,同时也是评价一个组织工作效率的重要指标。而一个组织工作效率的高低,又在相当程度上取决于员工工作效能的高低。客服工作效能低,主要有以下几个方面的体现。第一,工作时间长,效率低。第二,缺乏工作责任感,工作效果不理想。客户服务主要问题体现在服务态度生冷,对客户的问询不耐烦,对客户投诉推脱、搁置、不回复等。另外,对客户提出的对公司和产品的不满之处,没有及时记录、整理和通知公司领导层,往往丧失圆满处理的最好时机。第三,协调性、配合性差,客服人员不愿意付出大量的时间和精力为客户解决问题,怠于协商和沟通,知难就退,将客户利益能推就推,导致客户投诉迟迟得不到处理,激化和扩大了矛盾,所以不仅客户不满意,其他部门也不满意。

2. 缺乏自我成就感,对抗情绪明显

成就感是个人在完成一项任务或者工作时,心里感到满足和快乐,认为自己所做的事情有意义,认为自身有价值的一种思想表现。由于每天重复同样的工作内容,觉得自己像"机器",丝毫没有新意和挑战性,一部分企业员工在工作中常常得不到心理上的满足,觉得自己目前所做的工作没有意义,无法从工作中找到乐趣和价值。

客服员工的工作性质涉及明显的情绪劳动性质。客服人员从始至终协调销售、市场及工程、物业等团队位客户提供服务,因此客服人员是付出情绪劳动最多的岗位。如果没有对客服人员付出的情绪劳动给予适当的支持资源,导致客服人员在面对客户的批评、刁难、职责、蔑视和威胁时,不愿意付出更多的个人努力去为公司争取更多的利益。对大多数人和大多数情况下而言,客服人员做的就是以合适的理由将矛盾尽快转移到下一个环节,或采用尽量满足客户的方式摆脱困境。在整个流程中,客服承担着巨大的工作量,不断被客户追问、质疑,甚至侮辱和谩骂,其付出了巨大的忍耐和耐心,付出了大量情绪劳动。当这些付出获得回报,客服就有力量承担进一步的压力,如付出没有回报,就会不可避免地产生工作倦怠。同时,作为一种自我保护的措施,客服人员中很多人都产生了明显的对抗情绪。大肆蔓延的还有抱怨、猜疑、妒忌、较劲、虚荣、沮丧等一些负面情绪。8小时之后抱怨无数,苦水连连,不断地在衡量付出与回报的比例,觉得自己最委屈、最悲情。如果每个人都是这种心态,那么工作起来就不会快乐。

3. 缺乏职业兴趣感，与消费者关系冷漠

俗话说："兴趣是最好的老师。"职业倦怠的人往往对自己的职业缺乏基本的兴趣，在工作中常常觉得自己的工作内容、岗位职务等不是自己喜欢或者擅长的，所以对工作没有热情。

你知道么？

在关于"您是否对自己的工作没有热情，做什么都提不起兴趣"这个问题的调查中，有 22.3%的员工选择了肯定选项；在关于"您为什么进入企业工作"这个问题的调查中，在所有被调查的 240 位员工中，只有 15 人选择了是由于自己的兴趣所在，愿意在企业中工作并且喜欢当前的工作，仅仅占到总人数的 6.25%，另外，还有 43 人选择了择业时不知道自己喜欢做什么，随大流进入企业，这些人与消费者的关系是组织外部公共关系中最重要的一类，组织自身目标的最终实现与否直接取决于它与消费者的关系如何处理。

对消费者而言，其购买行为具有盲目性、冲动性和抢购性的特点。政策的波动牵动着客户的神经和情绪，客户开始思考是否保留商品，是否应解除合同将资金能解除合同，是否可以通过产品瑕疵补偿来弥补价格下跌的损失。这种消费心理通过消费行为体现了出来，就是客户不断地挑剔产品瑕疵、挑剔客户服务，不断地通过各种手段给企业施加压力。而这些压力都是通过客服人员作为第一站逐渐向公司管理层传递的，大部分的压力都是客服人员在消化和吸收。对客户的利益和公司的利益的权衡和尽力斡旋，往往使客服身心疲惫，从最初的满腔热情渐渐转化为敷衍和冷漠，公司与消费者之间的关系不可避免地渐行渐远，与消费者的关系越来越冷漠。

4. 缺乏企业归属感，离职意愿明显

企业员工的职业倦怠感还表现在员工在工作单位的人际关系问题和对企业的归属感问题上。在调查问卷中发现，部分对工作有倦怠感或倦怠程度较重的员工对周围同事和朋友也表现冷漠，没有热情，对工作单位发生的事情漠不关心，不愿意参加企业组织举办的集体活动，对企业没有归属感和集体荣誉感。在采访中，有两位员工承认他们与同事的关系紧张，很难处理好当前单位的人际关系。

你知道么？

人是主要的生产要素，在现代企业制度中，成熟期的企业都有一套具有自己特点的人力资源管理系统，综合利用各种激励或约束手段培养员工、锻炼员工、筛选员工。将有潜力、能力强、有责任感的员工吸引到企业中来，不断培养、锻炼，放到最适合的岗位；将效能低下、庸碌无为的员工逐步淘汰。因此，企业保持一定水平的人员流动率是合理而且对企业有利的。研究认为，在中国，处于不同时期的企业，员工合理流动率不同。一般来说，处于经营成熟时期的企业，根据企业性质不同，员工流动率保持在 6%～10%较为合理。而在企业的初创期，员工流动率保持在 10%～15%较为合理。同样，在企业的衰落期企业员工流动率仍会变得较高。根据怡安翰威特最新调查结果显示，中国员工平均流动率为 15.9%，这个比例在全球都处于高位。

拓展学习

小组合作学习，了解客服人员职业倦怠的其他表象。

● 登录百度、一搜、搜狗、中国搜索、3721搜索、网易搜索、雅虎中国等搜索引擎，搜索"电子商务客服职业倦怠表象"词条，分析各搜索引擎的搜索结果有何分别。

● 将以上各种搜索引擎查找到的有关电子商务客服职业倦怠的外在表象进行收集整理，小组交流后推荐代表在课内进行交流。

教师点评

活动8.2.2　了解电子商务客服职业倦怠的危害

做中学

● 利用各种搜索引擎（如百度、搜狗等）查找有关电子商务客服职业倦怠的危害性相关知识，了解职业倦怠的危害性。

● 结合教材中的必备知识，整理职业倦怠的识别方法。

必备知识

1. 职业倦怠的危害

职业倦怠的危害很大。长期感受职业倦怠的个体不仅会影响工作效率，而且容易出现疲劳、头痛、失眠、记忆力减退、食欲下降、注意力不集中、烦躁易怒、抵抗力下降、容易感冒生病等状况。同时，焦虑、抑郁、自卑等消极情绪较为常见。这些会影响到个体的身心健康，以及工作状态和家庭关系，降低他们的自我评价及幸福感受。因此，及早地识别这种体验，进行适当的调整，对于每一个工作的人来说都很重要。

2. 识别职业倦怠的信号

> **想一想**　人出现职业倦怠，会出现哪些前期信号？

（1）职业倦怠的生理信号。

① 常常感觉疲倦和衰竭。

② 频繁的头痛、背痛、肌肉痛。

③ 免疫力低下，经常感觉身体不适。

④ 饮食和睡眠习惯改变。

（2）职业倦怠的情绪信号。

① 失败感和自我怀疑感伴随。

② 丧失工作积极性。

③ 感觉无助、困扰和挫败。

④ 越来越愤世嫉俗和消极。

⑤ 疏离人群，感到孤独。
⑥ 成就感不足，幸福感下降。
（3）职业倦怠的行为信号。
① 疏远人群。
② 行事拖沓，工作效率降低。
③ 暴饮暴食或以烟酒解愁。
④ 把挫折归咎于别人。
⑤ 常迟到早退或者请假。
如果你发现自己在最近一段较长的时间内有如上症状，很有可能遭遇了职业倦怠。

测一测 结合上面的各种职业倦怠的前期信号，测一测自己是否也有职业倦怠前兆。

3. 走出职业倦怠的困境

议一议 出现职业倦怠前兆后，我们应该如何走出职业倦怠的困境？

（1）拓展自己的职业发展空间。如果向上晋升拓展发展空间有困难，也可以试着向侧面发展自己的职业空间。向上升不是每一个人都可以走的职业之路，赢得一个侧面移动的机会，也可以扩展工作范围，赢得更好的发展机会。

（2）为工作设立一个边界。虽然工作非常重要，但还是要记得为工作设立一个边界，分清工作和休息的界限。时刻提醒自己工作是为了生活，平衡好工作和生活这天平的两端，不要因为工作而失去了生活。

（3）发展有益于个人身心的兴趣和爱好。在某些时候，可以少一点关注自己的工作，打打羽毛球、游泳、相约好友去钓鱼，多从办公室外汲取动力的源泉。

（4）当感到身心枯竭时，也可以通过自我进修、学习的途径提升自己的技能，同时补充身心的能量。

（5）另外，从企业角度来讲，企业除了引入专业的心理咨询师团队外，还可以定期对员工进行心理调查，以发现员工是否存在职业倦怠等心理问题，以及职业倦怠发生的严重程度。定期对员工进行心理培训，帮助员工提高抗压能力和自我情绪调节能力。

拓展学习

通过百度等搜索引擎查找相关资料，收集走出职业倦怠困境的其他方法，思考如何提高自身综合素质，减少职业倦怠的产生。

活动 8.2.3 熟悉电子商务客服职业倦怠的类别

做中学

- 通过百度等搜索引擎查找相关资料，了解电子商务客服职业倦怠的类别。
- 进一步搜索学习"情感衰竭"、"去人格化"、"无力感"等术语，加深理解。
- 小组讨论：自身是否存在"情感衰竭"、"去人格化"、"无力感"等症状？应该如何正确对待？小组代表交流发言。

必备知识

职业倦怠一般包括以下三方面。

1. 情感衰竭

情感衰竭指没有活力,没有工作热情,感到自己的感情处于极度疲劳的状态。它被发现为职业倦怠的核心纬度,并具有最明显的症状表现。

2. 去人格化

去人格化指刻意在自身和工作对象间保持距离,对工作对象和环境采取冷漠、忽视的态度,对工作敷衍了事,个人发展停滞,行为怪僻,提出调度申请等。

3. 无力感或低个人成就感

无力感或低个人成就感指倾向于消极地评价自己,并伴有工作能力体验和成就体验的下降,认为工作不但不能发挥自身才能,而且是枯燥无味的烦琐事物。

拓展学习

请利用互联网查找其他行业出现的职业倦怠表现。

> 教师点评

活动 8.2.4 技能训练:有效消除职业倦怠的方法

做中学

利用网络查找有效消除职业倦怠的方法。

方法一:_____
方法二:_____
方法三:_____

必备知识

> 想一想 如何做到有效消除职业倦怠?

职业倦怠作为客观存在,已经成为许多人积极行为的障碍。告别倦怠,可从以下几个方面进行有效的尝试。

1. 改变产生倦怠的应激源

最近的商报和南北人才网公布的首份宁波企业管理者痛苦指数调查结果显示,"上级总是不信任我,授权不充分"和"公司预定的工作目标过高"是最痛苦的应激源。因此作为上司和管理部门的管理者应尽可能突出情感化的管理特色，真正体现"以人为本"的管理理念，而不是一味地施压；尽可能营造宽松和谐的工作氛围，为员工提供人际交往的机会，使他们的郁闷和疑惑得到及时的排解；同时建立新的评价体系，调整竞争机制满足大多数员工的成就需要，这在一定程度上可以缓冲员工的心理压力。减少职业倦怠的产生，这需要全社会的关怀，但这是不以员工的意志为转移的。

2. 提高自身的能力

提高自身对心理健康的认识能力和运用心理策略的最基本的能力，而不仅仅是寄希望于应激源的改变，这是告别倦怠的根本，非常有效。

1）认识自我

认识自我就是要认清自我价值，掌握自己的优势与不足，预测自己倦怠的征兆，了解自己的主观情绪是否影响了自己的生理和心理变化，有无做好应激的积极准备。有了积极的自我认识，才能正视应激情境的客观存在；才能勇于面对各种现象，准确地对待周围环境中的一切人和事，有针对性地对自己进行心理控制，并尽量与周围环境保持积极的平衡，成为自身行动的主人，从而避免遭受应激给自己带来的生理和心理上的损伤；才能对可预见的应激，进行自我调整，主动设置缓冲区，提高自己的心理应付水平。因此，只有从自我的阴影中摆脱出来，正确地认识自己及周围环境，才能把变化视为正常的事，不断接受变化的刺激，积极、愉快、主动地迎接生活的挑战，走出倦怠。

2）寻求积极的应付方式

应付是指成功地对付环境挑战或处理问题的能力。通常，积极的应付方式可以使自己有效地面对心理应激、重新恢复生理与心理的平衡状态；消极的应付则往往会使人继续停留在充满压力的应激状态，继续消耗自身潜在的能量，产生倦怠，甚至导致心理疾病。

（1）运用心理暗示的策略。

暗示指的是在无对抗态度的条件下，用含蓄间接的方法对人的心理和行为施加影响，这种心理影响表现为使人按一定的方式行动，或接受一定的意见、信念。暗示对人的心理和行为产生着很大的影响。积极的暗示可帮助被暗示者稳定情绪、树立信心及战胜困难和挫折的勇气。每个人可把自我暗示作为提高自己应付应激能力的策略。当千头万绪、不知所措时，绝不要抱怨、退缩、自怨自艾，否则人就很容易陷入倦怠，不可自拔。这时要用言语反复提醒自己："一次一件事，我一定能做完所有的事"，"工作着就是快乐的"，"与其痛苦地做，不如快乐地做"，"有人帮你是你的幸运，无人帮你是公正的命运，没有会为你做些什么，你只有靠自己"，坚信"苦乐全在主观的心，不在客观的事"，"因为我觉得快乐，所以我快乐"……学会随时对自己说："太阳每天都是新的，即使是阴天也是别样的美好"，"积极的生活态度比生活本身更重要"。当面对孤独、寂寞的、缺乏成就感的工作环境时，要学会奖励自己、为自己喝彩，哪怕是自己的一丁点的进步，都不要忘记对自己说一声："哦，我做得真不错，明天继续努力哦！"在经常的这样的言语的自我暗示下，个体就会由急躁、泄气、灰心变为情绪稳定、有条不紊、信心十足，自信有能力控制各种应激。心理状态得到调节，心理活动水平得到提高，从而无论在顺境还是在逆境中，都能始终保持乐观向上的心态，不断在苦难中寻找新的乐趣，成为一个热爱生活、善待生命、对生活充满激情的人。

> **练一练** 对自己说:"一次一件事,我一定能做完所有的事"、"工作着就是快乐的"、"与其痛苦地做,不如快乐地做"、"有人帮你是你的幸运,无人帮你是公正的命运,没有会为你做些什么,你只有靠自己"、"我做得真不错,明天继续努力哦!"

3. 学会适应的策略

听过 NBC 电视节目主持人、"职业足球名人堂"最佳播音员之一查理·琼斯(Charles Jones)故事的人往往会有一个很深的感触,那就是:因为害怕而拒绝变化,往往会使事情变得更糟;如果面对生活中的各种变化和挑战带来的应激,能积极应付、迅捷灵活地做出反应,必然会在迷宫中找到属于自己的路,也许它会让你付出很多的艰辛和代价,但它会帮助你在变化的时代获得成功。所以在各种应激事件和压力面前,自己一定不要一味地抱怨,要及时调整心态、学会适应,换一种角度看压力。学会对让我们曾经头疼不已的压力心存感激,因为没有压力,我们的生活也许会是另外一个模样。并积极地投入到变化之中,这样才不至于感觉受到极大的伤害。应激研究泰斗塞里(Selye)曾说:"很多人停滞在一个阶段感到失败,很大一个原因就是不愿改变现状。"随着应激而改变,这是适应的最关键的问题,只有自己才能帮助自己。要改变,那就行动吧!

管子《心术》下篇中记载:"心术者,无为而制窍者也。"运用心理策略来影响心理状态,可以不断地提高自己的心理水平,告别倦怠。而对已经出现的,通过医院排查病理上找不到任何异常的身体不适,应该主动考虑寻求心理医生的帮助,尽早防范,尽早治疗。

4. 其他良方

很多职场工作者对于职业倦怠症往往故意视而不见,以为像感冒一样能不药而愈。事实上,不找出真正原因,往往会让自己愈来愈不快乐,严重的也许会陷入难以自拔的忧郁症中,以下方法是解决职业倦怠症的良方。

(1)换个角度,多元思考:学会欣赏自己,善待自己。遇挫折时,要善于多元思考,"塞翁失马,焉知非福",适时自我安慰,千万不要过度否定自己。

(2)休个假,喘口气:如果是因为工作太久缺少休息,就赶快休个假,只要能暂时放空自己,都可以为接下来的战役充电、补元气。

(3)适时进修,加强实力:职业倦怠很多情况下是一种"能力恐慌",这就必须不断地为自己充电加油,以适应社会环境的压力。

(4)适时运动:减压绝佳方法,运动能让体内的血清素增加,不仅助眠,也易引发好心情,运动有"333"原则,就是1周3天,每天30分钟,心跳达130下,如快走、游泳是很好的运动。

(5)寻找人际网络:除了同事,人要有其他可谈心的人际网络,否则容易持续陷入同样思维模式,一旦有压力反而很难纾解。

(6)说出困难:工作、生活、感情碰到困难要说出来,倾听者不一定能帮你解决,但这是抒发情绪最立即有效的方法,很多忧郁症患者因碰到困难不肯跟旁人说,自己闷闷、默默地做事,最后闷出忧郁症。

(7)正面思考:把工作难关当作挑战,不要轻视自己,要多自我鼓励。不懂就问,或寻求外援,唯有实际解决困难,才不会累积压力。"加油,我一定办得到"跟"唉,我只要不被老板骂就好"的两种心情做出的工作绩效绝对不同，正面思考并非天生本能，可经过后天练习养成。

（8）幽默感：别把老板、主管、同事的玩笑想得太严肃，职场和谐很需要幽默感。

> **试一试** 针对上述8种解决职业倦怠症的良方，你试着做一做，过一段时间做一个自我比较，看看是否能改变现状。

✈ 拓展学习

通过网上查询收集相关资料，结合自己的亲身感受，寻找更多消除职业倦怠的方法，提高工作绩效。

> **教师点评**

项目小结

通过本项目的学习，我们认识到电子商务客服人员的心理压力表现在生理、情绪、思维、行为4个方面，客服人员网络客户服务技能不足、自我职业生涯发展规划经受阻碍、性格职业匹配性低等内在因素和客户期望的提升、服务失误导致的投诉、超负荷工作的压力、同行业竞争加剧、不合理的顾客需求、服务技能不足，以及服务需求变动等外在因素都是压力的主要来源，这严重影响了客服人员的工作绩效。企业应努力降低服务人员的压力、提高服务人员的工作满意感和工作投入度。同时应意识到，客服人员承受的各种压力是造成职业倦怠的主要原因，客服人员一旦出现职业倦怠，会因缺乏工作责任感，造成工作低效能；缺乏自我成就感，对抗情绪明显；缺乏职业兴趣感，与消费者关系冷漠；缺乏企业归属感，离职意愿明显等严重后果，因此，客服人员应通过自我压力调适，保持健康的心理状态，及时识别职业倦怠的各种生理、情绪及行为信号，通过各种途径消除职业倦怠危机，走出职业倦怠的困境。

项目 9
电子商务客服工作手册的编制

学习目标

通过学习本项目，你应该能够：
(1) 熟悉电子商务客服工作手册的主要内容；
(2) 熟悉电子商务客服的行为规范；
(3) 熟悉电子商务客服基本流程；
(4) 能够编制电子商务客服工作手册；
(5) 熟悉电子商务客服基本流程和销售流程；
(6) 能够编写客服基本流程图。

编制网店客服工作手册有利于新进客服人员快速融入服务角色，快速提高服务水平。为网店客服人员提供工作依据，明了的原则，清晰的流程，更有利于工作效率的提高。本项目主要完成两个任务：了解电子商务客服工作手册编制的具体内涵；掌握电子商务客服的销售、售后处理流程。

任务 9.1 了解电子商务客服工作手册编制的具体内涵

问题引入

张明由于平时表现出色，主管希望由他来编制一本客服工作手册，为以后的新员工培训提供便利。那么客服工作手册应该包含哪些内容呢？

_____

_____

活动 9.1.1 熟悉电子商务客服工作手册的主要内容

做中学

通过调查和小组讨论回答下列问题：
(1) 假如你是刚入职的新客服，你最想要了解哪些技能？

(2）在客服工作中你遇到哪些常见的问题？

必备知识

1．电子商务客服工作手册的作用与意义

客服工作手册有利于新进客服人员快速融入服务角色，快速提高服务水平。为客服人员提供工作依据，明了的原则，清晰的流程，更有利于工作效率的提高，使公司客服作业规范化、制度化和统一化，使部门管理有章可循，提高工作效率、责任感和归属感。

2．电子商务客服工作手册的组成部分

客服工作手册的制定需根据实际情况而定，一般包括以下几个方面。
（1）商品明细及销售准则。
（2）快递选择原则及资费标准。
（3）客户服务行为规范。
（4）销售、售后处理流程。
（5）客服培训流程。
（6）客服必备技巧。

【案例 9-1】

如何选择快递公司

在淘宝开店一般选择的物流方式是快递配送，因此如何选择好快递公司是很重要的一环，在选择快递公司时可以参照以下 3 点建议。

建议一：尽量使用本地经过正规注册的规模较大的快递公司。

建议二：尽量使用通过总公司开设分公司方式拓展网络的快递公司。

建议三：尽量了解业内哪些快递公司的口碑较好。

另外，对于该如何选择快递公司、如何跟快递公司打交道的技巧，现总结出以下几点，希望对淘友们有所帮助。

1．以价格为主的

新开的销售业绩还比较低的网店，应选择一些小型的快递公司，运费相对便宜，如使用圆通江浙沪 5～6 元，亚风快递在华南、华东、华北、福汕区域之间发 1kg 内的物品，一般只要 8～11 元。

2．以赔率来选择

例如，在网上卖贵重物品、数码产品、真金钻石等到尽量选择赔偿金额或倍数高而且保价率低的快递公司。这样一旦发生快递物品损坏、丢失等情况，可以获得相对高的赔偿，如申通规定对未保价物品的遗失，按实际价值赔偿最高不超过 1000 元/单，并退运费这样相对来说就是比较有保障的。

3．以速度为主的

快递速度快慢不仅对商品质量有影响（如食品卖家），也直接影响到网店的生意和资金回收效率及买家的评价，因为有很多卖家由于快递原因而遭到了买家的中差评，这里的速度包括快递公司业务员上门取件的速度、物品送达客户手中的速度等多方面。

4. 以覆盖网点为选择

在网上做生意，买家是遍布全国各地的，如果你选择的快递公司网点比较少，有些偏远的地方可能送达不到，或者运费更高，这是不合适的。所以卖家特别是店铺做到一定名气后，客户遍布每一个角落，快递覆盖的网点就是你的商品覆盖网点，网点覆盖比较多的如申通快递，全国有1100多个网点，而中国邮政的EMS业务全球有200多个国家及地区，国内有近2000多个城市，现在推出的E邮宝是个不错的选择，比EMS价格要便宜。

5. 物品大小及贵重程度来选择

例如，运输大件货物，一般选择中铁快运，运送贵重物品可以用EMS或顺丰速递，贵重物品一定要选择保价。

此外，编写详细的快递资费标准也是十分必要的，而且并不难，各家快递公司都有自己相应的资费标准表，索要齐全即可。方便客服随时查询。

案例思考：

快递的选择因客户需求而异同时也因商品而异，各个类别的商品选择快递的原则是什么？

试一试　搜集各家快递公司的资费标准表，比较它们的不同。

3. 客服工作技巧

1）促成交易技巧

（1）利用"怕买不到"的心理。

人们常对越是得不到、买不到的东西，越想得到它、买到它。你可利用这种"怕买不到"的心理来促成订单。当对方已经有比较明显的购买意向，但还在最后犹豫时。可以用以下说法来促成交易："这款是我们最畅销的了，经常脱销，现在这批又只剩两个了，喜欢的话别错过了哦。"或者："今天是优惠价的截止日，请把握良机，明天你就买不到这种折扣价了。"

（2）利用顾客希望快点拿到商品的心理。

大多数顾客希望在付款后买家越快寄出商品越好。所以在顾客已有购买意向，但还在最后犹豫时，可以说："如果真的喜欢就赶紧拍下吧，快递公司的人再过10分钟就要来了，现在支付成功，马上就能为你寄出了。"对于可以用网银转账或在线支付的顾客尤为有效。

（3）"二选其一"的技巧来促成交易。

例如，你可以对他说："请问您需要第14款还是第6款？"或是说："请问要平邮给您还是快递给您？"这种"二选其一"的问话技巧，只要准顾客选中一个，其实就是你帮他拿主意，下决心购买了。

（4）帮助准顾客挑选，促成交易。

许多准顾客即使有意购买，也不喜欢迅速签下订单，他总要东挑西拣，在产品颜色、规格、式样上不停地打转。这时候你就要改变策略，暂时不谈订单的问题，转而热情地帮对方挑选颜色、规格、式样等，一旦上述问题解决，你的订单也就落实了。

（5）巧妙反问，促成订单。

当顾客问到某种产品，不巧正好没有时，就得运用反问来促成订单。举例来说，顾客问:"这款有金色的吗?"这时,你不可回答没有,而应该反问道:"不好意思我们没有进货,不过我们有黑色、紫色、蓝色的,在这几种颜色里,您比较喜欢哪一种呢?"

(6) 积极的推荐,促成交易。

当顾客拿不定主意,需要你推荐的时候,你可以尽可能多地推荐符合他的要求的款式,在每个链接后附上推荐的理由。而不要找到一个推荐一个。"这款是刚到的新款,目前市面上还很少见","这款是我们最受欢迎的款式之一","这款是我们最畅销的了,经常脱销"等,以此来尽量促成交易。

2) 时间控制技巧

除了回答顾客关于交易上的问题外,还可以适当聊天,这样可以促进双方的关系。但要控制好聊天的时间和度,毕竟你的工作不是闲聊。聊到一定时间后可以以"不好意思我有点事要走开一会"为由结束交谈。

3) 说服客户的技巧

(1) 调节气氛,以退为进。

在说服时,你首先应该想方设法调节谈话的气氛。如果你和颜悦色地用提问的方式代替命令,并给人以维护自尊和荣誉的机会,气氛就是友好而和谐的,说服也就容易成功;反之,在说服时不尊重他人,拿出一副盛气凌人的架势,那么说服多半是要失败的。毕竟人都是有自尊心的,就连3岁孩童也有他们的自尊心,谁都不希望自己被他人不费力地说服而受其支配。

(2) 争取同情,以弱克强。

渴望同情是人的天性,如果你想说服比较强大的对手时,不妨采用这种争取同情的技巧,从而以弱克强,达到目的。

(3) 消除防范,以情感化。

一般来说,在你和要说服的对象较量时,彼此都会产生一种防范心理,尤其是在危急关头。这时候,要想使说服成功,你就要注意消除对方的防范心理。如何消除防范心理呢?从潜意识来说,防范心理的产生是一种自卫,也就是当人们把对方当作假想敌时产生的一种自卫心理,那么消除防范心理的最有效方法就是反复给予暗示,表示自己是朋友而不是敌人。这种暗示可以采用种种方法来进行:嘘寒问暖、给予关心、表示愿给帮助等。

(4) 投其所好,以心换心。

站在他人的立场上分析问题,能给他人一种为他着想的感觉,这种投其所好的技巧常常具有极强的说服力。要做到这一点,"知己知彼"十分重要,唯先知彼,而后方能从对方的立场上考虑问题。

(5) 寻求一致,以短补长。

习惯于顽固拒绝他人说服的人,经常都处于"不"的心理组织状态之中,所以自然而然地会呈现僵硬的表情和姿势。对于这种人,如果一开始就提出问题,绝不能打破他"不"的心理。所以,你得努力寻找与对方一致的地方,先让对方赞同你远离主题的意见,从而使之对你的话感兴趣,而后再想法将你的主意引入话题,而最终求得对方的同意。

> **想一想** 分组讨论,如果一位顾客很喜欢讨价还价,你该如何在不降价的前提下促成这笔订单?

拓展学习

- 登录百度,输入关键词"商品明细表"进行搜索,制作一张商品明细表,完成表 9-1。

表 9-1　商品明细表

- 小组讨论:你认为商品明细表的组成部分有哪些?推选代表课内交流。

活动 9.1.2　熟悉电子商务客服的行为规范

做中学

查找相应的信息,结合教材中的必备知识了解电子商务客户服务的行为规范包含哪些内容,并分组讨论,回答下列问题:

(1)登录百度,查找接听顾客电话时,客服应该注意什么。记录搜索结果,小组交流。

(2)登录百度,查找因售中客服礼仪问题导致客户流失的案例,小组交流讨论问题所在的原因,结合必备知识再次确认电子商务客服的礼仪规范,推荐代表课内交流。

必备知识

1. 客服礼仪规范

礼仪是人类社会为维系社会正常生活而共同遵循的最简单、最起码的道德行为规范与准则。它属于道德体系中社会公德的内容,是人们在长期共同生活和相互交往中逐渐形成的,并以风俗、习惯和传统等形式固定下来。由于各国的风俗习惯、宗教信仰不同,礼仪的方式也就各不相同。礼仪的含义是什么呢?从广义上讲,礼是指一个时代的典章制度;从狭义上讲,礼是指人们的行为规范、规矩。我们今天所讲的"礼仪"包含的内容较广泛,诸如礼节、礼貌,以及仪表、仪式等都属于此。

1)客户交往礼仪的基本原则

(1)互惠原则。

(2)平等原则。

(3)信用原则。

(4)相容原则。

(5)发展原则。

2）在线交流礼仪

（1）如果是初学者，在开始时要多请教别人以获得必要的帮助。

（2）要让文件和信息简明扼要。每条信息集中于一个主题。

（3）你对别人说的话要格外小心，不要从自己的观点出发对信息发布者的社会身份做过多猜测，要就事论事。

（4）不要主观认为某些话是对人性的侮辱言论，特别是在当客户对你的观点做出反应的时候。

（5）使用笑脸符号：以通知读者你在以一种幽默的方式谈论某些事情。

（6）大写的词只用来突出要点，或使题目和标题更醒目，使它更突出。

（7）慎用讽刺和幽默，在没有直接交流和必要表意符的情况下，你的玩笑也许会被认为是一种批评。

（8）你所提的问题要和业务主题相关。

（9）谈吐大方、活跃、自信时尚、健康充满活力。

（10）具有优秀的语言表达能力，思维敏捷，极佳的协调现场的能力，展现自我的信心。

（11）不要高声喊叫：如果你的话全部都用大写表示，就意味着你在喊叫。

（12）正确发送信息：保证你的信息不要发错地址。

（13）注意语气：在谈话中听来有趣和合理的东西变成书面语就可能会显得咄咄逼人、唐突甚至粗鲁。

（14）内容要合适：不要让你的信息显得粗俗而又无赖。这不仅不能被他人接受，而且由于邮件是有案可查的东西，它可能会给你带来损害。在现实中，许多人因为把不该写出来的东西写出来而导致损害。

（15）不要发火：发火就是你在盛怒之下写了你脑子里所想的一切，结果，别人会认为你愚蠢又不成熟。避免伤害他人。

（16）要诚实可靠。

（17）要公正并且不采取歧视性行为。

（18）尊重他人的隐私。

（19）保守秘密。

3）电话礼仪规范

当与顾客电话接通时必须注意电话礼仪、谈话技巧，正确地使用恰当的措辞能够提高客户的满意度，形成好的口碑。

（1）声音运用。

声调：应进入高声区，显得有朝气，且便于控制音量和语气。

音量：正常情况下，应视客户的音量而定，但不应过于大声。

语气：轻柔、和缓但非嗲声嗲气。

语速：适中，每分钟应保持在 120 个字左右。

（2）通话行为规范。

通话过程中始终微笑服务，并保持良好的服务态度。

话音清晰、精神饱满，自然诚恳，语速适中。

耐心、细致、诚恳地对待客户。

不推诿客户。

禁讲服务忌语，不粗暴对待客户。

不随意提供客户资料，不擅改客户数据。

不隐瞒差错，如发现回答客户咨询错误，应及时回拨，告之客户。

遇到当时不能解答的问题详细记录，给顾客提供确切的回应范围、时间。

对每一次的通话负责，对每一次的回答负责。

善于引导客户，挖掘顾客潜在需求。

较好的专业知识，全面、耐心地回答客户的问题。

较强的解决问题的能力，能够详细、准确及迅速地处理客户的咨询与投诉。

2. 客服用语规范

电子商务客服人员应保持热情主动的客户服务意识，针对不同的情况，及时对光临的客户礼貌问候，主动介绍，让客户在愉快的气氛中接受客服人员的推荐，促成购买。客服人员在整个销售过程中，要尽量做到热情大方，但不必过于谦卑，用热情的服务来打动客户，感染客户。工作中使用礼貌用语，做到彬彬有礼，和蔼可亲。

【案例 9-2】

电子商务在线客服用语规范实例

第一：欢迎用语

当客服人员听到"叮咚"声时，就意味着客人光顾了。客服人员的第一回复是非常重要的，良好的开始是成功的一半。因为客人只能通过屏幕上的文字来读懂客服，这时候需要客服通过文字向顾客传递这样的信息：热情、真诚和周到的服务。

客人第一句话绝大多数是：在吗？有人在吗？您好……或者直接询问商品信息，客服人员应禁用类似信息：在的，你好，或者发个表情符号，可参考以下的答复。

您好，我是××网客服小×，很高兴为您服务，请问有什么可以帮您/可以为您效劳？

您好，我是您的××顾问小×，很高兴为您服务，您刚才咨询的××商品，目前我们正在进行促销活动，满××元就可以包邮，欢迎订购哦！

您好，我是××网顾问小×，很高兴为您服务，您想订购的这款产品需要定制，时间大概为××天，方便的话您可以留下您的联系方式，我们会第一时间与您联系的。

第二：对话用语

在对话的过程中，通常会涉及产品的质量、价格，产品是否合适，有的客人甚至提出一些个性化的要求（如要客服推荐商品），这时候的回答也就需要随机应变了，看看以下的答复。

亲，因为我们的产品是个性化定制的，所以我们公司规定我们不能为顾客推荐商品呢，还希望您谅解（客服没有把握，或者自己确实不熟悉，不知道怎么推荐，但又不能拒绝）。

亲，您说的我的确无法做到哦，希望我下次可以帮到您（无法满足客人的一些要求）。

亲，您的眼光真不错，我本人也特别喜欢这个××呢（赞美客人，其实每个人在潜意识里都希望得到别人的赞美和尊重）。

价格上的区别主要体现在材质、做工和重量等上面。您说的××这款××是最新款式的，其材质、工艺方面比其他款式要好看很多，所以价格自然也高一点咯（客人在对比商品）。

第三：讨价还价用语

通常在到购买商品的过程中，往往都会存在讨价还价的情况。作为消费者，永远都希望用最少的钱，买到最称心、最好的宝贝。作为商家，自然希望自己定价多少，卖出的价格就是多少，可参考以下的答复。

您好，我最大的折扣权利就是××元以上可以打××折，要不我给您打××折吧，谢谢您的理解啦（公司允许打折的情况或者可以适当打折的情况下）。

呵呵，您说的真的让我很为难哦，我请示一下我们主管，看能不能给您打××折吧，不过估计有点难哦，您稍等……（注意不能让客人等待时间太长，建议不要超过3分钟，如果时间实在有点长，一定记得说，亲，真的不好意思，让您久等了）

非常抱歉您说的折扣真的很难申请到，要不您看××元可以吗？我也可以再问下，否则我真的不好办了。

您好，您说的真的让我很为难哦，不过我可以送您一件××作为赠品，您看这样可以吗？（客人希望打折优惠，没有满足客人的要求，用赠品安抚客人）

第四：支付用语

客服人员经常会遇到，客人提交了订单，但是迟迟没有付款。这时候我们要分析没有付款的原因：①账户或银行卡里的余额不足；②支付遇到问题了；③觉得价格太高了，不想要了；④订购的商品工作人员没及时修改邮费，出现这种情况下参考以下的答复。

您好，我已经为您修改好了价格，一共是××元，您在方便的时候付款就可以了，感谢您购买我们的商品，祝您生活愉快。

亲，您好，邮费已经修改好了，一共是××元，您可以在方便的时候付款，如有疑问，可以随时联系我们。（客人买的东西较多，需要修改邮费的情况下）

（微笑的表情）亲，我注意到您已经付款了，我们会在1～2个工作日为您发货的，发的是××快递哦。感谢您购买我们的商品，期待再次为您服务，祝您生活愉快。

第五：物流用语

通常客人有购买意向，或者已经将商品加入购物车，这时候客人一般需要希望知道发货的物流信息，看看以下的答复是否让客人觉得更温暖一些？

您好，请问您要发送到哪个城市呢？一般我们发××快递，在××快递无法达到的地区转发××快递。

您好，由于您所在城市××快递目前没有网点，我们帮你改发××快递，一般2～5天即可到达。

您好，由于××快递目前没有在你们城市开设网点，我们默认选发××快递，如您对××不满意的话，我们可以帮你转发××等物流公司。

第六：欢送用语

到这一步，已经达成交易了。但是并不是意味着交易已经完成，这时候要记得感激客人的光顾，看看以下的答复是否让客人觉得更温暖一些？

237

亲，感谢您在百忙之中光临××网，我是客服小×，期待再次为您服务，祝您愉快！

亲，感谢您选择我们的商品，如果您觉得我们产品不错的话，记得和您的朋友分享哦，祝您生活愉快！

亲，非常感谢您选择我们的产品，期待您的再次光临，祝您开心，祝您快乐！

至此整个交易流程就结束了，相信这样的客服会给买家留下不错的印象。

案例思考：

案例中的客服规范用语实例，你做到了哪些？还有哪些方面需要加强？如何规范自己的客服用语？

3. 客服服务规范

（1）言语举止符合规范。

（2）对产品及相关专业知识谙熟，当客户的好参谋，不浮夸产品功能或功效。

（3）热情、自信地待客，不冷落客户。

（4）客户较多时，应"接一、待二、招呼三"，要借机造势，掀起销售高潮。

（5）耐心待客，不得有不耐烦迹象。

（6）为客户解答时应熟练、正确。

（7）不管客户是否购买，均应文明待客、礼貌送客。

（8）不强拉客户。

【案例9-3】

打消疑虑，解决异议

客户对商品的价格和品质产生异议时，我们首先要做的是承认对方的立场，告诉对方，我也有同样的感受，或者，如果我是您，也会有这样的感受，告诉对方我接下来的话确实是换位思考过后才说的。承认对方立场之后我们要做的就是倾听，分析对方疑虑的原因并提出解决方案，说服对方接受方案。

买家：为什么你这里的相机比C2C的还贵？你不是旗舰店么？

卖家：您好！首先非常感谢您关注我们的产品！我们的产品是厂商直接销售的，对于品质您可以无后顾之忧。我们提供发票，全国联保，为您今后的生活减少很多不必要的困扰。

买家：但是C2C也提供发票，也全国联保啊……

卖家：亲，这么说吧，我们不排除在集市可能存在真的有品质与售后都没问题，并且价格又更优惠的商品，我们是厂商，我们更加注重我们商品的口碑。

买家：但是你们的贵100块钱啊？

卖家：您可能在表面上看我们可能会比较高，但实质上减去我们返回给您的积分，加上我们的赠品，还有啊，您在我店购买满5000元，就成为我们品牌的VIP了，那您以后即使是在其他实体店买也能同样享受我们的9折优惠。所以说，您看您得到肯定比集市的优惠哦，积分可以下次购买时当现金使用的哦。

案例思考：

分组讨论，客户对商品的价格和品质产生异议时，如何打消客户的疑虑？如果你是店铺客服，你会怎么做？

4. 行政纪律规范

（1）准时上、下班，上班时间内不允许出现空岗现象。

（2）请假应遵守企业的考勤规定。

（3）就餐时间严格遵照规定。

（4）上班不得闲聊、吃东西、看报刊、唱歌、喧哗等。

（5）不得在公共场所剪指甲、梳头、化妆等。

（6）不得坐、靠着待客。

（7）不得以任何理由与他人发生争吵。

5. 售后处理规范

（1）对售后服务客户的咨询，应热情、耐心地予以解答。

（2）对待投诉，应热情地接待，确认投诉内容是否确因本企业的产品或服务引起；若不是也必须耐心解释。

（3）确因本企业的产品或服务引起的，应确认是否是使用不当引起的；对于用法不当引起的，应悉心讲解，并表示歉意。

（4）确因质量问题引起的，应予以退、换货，并表示歉意（若企业允许，可送给某种赠品等），但要遵守有关退换货规定执行。

（5）问题较严重的，应先安抚好客户情绪，并马上向业务主管或其他上级汇报。

（6）业务主管必须迅速核定事实，与客户取得联系，表示歉意，安抚其情绪，了解其需要，商洽合适的解决办法，达成初步谅解；注意不可拖延，以防事态扩大。

（7）马上填制《投诉处理办法申请表》，向销售总部提出申请，获准后方可执行；销售总部必须迅速做出决策，不可拖延。

（8）及时与客户协调处理，并取得相关部门证明，签订《投诉处理协议》，达成正式谅解。

拓展学习

- 结合必备知识，通过上网搜索、查阅资料等方式，完成表9-2。

表9-2 电子商务客服行为规范案例分析

问 题	解 决 方 案
买家：你好！奶粉已收到，不过奶粉罐子已经凹了一个坑！郁闷！	
买家：我已经付款了，什么时候能发货？ 客服：我们会在周一为您安排发货哦！ 买家：今天不能发货吗？我急用唉！	

- 讨论：根据案例提炼出不同分类客服人员在工作过程中的注意事项，同时进行客服工作过程的模拟训练。除了必备知识中的分类之外，还有其他分类方法吗？各小组汇总学

习结果，派代表在班级交流发言。

活动 9.1.3　技能训练：编制电子商务客服工作手册

小组合作开展训练，选定一种网店类型（如服装网店、数码产品网店等），根据本组网店的实际要求，制定编制电子商务客服工作手册，具体要求如下。

1. 商品明细及销售准则

编写本店内所销售产品的类目、规格、价格、数量、特点、特性，以及包含其他各种必要属性的信息明细表。

制定详细的店内产品销售规则，应包含最低售价、优惠条件、促销方法、搭配手段、客服权限等方面内容。

2. 快递选择原则及资费标准

制定适合自身店铺和产品的快递选择原则，编写详细的快递资费标准。

3. 客户服务行为规范

结合必备知识，编写本店客服的行为规范条例。

4. 销售、售后处理流程

可以结合自身网店的特点，搜集适合自身产品销售，以及售后服务的流程表。让客服按流程办事，可以避免客服有时候不知道"如何是好"的情况，可以大大提高客服的工作效率，可以大大减少客服在工作中的错误的产生。

5. 客服培训

小组合作，针对自身店铺搜集合适的客服培养流程。

汇总上述内容，撰写个人职业生涯规划书，并以简报或展板形式在班级展示交流。

6. 客服必备技巧

结合前面学习内容，整理归纳电子商务客服的必备技巧，提高客服工作效率。

汇总上述内容，编制电子商务客服工作手册，分小组完成，并在班级展示交流。

教师点评

任务 9.2　掌握电子商务客服的销售、售后处理流程

问题引入

电子商务客服是一个规范性的工作，只有遵循规范才能确保客服的努力与付出是有价值的，而规范应该建立在事先制定好的流程中，对于客服来说必须非常熟悉产品销售及售

项目 9　　　　　　　　　　　　　　　　　　　　　　　　电子商务客服工作手册的编制

后的处理流程，以便针对处于不同阶段的客户采用不同的处理方法，而张明对产品销售、售后的处理流程还不是很明确，你觉得销售、售后应该遵循怎样的处理流程呢？

_____
_____
_____

你知道么？

有这么一个故事，一个人到长白山天池旅游，做了 3 件事：在天池里洗了个脚；洗了把脸；用水瓶打了瓶水，带回去给母亲喝。他的流程对吗？如果按照他的流程，那么母亲只能喝洗脚水。正确流程也很简单：先打水；再洗脸；后洗脚。

这个故事告诉我们如果流程、方向错了，那么再努力都是没有用的。要确保客服的努力与付出是有价值的，就必须确保客服部门的前进方向是正确的，流程设计是合理的。

客户服务重在客户体验，要将售前、售中、售后服务有机地串连起来，实现一体化，才有可能达到满意的客户体验。这就需要客服部门设计完整、标准、合理的客服流程，规范电商平台的客户服务，提升客服水平。

活动 9.2.1　熟悉电子商务客服基本流程

做中学

小组合作，在百度或谷歌等搜索引擎使用"电商客服基本流程"、"客服流程"、"网店客服流程"等关键词搜索，进行资料查找，填写表 9-3。小组互相讨论，根据查找的资料总结一份电子商务客服服务的基本流程，完成表 9-4。

表 9-3　搜索结果

文章标题	URL

表 9-4　讨论结果

组别	
电子商务客服基本流程：	

241

必备知识

1. 客服的售前、售中和售后服务

（1）售前服务，是指客户在订单付款前客服要做的导购工作，促进客户下单付款，主要工作包括等待客户、接待客户、订单成交、欢送客户等环节。

（2）售中服务，是指在客户下单并付款后的跟进工作，为安排发货做准备，主要工作包括填制出库单、确认快递单和制作发货信息报表。

（3）售后服务，是指在客户签收商品以后与客户的交流工作，解决收到货物后产生的一系列问题，主要处理的问题包括查件催件、少货、错货、运输破损、质量问题、投诉维权、退货等。

售前、售中、售后的关系如图 9-1 所示。

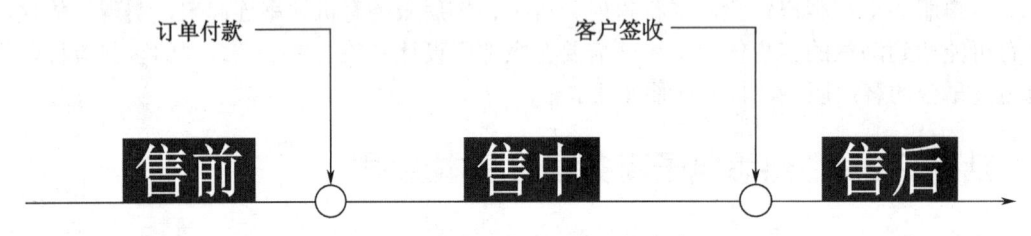

图 9-1　售前、售中、售后的关系

2. 客服售前注意事项

1）接待客户

（1）欢迎语。

（2）活动介绍：介绍店铺促销活动，并尽量引导客户参加店铺活动。

（3）宝贝介绍：回答或者向客户介绍产品的专业知识，给客户推荐其他产品，实现关联销售，提高客单价。

（4）解答问题：回答客户常见问题，如库存、尺寸、议价、色差、邮费、发货等，修改价格和邮费，做到快速回答，并整理归纳快捷回复短语。

（5）宝贝推荐：从聊天进行中了解客户的性格，尽量推荐符合客户需求的产品或者以适当方式推荐类似同款代替产品，给予客户专业的卖点推荐。

（6）确认库存：对客户咨询时、下单后都要确认有无库存；若下单后无库存，及时下架并在群里通知。若发现无库存还上架的宝贝，要将库存改成零后下架。

（7）接待登记：登记成交失败的原因。成交失败包括未下单、下单未付款的记录。

【案例 9-4】

客户未付款催款流程

某淘宝店客服售前服务中处理客户未付款的流程如图 9-2 所示。

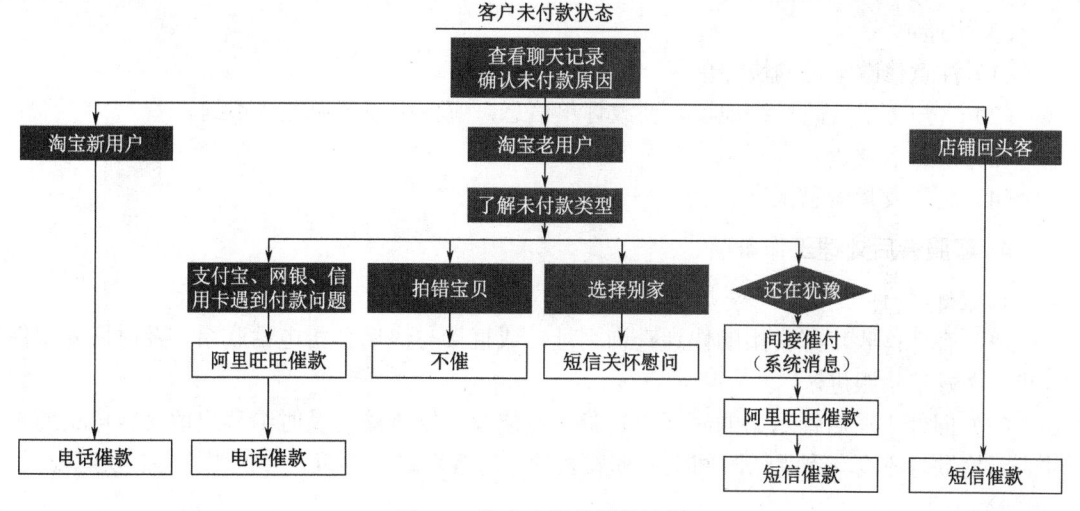

图 9-2 客户未付款催款流程

案例思考：

以上的流程是唯一的吗？如果客户未付款的情况发生在你们店里，作为客服的你应该如何处理，你的处理流程又该如何呢？

2）订单成交

（1）确认付款：客户下单后，较长时间没有付款，可做合适的付款提醒。

（2）核对订单：下单后及时跟客户核对物流信息，告知客户大致发货时间和到达时间，查询物流等。

（3）快递确认：告知客户常用的快递及运费情况，确定客户什么快递可到，避免错发快递。

（4）特别备注：客户的特殊要求（如颜色尺码、合并订单、快递、礼物、改地址/收件人/电话等订单信息），及时备注，并提交发货人员配合处理。

（5）销售报表备份：管理客户信息，登记售后，跟踪退货退款，直到双方交易完成。

3）欢送客户

（1）加好友：每次回复完客户都要加为好友，并做好相应的分组归类，便于客户管理。

（2）感谢客户：付款成功，表示感谢、交易愉快，并给客户送祝福语。

（3）给予提示：委婉提示客户收藏本店、给五星好评、加帮派、加关注等，欢迎下次光临。

3. 客服售中跟进工作注意事项

1）出库单

（1）选择正确的出货仓库、业务员和部门。

（2）将客户的特殊要求（如颜色、尺码、礼物等）在出库单备注中注明。

（3）结合订单详情，仔细核对出库单金额。

（4）缺货及时与客户联系处理。需调货的通知相关仓库配货，晚班的客服还要与早班客服交接跟踪货物。

2）快递单

（1）注意修改地址的快递单。

（2）客户上线反映填错地址，要改订单信息，避免快递公司发送不到。

（3）后台点发货。

（4）制作发货信息报表。

4. 客服售后处理工作事项

1）查件催件

（1）查件：收集好常用的快递查询网址，或直接与快递公司电话联系，及时回复查件客户，做好记录跟进。

（2）催件：在店铺承诺的时间内发货，没能及时发货的，及时给客户留言或电话通知并表示抱歉。还没有到承诺时间上线催发货的，请客户耐心等待，并说明原因，及时发货。

2）少货

（1）一查出库单底单，二查快递单称重，三查库存数量。证实确实少发的，立即处理，如打出库单冲单或者补发重新打出库单。

（2）如果少货的产品金额较小，且体积小重量轻，无法查实，可以直接给顾客退款。

（3）如果少货的产品金额较大，可以和顾客商量退款或补发，并向顾客道歉。

（4）少货需要做相应的售后登记，并跟踪到交易确认。

3）错货（发货商品或颜色、尺码等）

（1）先确认顾客拍的东西和商家发的东西是否一致，可以请顾客告知收到的货物的条形码，如果一致，是顾客拍错了，仔细与顾客解释。

（2）如果不一致，让顾客提供图片看一下核对，也可以通过查底单类似少发货的流程查称重来判断是否错发。

（3）错发的商品和运费比较。如果高于运费，联系顾客退换。如果低于运费，和顾客商量折价处理，如果顾客说不需要，那就赠送，并且给顾客马上补发或者退款。

4）运输破损

（1）让顾客提供图片确认损坏情况，如果是轻微的损坏，和顾客商量部分退款，并说明签收验货可以避免大家损失。

（2）如果是严重损坏，让顾客退回，商量运费承担问题，如果不可以退换，协商部分退款或者全部退款。

（3）做好相应的售后登记，并跟踪到交易确认。

5）质量问题

（1）首先要和顾客确认是否使用不当。

（2）和顾客商量折价。

（3）如果顾客坚持要退换，就包邮退换。

6）投诉维权

（1）遇到投诉问题，首先了解情况，如果是商家问题要及时道歉，控制好客户的情绪，给出解决方案。

（2）疑难问题立刻上报部门主管，说明情况，做好投诉备注，及时解决问题。

项目 9　　电子商务客服工作手册的编制

> **议一议**　你觉得如何处理投诉维权才能两全其美，让客户满意，让商家损失降到最低？谈谈自己的看法。

7）退货签收流程

（1）检查退货产品的数量。数量正确的，在原出库单上备注业务员姓名，与仓库人员交接产品并拿回退货单。数量有误的，按少货、错货流程查明原因并做相应的单据库存调整，或与快递沟通理赔。

（2）退货收到后及时与顾客沟通，并联系财务退款或做相应的补发等操作。

（3）在售后登记表中记录售后进程，及时跟进。

（4）售后处理当日售后问题必须当天给出顾客解决方案，疑难问题 3 天内给出顾客解决方案，售后问题必须整理到每日的售后登记中，并跟踪到位。

> **读一读**
>
> **某网店客服培训经理的论坛帖子（部分删减）**
>
> 对于很多卖家来说，受自己资金和实力的限制，员工流动性相对较大，于是对于客服的培训来说，基本上都是空白状态，很少有卖家开展专门的培训课程，在招人的时候，都要求有相关淘宝从业经历。本人曾就职于一家淘宝比较有名的店铺，期间负责公司的新员工培训，根据自己的从业经验，整理了一套淘宝客服培训教程，由于每个店铺情况不一，可能会跟大家所在的行业有些偏差，因此，大家可以参考本文，建立适合自己的流程。
>
> （1）**熟悉产品，了解产品相关信息**。对于客服来说，熟悉自己店铺产品是最基本的工作，以前在公司对于每一个新产品上市之前，都要开展相关的产品培训，客服是联系店铺和客户之间的桥梁，一旦这个桥没搭好，也许你就永远失去了这个客户。对于产品的特征、功能、注意事项等要做到了如指掌，这样才能流利地解答客户提出的各种关于产品的问题。
>
> （2）**接待客户**。一个优秀的客服要懂得如何接待好客户，同时还能引导消费者进行附带消费。对于那些讨价还价的客户，首先需要阐明一个店铺立场：商品的价格都是很低的，不好再还价了。如果客户坚持讨价还价，看情况决定是否接下这单生意，即使最终给予客户优惠了，也要顺水推舟让客户觉得这个优惠来之不易，是店铺对他个人的特殊优惠。
>
> 在接待客户这个环节主要有两种途径实现：一是利用阿里旺旺、QQ 等即时通信工具和客户进行沟通；二是接听客户打进来的电话。对于电话沟通，要求客户更具活变性，毕竟没有足够的时间进行思考。
>
> （3）**查看宝贝数量**。店铺页面上的库存跟实际库存是有出入的，所以客服需要到网店管家当中查看宝贝的实际库存量，这样才不会出现缺货发不了订单的情况。现在利用一款淘宝卖家专用的浏览器：网店奇兵，可以在页面上同步库存数据，非常方便。
>
> （4）**客户下单付款，跟客户核对收件人信息**。很多卖家朋友容易忽视这一点，虽然大部分客户在购买的时候，地址是正确的，但也有一部分客户因收件人信息发生变动而忘记修改，所以在客户付款之后，记得跟你的客户核对一下收件人信息，不仅可以降低损失，也可以让你的客户觉得你是在很用心地做事情。在核对客户信息的同时，还要提

供店铺可以发的快递公司，询问客户喜欢发什么快递，毕竟每个快递公司在每个城市、每个区域的服务水平都是不一样的，根据客户的需求，一切以客户为中心，如果客户没有明确表示的，快递就选择默认的。

（5）修改备注。有时候客户订单信息，或者是收件人信息有变，那么作为客服来说，你就有义务将变动反馈出来，这样，制单的同事就知道这个订单信息有变动。一般情况下，默认用小红旗来备注，里面写上变动事由、修改人工号和修改时间，这样，变动情况就一目了然了，后面用网店管家做单的时候也能直接抓取出来。

（6）发货通知。货物发出去之后，用短信猫给客户发条信息，告诉包裹已经发出，也可以增加客户对店铺的好感。对于拍下商品未付款的客户，如果阿里旺旺在线的客户，可以在下午的时候给客户发个信息提醒客户快到截单时间了，现在付款，今天就可以发货，这叫作"催单"。对于客户来说，有些客户可能下单后忘记付款了，你稍微提醒一下，让他想起这件事，这样的话，等于多了一个客户。对于那些没打算购买，只是一时冲动拍下的客户，可以手动关闭订单（淘宝系统到时也会自动关闭），方便其他同事工作，重复拍下的订单类似此法，关键要跟客户确认其购买意向。

（7）客户评价。交易完成之后，记得给客户写评价，这是免费给店铺做广告的机会。

拓展学习

- 利用网络或者其他资料查找，搜集客服处理差评、中评或者投诉维权的案例。
- 相应的案例3个，并将案例给予我们的启示整理进行课堂交流。

案例1：_____；来源：_____；

启示：_____
_____
_____。

案例2：_____；来源：_____；

启示：_____
_____
_____。

案例3：_____；来源：_____；

启示：_____
_____
_____。

教师点评

活动 9.2.2　熟悉电子商务销售流程

做中学

小组讨论回答以下两个问题：
（1）在电子商务产品销售的整个过程中涉及哪些部门、哪些岗位？
（2）哪个部门、哪个岗位最重要？为什么？

必备知识

1. 销售流程

销售流程指目标客户产生销售机会，销售人员针对销售机会进行销售活动并产生结果的过程。销售流程是整个企业流程的一个部分，企业从内到外的主旋律是研究开发、生产制造、物流运输、市场和销售、技术支持和服务等流程。在这个主流程外，还有人力资源、财务管理等支持性的流程。市场和销售流程的形状像一个漏斗，包括 3 个主要的流程。

（1）市场推广流程。它处于最上端，根据公司定位锁定的目标客户群，通过市场推广活动，培养客户需求，树立品牌形象，产生销售机会。

（2）销售流程。销售团队将通过各种渠道收集到的销售机会转变为订单。

（3）订单处理流程。它与销售流程紧密相连，包含合同管理、收款等过程。订单处理与企业的生产、物流运输流程相连，构成了企业内部与外部客户流程的重要的一环。

2. 电子商务商业流程

目前电子商务部门整体的商业流程可以分为直销、网络渠道销售的两种模式。直销模式包括个人销售、团体客户销售；网络渠道销售包括经销、代销、网络联盟模式。

1）直销

个人消费者在淘宝等网络平台中进行消费，销售订单由平台完成处理。

团体客户通过网络联系的方式联系电商人员，电商人员按照团体销售规则于平台中创建销售单据，完成销售、物流等过程。

2）网络渠道销售

客户订购产品，电商人员由仓库出货或者向集团采购，待货物到仓并且经销商支付货款后，通过销售模块创建销售单据，通过物流系统发货给经销商，完成整个流程。

3. 电商直销商业模式简介

电子商务的主要商业模式包括直销（淘宝销售、团购）、网络经销、网络代销，以及网络联盟销售。本课内容只涉及直销商业模式，主要有以下几个业务模式。

（1）官网业务：用户在官方网店下订单生成销售。商家负责订单处理物流配送、售后退换货及货款支付等业务。

（2）直营网店业务：目前电子商务部门直接运营的网络店铺有淘宝商城 B2C 网店、淘宝 C2C（Customer to Customer，消费者对消费者）平台网店等。

对于淘宝商城 B2C 网店，顾客能在网店中查看商品的库存数据，在淘宝网店下订单生成销售，订单和用户信息传输到平台，进入销售流程、物流流程，营运团队负责物流配送、售后退换货及货款支付等业务。

对于淘宝 C2C 网店，销售订单方式和 B2C 一致，但是其可以修改产品价格。

> **议一议** 在电商直销商业模式里除 B2C 和 C2C 两个业务模式外，还有其他业务模式吗？

4. 直销电商的常见部门及工作内容

1）物流配送部门

（1）订单下载：将当日未发货订单下载后核对客户信息及收货地址，确认无误后将订单信息和客户信息分别打印配货单和物流单。

（2）配货：仓库配货人员将打印好的配货单和物流单依据对应产品进行拣货，检查货品的质量，配货完成后将发货单和快递单和货品放在包装盒中，做好打包准备。

（3）打包：将包装盒中的商品进行核对，主要核对发货单信息（商品编码、规格、数量）和快递单信息（收件人、地址、联系方式）。

（4）发货：跟快递人员确认包裹重量、货品加包装重量、邮资等，将发货完成的快递单号和对应订单编号给客服部门，完成发货操作。

2）电商运营部门

（1）负责电商平台的整体规划、营销、推广、客户关系管理等系统经营性工作。

（2）负责电商平台日常改版策划、新产品上架、推广、销售等经营与管理工作。

（3）负责电商平台日常维护，保证平台的正常运作，优化店铺及商品排名。

（4）负责执行和配合公司的相关营销活动，策划店铺促销活动方案。

（5）负责收集市场和行业信息，提供有效的应对方案。

（6）制订销售计划，带领团队完成销售业绩目标。

（7）客户关系维护，处理相关客户投诉及纠纷问题。

3）电商美工部门

（1）负责平台产品上传宝贝的文字编辑及上传宝贝的相关工作、图片拍摄制作。

（2）根据主题需要完成店铺整体的美化。

（3）根据文字需求完成网页平面设计，完成网页 HTML 编辑。

（4）产品拍摄图片的美化、编辑排版。

4）电商推广部门

（1）负责不定期策划电商平台营销活动。

（2）负责平台推广工作。

（3）策划并制定网络店铺及产品推广方案等营销工作。

（4）研究竞争对手的推广方案，向运营专员提出推广建议。

（5）对数据进行分析和挖掘。

（6）负责对店铺与标题关键字策略优化、橱窗推荐、搜索引擎营销等。

> **想一想** 在你的网店里将设置以上哪些部门？每个部门你想招聘多少人？对他们的具体要求如何？

5. 网络销售流程

某品牌电商部门淘宝运营销售流程如图 9-3 所示。

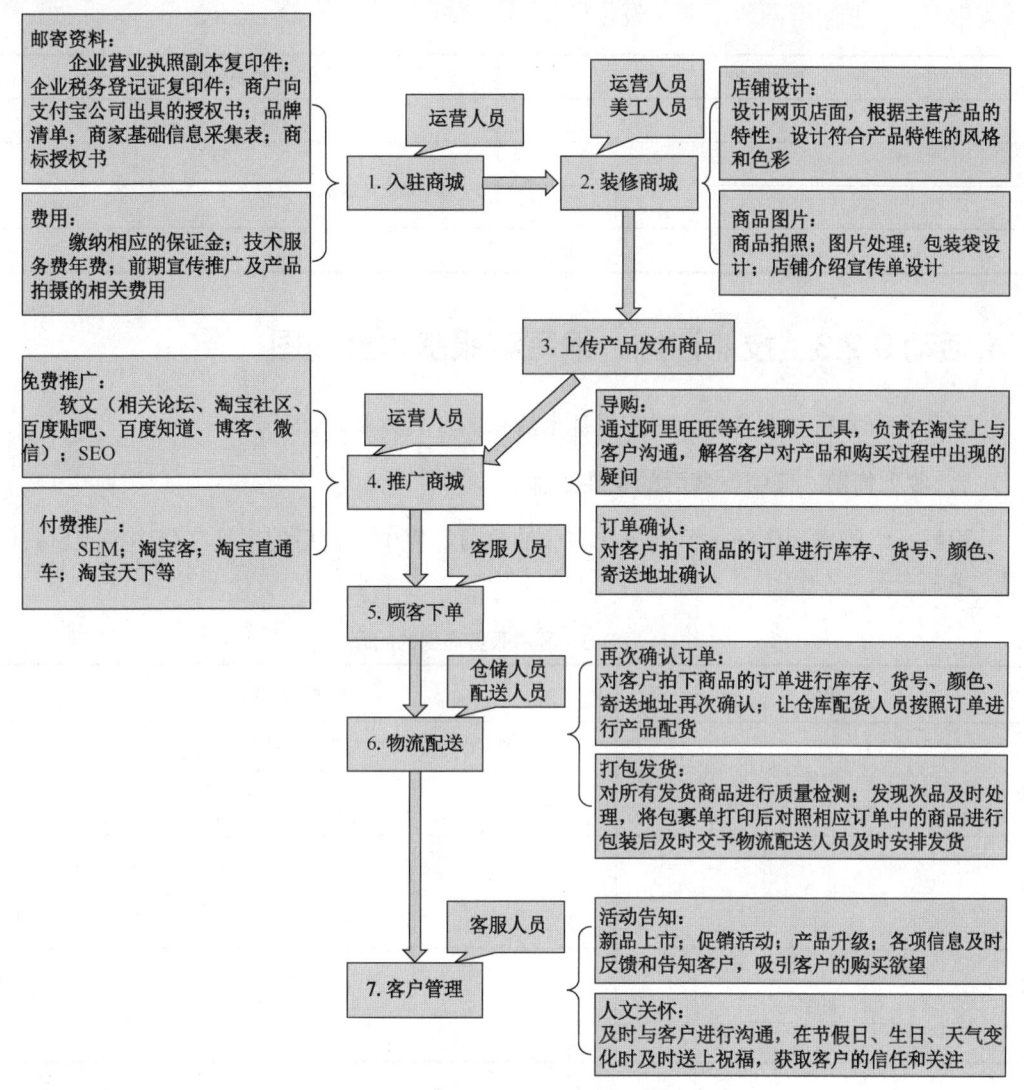

项目 9 　电子商务客服工作手册的编制

```
邮寄资料：
    企业营业执照副本复印件；
    企业税务登记证复印件；商户向
    支付宝公司出具的授权书；品牌
    清单；商家基础信息采集表；商
    标授权书

费用：
    缴纳相应的保证金；技术服
    务费年费；前期宣传推广及产品
    拍摄的相关费用
                            运营人员                  运营人员
                                                     美工人员           店铺设计：
                                                                          设计网页店面，根据主营产品的
                                                                          特性，设计符合产品特性的风格
                            1. 入驻商城      2. 装修商城                 和色彩

                                                                       商品图片：
                                                                          商品拍照；图片处理；包装袋设
                                                                          计；店铺介绍宣传单设计

                                             3. 上传产品发布商品

免费推广：
    软文（相关论坛、淘宝社区、
    百度贴吧、百度知道、博客、微                                       导购：
    信）；SEO                运营人员                                      通过阿里旺旺等在线聊天工具，负责在淘宝上与
                                                                          客户沟通，解答客户对产品和购买过程中出现的
                            4. 推广商城                                   疑问

付费推广：                                                             订单确认：
    SEM；淘宝客；淘宝直通                                                对客户拍下商品的订单进行库存、货号、颜色、
    车；淘宝天下等           客服人员                                   寄送地址确认

                            5. 顾客下单

                                                                       再次确认订单：
                            仓储人员                                      对客户拍下商品的订单进行库存、货号、颜色、
                            配送人员                                      寄送地址再次确认；让仓库配货人员按照订单进
                                                                          行产品配货
                            6. 物流配送
                                                                       打包发货：
                                                                          对所有发货商品进行质量检测；发现次品及时处
                                                                          理，将包裹单打印后对照相应订单中的商品进行
                                                                          包装后及时交予物流配送人员及时安排发货

                            客服人员                                   活动告知：
                                                                          新品上市；促销活动；产品升级；各项信息及时
                                                                          反馈和告知客户，吸引客户的购买欲望
                            7. 客户管理
                                                                       人文关怀：
                                                                          及时与客户进行沟通，在节假日、生日、天气变
                                                                          化时及时送上祝福，获取客户的信任和关注
```

图 9-3 　某品牌电商部门淘宝运营销售流程

✏ 拓展学习

● 利用网络或者其他资料查找、搜集要使电子商务销售流程能够完整，需要哪些具体的岗位，以及岗位名称和职责。

● 整理后，填写表 9-5，进行课堂交流。

表 9-5 　电子商务岗位

岗位名称	主要职责

249

续表

岗位名称	主要职责

活动 9.2.3　技能训练：编写客服基本流程图

团队合作编写与本店相关的客服基本流程图，具体要求如下。

1. 罗列售前、售中、售后的主要工作

根据小组的实际店铺，罗列出在客服的售前、售中、售后的主要工作中需要解决的问题，填写在表 9-6 中。

表 9-6　客户服务遇到的问题

阶段	主要问题
售前	
售中	
售后	

> 议一议　哪些问题是客服会碰到的？需要设计怎样的标准流程来有效地解决问题？

本小组最希望解决的问题是 _____

_____。

2. 讨论完成解决方案

小组共同研讨如何解决以上难题，写出解决方案。要注意解决方案的合理性、逻辑性。

> 想一想　如何做到解决方案能够按流程来设计，做到合理，并具有一定的逻辑思维，即强调先做什么，后做什么？

小组解决方案：_____

_____

_____

_____

_____
_____
_____
_____
_____。

3. 绘制流程图

根据前面写出的解决方案，绘制流程图。流程图的绘制请参考网络资料，绘制工具不限，可以用 Word、Excel、Photoshop 等。

> 流程图绘制区

4. 交流网上购物体会

各小组选派代表在班级交流。

> 教师点评

项目小结

通过本项目的学习，我们了解了电子商务客服工作手册的主要内容包括商品明细及销售准则、快递选择原则及资费标准、客户服务行为规范、销售、售后处理流程、客服培训流程，以及客服必备技巧等内容。电子商务客服的行为规范主要包括客服礼仪规范、客服用语规范、客服服务规范、行政纪律规范、售后处理规范等几个大的方面。编制网店客服工作手册有利于新进客服人员快速融入服务角色，快速提高服务水平，为网店客服人员提供工作依据。明了的原则，清晰的流程，更有利于工作效率的提高。电子商务客服是一个规范性的工作，只有遵循规范才能确保客服的努力与付出是有价值的。而规范应该建立在事先制定好的流程中，客服必须非常熟悉产品销售及售后的处理流程，以便针对处于不同阶段的客户采用不同的处理方法。客户服务重在客户体验，要将售前、售中、售后服务有机地串连起来，实现一体化，才有可能达到满意的客户体验。这就需要客服部门设计完整、标准、合理的客服流程，规范电商平台的客户服务，提升客服水平。

参 考 文 献

[1] 司林胜. 电子商务案例分析[M]. 重庆：重庆大学出版社，2007.
[2] 魏炳麟. 网络营销与客户服务[M]. 北京：中国劳动社会保障出版社，2004.
[3] 汪永华. 网络客户服务实务[M]. 北京：机械工业出版社，2013.
[4] 汪永华. 网络产品与客户服务实务[M]. 北京：机械工业出版社，2008.
[5] 淘宝大学. 网店推广[M]. 北京：电子工业出版社，2011.
[6] 彭波. 电子商务安全技术与实训[M]. 北京：科技出版社，2013.
[7] 崔梦. 客服人员心理健康情况调查及管理建议[J]. 东方企业文化，2013，(11)：113～114.
[8] 张敏. 工作压力的自我调适[M]. 社会科学家，2006，10（增刊）：173～174.
[9] 唐鸣. 电网企业客服人员职业倦怠及其影响因素研究[D]. 杭州：浙江工业大学，2013.
[10] 孙红. 职业倦怠[M]. 北京：人民卫生出版社，2009.
[11] 李永鑫. 工作倦怠的心理学研究[M]. 北京：中国社会科学出版社，2008.
[12] 孙立莉. 竞争时代的工作倦怠问题研究[M]. 北京：中国经济出版社，2009.
[13] 刘玉新. 工作压力与生活：个体应对与组织管理[M]. 北京：中国社会科学出版社，2011.
[14] 王一敏. 职业倦怠综合症[M]. 湖北：华东师范大学出版社，2006.
[15] 靳薇. HWP 长春公司客服员工工作倦怠问题研究[D]. 长春：吉林大学，2013.
[16] 魏立硕. YS 公司员工的职业倦怠及其对策研究[D]. 长春：吉林大学，2013.
[17] 张永忠. 企业文化建设与员工心理压力调适路径探讨[J]. 人民论坛，2012，(29)：70～71.
[18] 刘颖何. 企业员工的压力分析与管理策略——以"80 后"员工为研究对象[D]. 成都：西南财经大学，2013.
[19] 王世螺. 企业员工工作倦怠的相关因素研究[D]. 曲阜：曲阜师范大学，2007.
[20] 宋璐芳，高金金，陈毅文. 压力对工作倦怠的影响[J]. 人类工效学，2012，18（3）：7～11.
[21] 贾丹. 一线服务员工工作倦怠的前因与结果[J]. 河南工业大学学报（社会科学版）2013，9（1）：59～63.
[22] 史振磊. 员工压力及其调适[M]. 兰州大学学报（社会科学版），1997，25（4）：84～88.
[23] 黄娟，刘策. 基于互联网的网络顾客服务策略[J]. 电子商务，2009，(1)：46～49.
[24] 池瑜莉. 基于网上商店的客户服务工作分析[J]. 电子商务，2013，(4)：45～46.
[25] 彭晓哲. 如何应对职业倦怠[J]. 中国职工教育，2013，(5)：54.
[26] Mello A，智德. 提升网络客服的五要素[J]. 电子商务，2002，(6)：77～78.
[27] 张楠. 网店客服人员心理压力及其调试研究[J]. 企业导报，2013，(7)：252～253.

[28] 杨旭．特别的爱给特别的你——客服人员的压力管理[J]．企业文明，2014，（4）：58～59．

[29] 李煜，张国平．员工职业倦怠的归因分析及对策[J]．企业改革与管理，2007，（10）：48～49．

[30] 冯华，吴瑕．网络客服沟通与销售技巧分析[J]．法制与经济，2012，（1）：113～116．

[31] 陆昌勤．工作倦怠感研究及展望[J]．中国心理卫生杂志，2004，18（3）：206～211．

[32] 陆昌勤．影响工作倦怠感的社会与心理因素[J]．中国行为医学科学，2004，13（3）：345～346．

[33] 王晓春，甘怡群．国外关于工作倦怠研究的现状述评[J]．心理科学进展，2003，（5）：567～572．

[34] 闫芳．网店客服管理经验谈[J]．中小企业管理与科技（下旬刊），2012，（05）．

[35] 杨芳．浅谈网上店铺顾客沟通技巧[J]．硅谷，2009，（05）．

反侵权盗版声明

电子工业出版社依法对本作品享有专有出版权。任何未经权利人书面许可，复制、销售或通过信息网络传播本作品的行为；歪曲、篡改、剽窃本作品的行为，均违反《中华人民共和国著作权法》，其行为人应承担相应的民事责任和行政责任，构成犯罪的，将被依法追究刑事责任。

为了维护市场秩序，保护权利人的合法权益，我社将依法查处和打击侵权盗版的单位和个人。欢迎社会各界人士积极举报侵权盗版行为，本社将奖励举报有功人员，并保证举报人的信息不被泄露。

举报电话：（010）88254396；（010）88258888
传　　真：（010）88254397
E-mail：　dbqq@phei.com.cn
通信地址：北京市万寿路173信箱
　　　　　电子工业出版社总编办公室
邮　　编：100036